KB086601

大韓民國

삼국지

김재욱 지음

군웅할거 대한민국 삼국지

향후 대선, 난세의 간웅·치세의 능신은 누구인가!

투데이

TODAY PUB

머리말

우리가 보는『삼국지』는 사실만을 기록해 놓은 '역사서'가 아닌 '소설'이다. 등장인물의 행적이나 당시 상황이 사실과 맞지 않는 것이 많다. 조조, 손권, 유비 세 사람 중에 유비를 주인공으로 정하고, 나머지 두 사람은 유비에 맞서는 사람으로 그려 놓았다. 소설은 이른바 '촉한정통론(蜀漢正統論)'을 기반으로 하여 이루어졌다. 근래 들어 진수(陳壽)가 쓴 정사(正史)가 번역되고, 조조의 재평가가 이루어지면서 촉한정통론은 낡은 것이 되어버렸지만, 여전히 상당수의 독자들은 유비를 중심에 놓고『삼국지』를 이해한다.

나 역시 월탄 박종화 선생이 번역한 글을 통해 소설『삼국지』를 접했기 때문에 유비를 선한 사람으로 보고, 조조를 악당으로 보는 태도를 완전히 버리지 못했다. 그러나 나의 태도와 이 책의 내용에 별다른 상관관계는 없다. 누가 주인공이든 소설『삼국지』안에는 다양한 색채의 '인생'이 있으므로, 재미있게 읽으면서 등장인물의 행적을 통해 나의 삶을 돌아보거나 계획하면 된다는 생각을 지니고 있다. 여기에서 좀 더 시야를 넓혀 나를 둘러싼 세상의 일을 예측해 보고 앞날을 대비할 수도 있겠다.

나는 이 책을 소설『삼국지』등장인물에 현재 우리나라 유명인을 비유하여 이들의 삶, 성정, 주변 상황을 살펴서 앞으로 우리나라 정치가 어떤 방향으로 갈 것인지 예측해 보고, 독자와 함께 바람직한 우리나라 사회상을 생각해 보려는 목적을 두고 썼다. 소설『삼국지』는 우리나라 독자에게 널리 알려진 책이므로 익숙한 인물의 일화를 내세워 독자의 흥미를 일으키고, 『삼국지』등장인물을 서술한 방식과 유사하게 현대인물의 이야기를 써서 양자가 서로 거울 앞에서 마주보는 것과 같은 효과를 거두고자 했다.

누구에게나 '자기만의 삼국지'가 있다고 생각한다. 그만큼『삼국지』는 많은 이들한테 사랑받는 책이고, 다양한 해석이 나올 수 있다는 말이다. 독자들은 이 책을 읽으면서 '이건 억지로 끼워 맞춘 것 같다' 거나 '이건 특정인물을 제대로 살피지 못한 것 같다'는 생각이 들 것으로 짐작한다. 당연하다고 생각한다. 사람의 생각이 다 같을 수 없고, 『삼국지』와 같은 문학작품에 한 가지의 해석만 있을 수 없기 때문이다. 많은 사람들 중 한 명이 자신의 방식으로 읽은 것으로 이해해 주시면 다행이겠다. 현대 인물에 대한 나의 평가와 전망에 대해서도 그렇게 생각해 주시면 감사하겠다.

나는 이 책에서 '소설'을 기반으로 삼고, 필요에 따라 '정사'의 내용을 첨가하는 방식으로『삼국지』등장인물의 이야기를 재구성했다. '정사'의 내용은 김원중 선생이 옮긴『정사 삼국지』(민음사)를 참고했고, 필요에 따라 내가 원문을 번역하기도 했다. 역자의 노고에 감사드린다. 지면이 제한되어 있으므로 인물의 모든 것을 쓰지 못했고, 주요한 장면을 위주로 쓰되 독자가 해당인물의 생애를 알 수 있도록 하기 위해 노력했다. 현대인물도 이와 같다. 요컨대 나는『삼국지』를 '역사서'가 아니라 '문학작품'으로 간주했음을 밝힌다.

나는 지난 10년 간 '보수'를 자임하는 정치세력이 '보수'라는 말이 부끄러울 만큼 우리나라 정치 수준을 떨어뜨렸고, 역사를 퇴행시켰다고 보고 있다.

아울러 이들은 다수의 서민의 삶을 하루하루 파탄지경으로 몰아가고 있으면서 그 잘못을 모두 '야당'과 '개인의 탓'으로 돌리고 있다. 목차에 나타난 것처럼 이 책에 2017년 대선을 앞두고 정권을 바꿀 능력이 있는 '야권 정치인'의 이야기가 주를 이루고 있는 가장 큰 이유라고 하겠다.

현재 정치권에는 '친박', '비박', '친문', '비문' 등으로 불리는 계파가 존재한다. 누군가가 인위적으로 조직하여 유권자의 분열을 획책하고, 판단을 흐리게 하며, 더 나아가 정치혐오를 조장하려는 의도로 만들어진 것이라고 하더라도 실제 이와 같은 명칭을 지녔는지는 모르겠으나, 계파가 있는 것은 사실이라고 할 것이다. 어찌 보면 정치권에 계파가 없는 것이 오히려 비정상적이지 않은가. 그러나 나는 오늘을 '기록'하는 사람으로서 이를 그대로 인정하되, 특정 계파의 시각으로 인물의 삶을 조망하지 않았으니 이점 독자 여러분께서 살펴주시기 부탁드린다.

이 책에 실린 20회 중 16회는 2015년 하반기부터 2016년 9월까지 '칼라밍'과 '투데이신문'에 연재했던 글이다. 나머지 4회는 출간을 앞두고 새로 쓴 글이다. 부족한 글을 연재해 주신 두 매체 관계자 분들께 이 지면을 빌어 감사의 마음을 전한다. 더욱이 이 책은 '투데이펍' 출판사 설립 후 처음으로 출간하는 책이다. 출판 시장 상황이 여의치 못한데도 흔쾌히 출판을 허락해 주신 투데이펍 박애경 대표께 진심으로 감사드린다.

집필하는 동안 여러분께 큰 은혜를 입었다. 2014년 『삼국지인물전』을 출간할 때부터 현재까지 격려해 주시고, 세상을 보는 시야를 넓혀 주신 서울대 법학전문대학원 조국 선생님께 진심으로 감사드린다. 부족함 투성이인 글을 아껴주시고 널리 알려주신 더불어민주당 표창원 의원님, 진선미 의원님, 김광진

전 의원님, 진성준 전 의원님께도 이 지면을 빌어 감사의 마음을 전한다. 이름 없는 작가의 글을 늘 아껴주시고, 격려해 주시는 이외수 선생님, 정범구 선생님의 은혜도 잊을 수 없다. 무엇보다『군웅할거 대한민국 삼국지』연재를 재미있게 읽어주신 독자여러분께 진심으로 감사드린다.

낮밤을 구별하지 못하고 글만 쓰는 남편을 밉다하지 않고, 원고를 읽어준 아내 박소영, 언제나 못난 자식을 믿어주시는 양가 부모님께 고개 숙여 감사드린다. 특히 올해 칠순을 맞이하신 장인어른께 이 책이 자그마한 선물이 되었으면 하는 바람도 담아 본다.

설레는 맘으로 독자여러분께 이 책을 드린다. 모쪼록 이 책이 독자여러분께 재미와 생각할 거리를 드리게 되었으면 한다. 많은 관심과 격려 부탁드린다.

2016. 추석을 앞둔 어느 날

김재욱 씀

군웅할거 대한민국 삼국지

향후 대선, 난세의 간웅·치세의 능신은 누구인가!

목차

황제가 되기 어려운 사람

박원순은 유언이다

유언 – 익주에 터전을 잡다

劉焉

　　박원순 서울시장(이하 박원순으로 표기)은 오랜 기간 시민운동을 했으나, 서울시장이 되고 나서야 일반에게 알려진 사람이다. 누구보다 서울시정을 잘 운영했고, 업적이 많다. 서울 시민의 신망도 얻은 사람이다. 필연적으로 야권의 대선후보로 거론되고 있다. 이렇게 보면 유언같은 사람보다 더 나은 인물이라고 할 수 있겠으나, 유언의 행적과 박원순의 행적을 비교해 보았을 때 유사한 점이 있다고 생각한다. 유언은 익주를 천하 통일의 근거지로 삼으려 했고, 박원순은 서울을 기반으로 하여 대권을 노리고 있는 것으로 보인다. 우선 이 점에 착안해서 박원순의 앞길을 예측해 보았다.

　　유언은 생몰년(?–194)에서도 알 수 있는 것처럼 소설『삼국지』에 등장한 지 얼마 되지 않아 세상을 떠난 사람이므로 존재감이 크지 않다고 할 수 있다. 유언은 소설에선 황건적의 봉기가 있었을 때, 유주지역의 태수로서 의용군을 모집하는 방문을 쓰면서 등장한다. 이 때 유비가 고향에서 유언의 방문을 보고 관우, 장비와 의형제를 맺은 후에 500명의 의병을 이끌고 유언의 진영으로 가게 된다. 유언은 이렇듯 소설에서 잠시 등장하고 사라진다.

　　그러나 정사『삼국지』에서 유언의 위상은 낮다고 보기 어렵다. 유비는 유언의 아들 유장이 차지하고 있던 익주 지역을 점령한 후에 촉나라를 건국하고 황제의 자리에 오르게 된다. 이래서 정사에서는 「촉지(蜀志)」의 맨 앞에 유비가 아닌 유언과 유장 부자를 위치시켰다. 이처럼 유언은 간접적으로나마 촉의 건국과 관련이 있는 사람이므로 소설에서 크게 부각되지 못했음에도 불구하고 여타의 군웅들과 이름을 나란히 하게 된 사람이라 할 수 있다.

유언은 익주에 자리를 잡기 전 어려서부터 크고 작은 고을의 관리를 지냈다. 한나라 황실의 종친 자격으로 벼슬을 받기도 했지만, 스승의 초상을 치르기 위해 관직을 내놓기도 했다. 이후 다시 벼슬자리에 오르지만, 잠시 산에 살면서 공부를 하면서 사람을 가르치기도 했다.

후한 말기엔 그간 쌓인 사회적 모순이 표면적으로 드러나기 시작했다. 정치는 부패해서 매관매직이 성행하고, 민생은 피폐일로를 걷기 시작했다. 유언은 우선 이 혼란을 피하기 위해 지방의 태수로 가려는 마음을 품었다.

"자사와 태수가 뇌물을 써서 관리가 되어서는 백성의 재물을 잔혹하게 빼앗아서 민심이 이반되어 반란을 일으키는 지경에 이른 것입니다. 청렴하고 명성 있는 조정 대신을 지방관에 임명하여 나라를 안정시켜야 할 것입니다."

그러나 조정에서는 유언의 청을 묵살했다. 이러던 차에 조정에서 시중 벼슬을 하고 있던 동부(董扶)라는 사람이 유언에게 말했다.

"수도는 앞으로 어지러워질 것입니다. 익주 지역에 해당되는 별자리에 천자의 기운이 있습니다."

후한 말기에는 참위설(讖緯說)이 유행했다. 참위는 음양오행을 바탕으로 자연과 사람의 일을 예측하는 것을 말한다. 중국의 천문학자들은 하늘의 별자리를 28개의 구역으로 나누고 중국의 영토를 28개 별자리에 배속시켰다고 한다. 이 참위설의 적중 여부는 차치하고, 점술과 예언이 유행하는 사회는 건강하다고 하기는 어렵다. 이 역시 후한의 말기적 상황을 보여주는 예라고 할 것이다.

어쨌든 유언은 난리를 피하기 위해 익주 지역에 뜻을 두었으나 동부의 말을 듣고는 이곳으로 가고 싶은 마음이 더해지게 되었다. 같은 값이면 다홍치마 아니겠는가. 얼마 지나지 않아 조정은 유언에게 익주를 맡겼다.

천하를 욕심내다

유언이 익주에 가게 된 까닭은 익주자사 극겸이라는 사람이 세금을 많이 거둬서 백성의 원성이 자자하다는 소문이 조정에까지 흘러들었기 때문이었다. 조정에선 유언을 보내 사태를 수습하도록 했다.

유언은 익주의 목(牧)으로 부임한 뒤에 극겸을 잡아들여 문초했다. 이즈음에 동부 역시 조정의 벼슬을 버리고 유언의 부하가 되었다. 유언은 익주의 우두머리가 되면서 차근차근 민심을 얻기 시작했다.

이 때 지역 관내의 면죽이라는 곳에서 마상과 조지라는 사람이 스스로를 황건적이라고 하면서 백성들을 규합해 반란을 일으켰다. 이들은 면죽현의 현령을 죽인 후 지역의 관리와 백성을 군대에 편입시킨 다음 지역을 휩쓸고 다니면서 세력을 과시했다. 이들 세력은 순식간에 수만 명으로 불어났고, 급기야 마상은 자신을 '천자(天子)'라 부르게 됐다.

그러나 단 시간에 불어난 군대는 필연적으로 명령계통에 결함이 있을 수밖에 없고, 우왕좌왕하게 마련이다. 이 수만 명의 군대는 며칠 만에 수천 명의 군대에게 궤멸당했다. 마상의 군대를 물리친 사람은 익주의 종사관인 가룡이었다. 가룡은 유언을 맞이했고, 유언은 관청을 면죽현으로 옮긴 다음, 반란에 가담했던 사람들을 모두 용서해 주었으며, 백성들에게 은혜를 베풀었다. 이렇게 유언은 익주 지역의 민심을 얻으면서 한편으로 반란을 계획하기 시작했다.

유언에게는 장로(張魯)라는 부하가 있었다. 장로는 도술을 부려 민심을 얻고 있던 사람이다. 장로는 '오두미(五斗米, 다섯 말의 쌀)'를 수강료 조로 받고 제자를 길렀다.(오두미교의 창시자는 장릉(張陵)이며, 장로는 그의 손자다.) 이들 장로를 따르는 사람들을 '미적(米賊)'이라고 불렀는데, 조정에선 이들을 불온한 집단으로 규정했기 때문이다. 장로는 유언이 죽은 뒤에 한중 지역을 장악하게 된다.

유언은 장로를 보내 수도인 장안으로 통하는 길을 끊도록 하고, 조정의 사자를 죽이게 했다. 이래 놓고는 조정에 편지를 올렸다.

"미적이 길을 끊어 버려서 조정에 연락할 수 없게 됐습니다."

이것은 그 옛날 한나라를 세웠던 유방이 항우의 공격에 대비하고, 전쟁 준비 상황을 들키지 않으려고 길을 끊어 버렸던 일과 유사하다고 할 수 있다. 유방도 익주 지역을 기반으로 천하를 통일한 사람이었다. 유언은 유방보다 더 용의주도하다고 할 수 있겠다. 조정에서 자신을 의심할 수 없도록 만들어 놓았기 때문이다.

이제 익주는 중앙과 단절되어 버렸다. 유언은 자신의 세력 기반을 다지기 위해 익주의 호족 십여 명을 잡아 죽여 버렸다. 아울러 면죽현에서 자신을 맞이했던 가룡이 반기를 들자 이 사람 역시 죽였다. 지역을 평정한 유언은 천하를 향한 야욕을 노골적으로 드러냈다. 유언은 천자만이 탈 수 있는 수레 1천 대를 제작했다.

지나친 욕심으로 명을 재촉한 사람

유언에게는 아들이 넷 있었다. 유범, 유탄, 유장, 유모 등이다. 유언은 유범과 함께 당시 정서장군 벼슬을 하고 있던 마등과 결탁해서 반란을 계획했다. 그러나 사전에 일이 누설되어 유범은 도망갔다가 살해되었고, 마등은 패해서 물러났으며, 수도에 있던 유탄은 잡혀서 처형당했다. 다행히 유장은 수도에서 나와 유언의 곁에 있었고, 유모 역시 아버지 곁을 떠나지 않고 있었으므로 목숨을 건졌다.

이렇게 유언의 반란 모의는 싱겁게 끝났다. 유언은 이 과정에서 아들을 둘이나 잃었다. 설상가상 유언이 거처하는 성에 벼락이 떨어져 성은 불탔으며, '천자용 수레'도 모조리 소진되었다. 이 피해는 고스란히 백성에게 전가되었다. 이후 유언은 관청을 성도라는 곳으로 옮기고 재기를 꾀했으나, 마음의 상처를 극복하지 못하고 전전긍긍하다가 등에 악성종양이 나서 죽었다. 유언이 죽자 익주지역은 아들인 유장이 맡아서 다스리게 되었다.

정사『삼국지』에 나오는 짧은 기록을 놓고 보았을 때, 유언은 야망은 있었으나, 그 야망을 뒷받침할만한 실력을 쌓기보다는 허황된 예언을 믿으면서 급하게 일을 추진하다가 죽은 사람이라고 할 수 있겠다. 제 아무리 후한이 망해가는 나라라고는 하지만, 단 시간에 작은 세력을 갖고 도모할 수 있는 나라는 아니었다. 이런 점에서 유언의 세상을 보는 시야가 넓지 못했음을 알 수 있겠다.

천자가 될 만한 군사력을 지니거나 인재를 초빙하기보다는 천자의 겉모습만 따르려 했고, 회유할 수도 있는 사람을 모조리 죽인 걸 보면 실속이 없으며, 속도 그리 넓지 못했던 사람이 아니었을까 하는 생각도 든다.

이러한 유언의 일련의 행동을 가능하도록 한 것은 유언의 '욕심'이 아니었을까 한다. 욕심이 있으니 참위설에 마음을 빼앗기고, 실력을 쌓으며 기다리지 않고 급하게 일을 추진하다가 불우하게 죽었던 것이다. 정사『삼국지』를 쓴 진수(陳壽)의 평가도 이와 크게 다르지 않다.

"유언은 동부라는 사람의 말을 듣고 익주 땅에 마음을 두었으며, 관상쟁이의 말을 듣고 오씨에게 구혼했다. 급히 황제의 수레와 복식을 만들고, 황제의 보좌를 훔치려고 도모했으니 심하게 미혹되었다고 하겠다."

— 〈정사『삼국지』권 31, 「촉지」권 1〉

박원순 서울특별시장
대한민국 수도의 수장이 되다

박원순은 서울시장이 되기 전까지 시민운동가, 인권변호사로서 명성을 쌓았지만, 대중에게 크게 알려진 사람은 아니었다. 시장이 되면서 그간의 행적이 화제가 되었고 대중에게 회자되기 시작했다. 유언이 익주의 맹주가 되기 전, 여러 관직을 거친 것처럼 박원순 역시 상당히 화려한 이력을 지니고 있다. 간략히 살펴보도록 하자.

박원순은 1980년, 22회 사법시험에 합격해서 1982년, 대구지검의 검사를 지냈다. 그러나 이듬해에 사직하고 변호사의 길을 걷기 시작했다. 변호사로 있으면서 1986년, 현재까지 5공화국의 인권탄압의 대표적 사건 중 하나로 일컬어지는 '부천경찰서 성고문 사건'의 피해자 권인숙 씨의 변론을 맡았다. 앞선 1975년, 박원순은 유신체제에 저항하다가 서울대학교에서 제적을 당했는데, 이런 정의감이 박원순을 인권변호사의 길로 이끌어준 원동력이 아니었는가 한다.

박원순의 이력을 이야기하면서 '참여연대'를 빼놓을 수 없다. '참여연대'는 현재 우리나라를 대표하는 시민단체 중 하나로 성장해 있는 곳이다. 박원순은 1994년, 참여연대의 설립에 기여했고, 1995년부터 2002년까지 무려 7년 동안 참여연대의 사무처장직을 수행했다. 이런 실무경험이 박원순의 서울시정에 오롯이 반영되고 있는 것이다.

이후 2011년, 시장에 당선되기 전까지 건전한 기부문화의 확산을 위해 설립된 '아름다운 재단'의 상임이사를 지냈고, 재활용품을 판매해 그 수익금을 사회적 약자를 위해 사용하려는 취지로 설립된 '아름다운 가게'의 상임이사를 지냈다. 사회문제를 시민과 함께 연구하고 대안을 제시하려는 목적으로 설립된 '희망제작소'의 상임이사를 지냈다. 이처럼 박원순은 현실정치와 거리를 둔 '운동가'였다.

이런 '운동가'가 '정치'에 입문하게 된 계기는 무엇이었을까.

"나를 이 자리에 서 있게 한 것은 이명박 정부다. 내가 이 정부 들어 국정원이 민간인 사찰을 했다고 하자 (국가가) 소송하는 등 '이래서는 안되겠다'는 생각이 들게 했다. … 이 정부 들어 여러 잘못된 정책과 왜곡, 우리 현실의 퇴행, 시민들의 고통 등 때문에 절박함이 있었다. 그런 것이 저를 여기까지 밀어낸 측면이 있다." – 〈2011. 9. 26. 경향신문 & 경향닷컴〉

서울시장 선거에 출마하게 된 까닭에 대해 설명한 말이다. 박원순은 이명박 정부의 실정을 보면서 정치를 하겠다고 마음먹었다. 그러나 마음만 있으면 무엇하는가. 유언한테 '극겸의 부정부패'가 있었던 것처럼 박원순한테도 이와 같은 기회가 주어져야 하지 않은가. 기회는 뜻하지 않은 곳에서 찾아왔다.

2011년, 당시 서울시장이던 오세훈은 '무상급식'을 할 수 없다며, 자신의 시장 자리를 걸고 주민투표를 실시했다. 이 주민투표는 개표요건인 33.3%에 못 미치는 25.7%의 투표율을 기록하면서 개표조차 하지 못하고 끝났다. 같은 해 8월 26일, 오세훈은 약속대로 시장 자리에서 물러났다.

　　이제 서울시장을 다시 뽑아야 한다. 박원순한테 기회가 온 것이다. 그러나 기회만 있으면 무엇하는가. 운동가 박원순한테는 조직력이 없었다. 인지도도 낮았다. 유언을 맞이해줄 '가룡'이 필요한 시점이었다. 이 때 정계에 혜성처럼 등장한 안철수가 '가룡'의 역할을 해주었다. 안철수는 강력한 서울시장 후보였고, 동시에 대권주자로 떠오른 사람이었다. 안철수는 서울시장 출마 선언을 하지 않고, 박원순을 지지해 주었다.

　　기세를 탔다. 박원순은 이후 민주당 박영선과의 단일화 경선에서 승리하여 야권을 대표하는 서울시장 후보가 됐다. 상대는 한나라당의 나경원이었다. 박원순은 53%의 높은 득표율을 기록하며, 46%의 낮지 않은 득표율을 기록한 나경원을 7%p 차이로 누르고 당선됐다. 이렇게 '운동가' 박원순은 '정치인' 박원순으로 탈바꿈했다. 이듬해엔 민주당에 입당했으며, 2014년 6월, 제6회 지방선거에서 56.1%의 득표율을 기록하면서 새누리당의 정몽준을 누르고 서울시장 재선에 성공했다.

　　아울러 유언과는 다소 다른 점이 있으나, 자의든 타의든 박원순은 2017년 대선을 앞두고 야권의 유력한 주자로 올라섰다. 우리나라 수도의 수장 아닌가.

지나치게 숨기기 때문에 오히려 드러난다

　　박원순이 내세운 공약은 모두 256개다. 2015년 12월 31일 기준으로 이 중 8건이 완료됐고, 공약을 이행한 후 추가목표를 세워 추진하는 사업, 즉 '이행후 계속 추진' 사업은 105건이며, 정상적으로 추진되고 있는 사업은 138건이다. 추진하고 있으나 예상 목표를 달성하지 못하고 부진한 사업은 5건이다. 워낙 내용이 방대하여 하나하나 살펴보긴 어려우므로 대략 살펴보았다. 박원순의 '공약 완료 및 정상추진율'은 98%에 이른다.
— 〈http://mayor.seoul.go.kr, 시민과 연결되어 있는 소셜시장실 #원순씨〉

　　이 평가 기준은 '한국 매니페스토 실천본부'의 평가기준을 따르고 있으므로 자의적으로 부풀렸다고 보기도 어렵다고 하겠다. 수치상으로는 나무랄 데가 없는 결과라고 할 수 있겠다. 여기에 더해 박원순은 상시적으로 시민과 소통하면서 서울시민의 민심을 얻는 데 성공하고 있다. 그러나 세상에 완벽한 사람은 없는 법이고, 좋은 제도가 모든 사람한테 좋을 수는 없다. 지역 특성, 세대, 지지 정당, 이해관계에 따라 박원순의 정책에 대한 평가는 달라질 수 있을 것으로 본다. 다만 박원순이 높은 득표율을 기록하며 재선에 성공했다는 점, 공약이행률이 높다는 점으로 볼 때, 서울시민 상당수의 마음을 얻은 사람임에는 틀림없다고 하겠다.

　　"서울시장으로 임기를 마치겠다. … 서울시장으로 뽑힌 만큼 서울시장으로 일을 잘 하는 게 기본. … 선거운동할 때 내세운 구호가 '오로지 서울, 오로지 시민'이었다. … 당선된 지 며칠 되지도 않았는데 그런 이야기를 하는 것은 적절치 않다." — 〈2014. 6. 16. 한국일보〉

　　"서울시장 직무는 1천만 시민들의 삶의 질을 높이는 막중한 자리. … 내가 왜 1위가 되는지는 모르겠지만, 인기나 지지율은 공중에 나는 새털과 같은 존재. … 지지율 1위가 몇 년 계속 가는 경우가 있느냐. … 대권도전 문제는 2011년 서울시장 보궐선거에 당선된 이후 언론 인터뷰를 할 때마다 나오는 질문. … 그러나 이미 유권자들에게 약속한 대로 흔들림 없이 서울시장으로서의 직무에 충실할 것." — 〈2014. 9. 25. 연합뉴스〉

　　"지금은 제 일신상의 문제를 거론할 때도 아니고 그런 생각을 할 여유도 없다. 당장 시민 일자리와 청년 문제 등 민생 과제가 눈앞에 쌓여 있다. 서울시 장으로서, 새정치연합 당원의 한 사람으로서 시민이 맡긴 본래 역할에 충실하 겠다."— 〈2015. 12. 20. 연합뉴스〉

"제가 거듭 말씀드린 것처럼, 저는 누가 대선에 나와서 누가 대통령이 되 느냐? 이런 게 중요한 게 아니라고 생각합니다. … 경제성장이 거의 3%대는 무 너진 것이 이미 오래 전의 이야기고요. 지금 이런 정체상황에서 우리 국민들의 고통, 지금 가계부채가 1,200조가 넘을 정도로 이런 상황에서 누가 대권 놀음 을 하고, 이럴 상황이 정말 아니라고 생각합니다. … 저는 그런 생각을 하고 있 다면 그게 누구라도 잘못된 것이라고 생각합니다."

　　— 〈2016. 4. 29. YTN 라디오 '최영일의 뉴스! 정면승부'〉

"정치는 생물인데 어떻게 (앞날을) 예측하겠는가. (1983년) 대구에서 검 사(檢事) 그만두고 (서울로) 올라올 때 아는 변호사가 '대덕(大德)이면 득기위 (得其位)'라는 축전을 보냈다. 큰 덕을 쌓으면 자리는 저절로 온다는 뜻이다. 사 람들은 덕을 쌓을 생각 안 하고 자리부터 생각한다. 그러면 패가망신한다."

　　— 〈2016. 5. 11. 조선일보〉

서울시장 자리에 앉아 있으니 필연적으로 '대권도전' 의향에 대한 질문을 받게 되어 있다. 박원순은 민심을 얻은 시장이므로 충분히 대권에 도전할 만하 고, 도전의사를 밝혀도 크게 이상할 것이 없다. 그러나 박원순은 시종일관 '직 무에 충실하겠다'는 말을 한다. 그러면서 출마를 한다고 하지도 않고, 불출마를 선언하지도 않는다. 분명 '가부'를 묻는 것인데 박원순은 그에 대한 대답을 하지 않는다. 이것은 '시장으로서 당연히 할 말'이기는 하지만, 질문에 대한 답으로 는 전혀 실속이 없는 '동문서답'과 다름없다고 하겠다.

박원순으로서는 출마의사를 밝힐 수도 없고, 불출마를 선언하기도 어려운 상황에 놓여 있지 않은가 한다. 어떤 의사를 밝히든 자신을 둘러싸고 이런저런 말이 나올 것이기 때문이다. 자신의 향후 거취에 대해서도 생각을 해야 한다. 출마를 결정하고 타이밍을 잡고 있다가 어느 시점에서 선언을 하게 되면 사실상 서울시장 3선의 길이 막히는 결과가 나오게 될 것이다. 유권자들은 '3선을 해도 임기 중에 또 대권 도전을 할 것'으로 생각을 하게 될 것이기 때문이다.

불출마하겠다고 선언을 하게 되면, 그야말로 정치는 생물이라서 3선이 가능할지 여부는 알기 어려우나, 서울시장 3선에 성공할 가능성은 높아진다고 하겠다. 대신 대권 도전의 길은 좁아질 수밖에 없을 것으로 본다. 유권자들은 '임기 중인데 서울시정을 팽개친다.', '이제 마지막이니 큰 자리를 노리는 것 아니냐.'고 생각할 테고, 2022년에는 안희정과 같은 젊은 용이 꿈틀거릴 가능성이 높기 때문이다.

이렇게 보면 박원순이 대권에 도전할 수 있는 기회는 이번이 최적기라고 할 수 있겠다. 그러나 여기에서 더 큰 문제에 봉착한다. 야권 대선 주자 선호도 조사에서 부동의 1위를 기록하고 있는 문재인을 꺾을 수 있을까? 나머지 군소 후보들이 박원순을 지지해 주어도 이길 가능성이 높지 않다.

박원순이 어떤 선택을 할지 확실히 예측하기는 어렵다. 그러나 그간 박원순이 한 말을 살펴보면 최소한 '출마의 가능성을 열어 두고' 있는 것으로 보인다. 『중용』에 이런 말이 나온다.

"숨기는 것보다 더 잘 드러나는 것은 없고, 미세한 것보다 더 잘 드러나는 것은 없다."

박원순은 지나치게 숨김으로써 오히려 자신의 생각을 드러낸 것이 아닐까 한다. 이것은 어디까지나 나의 억측에 불과하다. 그러나 만약 내 생각이 맞다고 가정한다면 박원순이 보이는 이와 같은 모호한 태도는 바람직하지 않다고 본다. '사나이가 화끈하게'의 문제가 아니라 물을 수 있는 말을 물었는데, 대답을 회피하고 동문서답을 한다는 것은 '공인의 태도'가 아니라는 것이다.

어떤 선택을 하든 그것은 박원순의 자유다. 다만 현재 보이는 박원순의 모습은 유언이 장로를 시켜 수도로 가는 길을 끊어 버리고는 '이것은 내가 끊은 것이 아니다.'고 하면서 반란할 마음을 숨겼던 것과 매우 유사하다고 본다. 아울러 박원순은 서울시정을 홍보하는 홍보물이나 영상 등에서 자신을 지나치게 많이 등장시키는 경향이 있다. 대표적인 예로 서울의 명소를 소개하는 포스터에 중요한 명소의 그림은 조그맣게 해 놓고, 자신의 웃는 모습을 크게 부각하는 등, '자기 PR'이라고 '오해'할만한 행보를 보이기도 했다. 이것이 '황제용 수레 천 대'를 제작하는 것이 아니기를 바란다.

대통령이 되기 어려운 사람

"철피아(철도+마피아), 메피아 근절하겠다. … 서울에 당연한 자리는 없다. 시민 안전을 다루는 자리는 보다 엄격히 관리돼야 한다. … 부끄럽게도 이번 사고 이후 서울에도 관피아가 있다는 것을 알게 됐다."

– 〈2016. 6. 3. 노컷뉴스〉

2016년 5월 28일, 서울지하철 2호선 구의역에서 스크린 도어를 수리하던 수리공 김모씨가 전동차에 치여 사망하는 사고가 일어났다. 박원순은 이 사고의 책임을 자신한테 돌리며 신속히 대응을 했고, 이후 후속조치를 하겠다고 밝혔다. 다만 유족한테 김모씨를 '서울메트로 명예기관사' 자격을 주면 어떻겠느냐고 권유했던 일은 경솔한 행동이었다고 하겠다. 물론 유족이 반발하여 없었던 일이 되기는 했다.

아울러 '이번 사고 이후 관피아가 있다는 것을 알게 됐다'는 말은 부끄러움을 넘어 매우 '심각한' 일이라고 본다. 시민운동을 하면서 온갖 경험을 다 했고, 서울시장에 재선까지 한 사람이 관피아와 같은 '모리배 집단'의 존재를 그간 몰랐다고 하는 게 가당키나 한 일인가? 자신의 정치에 대한 자부심이 있어서 마음을 기울이지 않았는가? 아니면 알면서도 '설마 무슨 일이 있겠는가'하고 넘어갔는가? 그간 언론에서 '관피아'의 존재를 수없이 부각시켰는데, '서울'에만 그런 존재가 없다고 믿었는가? 어떤 식으로 생각해도 '몰랐다'고 하는 말에는 책임을 덜어보려는 생각이 들어있다고 본다.

'서울에 당연한 자리가 없다'고 했는데, 서울메트로, 서울대공원, 서울시립대에 자신의 측근을 채용토록 한 의혹에 대해서는 어떻게 반박할 것인가. 자신의 임기 중에 서울시 공무원 세 명이 자살을 한 일에 대해서는 또 어떻게 말할 것인가. '휴식권'을 준다고 해서, 옥상으로 통하는 문을 잠근다고 해서 문제가 해결되는가.

" '오죽하면 노동조합 지부장이 단식을 하며 시장과 소통을 하려 했겠는가?'하는 의문과 함께 이번 서울시 직원들의 잇단 투신자살이 박원순 서울시장의 소통방식에 문제가 있지 않은 지 다시 검토해 볼 시기."

— 〈2015. 12. 29. 공무원 U 신문〉

서울시 공무원 노조에서는 다음과 같이 박원순에게 직격탄을 날렸다.

"수많은 직원들의 목소리를 외면한 채 오로지 치적 쌓기만 하고 있다. … 직원들은 1,000원만 받아도 범죄자로 만들고 일벌레로 키우는 조직. … 지금처럼 불성실하게 대처할 경우 그동안의 문제점을 외부에 알리고 도움을 받겠다. … 노동자의 기본권 보호를 위해 내부고발 감사청구 수사의뢰 등 모든 수단을 강행할 것.” – 〈2016. 1. 14. 헤럴드경제〉

이들의 말을 모두 그대로 받아들이지 않는다고 하더라도 박원순의 조직관리 능력에 문제가 있다는 사실이 가려지진 않는다고 본다. 서울시 청렴도 순위가 2013년, 1위에서 이듬해에 14위로 떨어진 사실 또한 박원순의 능력과 무관하지 않다고 하겠다. 나는 이런 일련의 일이 유언이 죽기 전 성에 벼락을 맞았던 일과 유사하다고 본다.

박원순은 야권을 대표할만한 주자가 되기 어렵고, 곡절 끝에 되더라도 그 자리를 얻기 어렵다고 본다. 스스로 『중용』에 나온 “큰 덕이 있으면 자리를 얻는다.”고 했는데, 박원순한테 자리를 얻을 만한 큰 덕이 있는가? 스스로 밝힌 대로 서울시정에 충실해야 하겠다. 야당의 경선에 나와서 흥행몰이를 하면서 본선 후보를 도울 목적이라면 모를까, 정말 그 자리를 노린다면 유언처럼 될 확률이 높다고 본다. 박원순은 적어도 이번에는 대통령이 되기 어려운 사람이다.

2 형주를 벗어나야 할 사람

문재인은 유표다

유표 – 싸울 때를 모르다

劉表

문재인 전 더불어민주당 대표(이하 문재인으로 표기)는 고 노무현 대통령의 비서였다는 점, 인권변호사의 길을 걸었던 행적, 대중에게 알려진 뒤에 보여준 훌륭한 인품 덕분에 2012년 대선에서 야권의 대표 주자가 되었고, 2017년 대선을 1년 앞둔 현재 여전히 야권 주자 중 지지율 수위(首位)에 올라있다.

그러나 2012년 이후, 문재인의 행적을 보았을 때, 사회적으로 민감한 사안에 미온적으로 대처하거나, 원론적인 말을 되풀이하는 등 대권 주자로서 강력한 모습을 보여주지 못하고 있다. 아울러 당내의 문제를 중심에서 해결하는 리더십을 보여주지도 못했다고 본다. 지금과 같은 모습이 지속될 경우 문재인은 야권을 대표하는 주자가 되기 어렵고, 되더라도 이기기 어렵지 않을까 한다.

유표는 형주지역을 잘 다스린 사람이었다. 그러나 천하의 일에 참여하지 않고 관망하는 태도를 취했고, 적극적으로 세력 확장에 힘쓰지 않았다. 후계 문제로 잡음이 있었는데 이를 제대로 처리하지 못해서 결국 자신이 죽은 뒤에 형주지역은 조조의 손에 넘어갔다. 소설에서는 인품이 넉넉한 사람으로 그려지나, 정사에선 '겉으론 너그러운 듯하나 시기심이 있다.'고 평가하기도 했다. 그러나 대체로 인품은 넉넉한 사람이었던 것으로 보인다. 성품과 행적이 문재인과 유사하다고 할 수 있겠다.

190년, 원소를 비롯한 17명의 제후들은 황제를 끼고 권력을 장악한 동탁을 토벌하기 위해 연합군을 결성했다. 동탁은 화웅과 여포를 앞세워 승기를 잡았으나, 연합군의 힘을 완전히 제압하기 어려웠다. 동탁은 수도인 낙양성을 불사르고 장안으로 천도를 해 버렸다. 연합군은 동탁을 추격하지 않고, 낙양에 입성했다. 이 때 17명 제후 중 한 명이었던 장사 태수 손견은 황실의 권위를 상징하는 전국옥새(傳國玉璽)를 우연히 손에 넣게 되었다. 토벌군의 맹주였던 원소는 손견한테 옥새를 내놓으라고 다그쳤지만, 손견은 시치미를 떼고 버텼다. 원소가 계속 추궁하자, 손견은 발끈 화를 내면서 군대를 이끌고 철수해 버렸다. 이 모양을 본 원소는 편지 한 장을 써서 형주자사 유표(劉表)에게 보냈다.

"손견은 배신자입니다. 건장전(建章殿) 우물 속에서 발견한
전국옥새를 갖고 달아났습니다. 군대를 출동시켜 길을 막고 옥새를
빼앗아 맹주인 나한테 돌려보내 주십시오."

유표는 이렇게 소설『삼국지』에 등장한다. 유표는 한나라 황실의 종친으로, 8척의 신장에 당당한 용모를 지니고 있었으며, 이름난 선비들과 교유하면서 명성을 쌓은 사람이었다. 유표가 교유했던 명사는 모두 7명이었는데, 세상 사람들은 유표를 포함하여 이들을 '강하팔준(江夏八俊, 강하 지역의 뛰어난 사람)이라 불렀다. 원래는 대장군 하진의 밑에 있었고, 황제인 영제(靈帝)가 죽자 형주자사가 되었다.

유표는 인구가 많고 물자가 풍부한 형주지역을 다스리고 있었으나 동탁 토벌전에 가담하지 않았다. 그러나 유표는 한나라의 신하로서 손견과 같은 제후가 황실의 보물을 지니고 있는 것은 옳지 않다고 생각했다. 군사를 거느리고

손견의 길을 막는다. 손견이 말했다.

"유표 장군, 당신은 무슨 이유로 원소의 편지만 믿고 나를 괴롭히는가!"

유표가 대답했다.

"손견 장군은 전국옥새를 훔치고 내 놓지 않는다고 들었소.
장차 나라를 배반하려 하는가!"

"내가 만약 전국옥새를 지녔다면 칼에 찔리고 화살에 맞아 죽을 것이오!"

"그렇다면 내가 당신의 몸을 뒤져 볼 테니 나를 탓하지 마시오."

손견은 버럭 성을 내며 유표의 진영으로 공격해 들어갔다. 그러나 손견은 유표의 매복 작전에 걸려서 크게 패했다. 이런 일이 있은 뒤로 유표와 손견은 앙숙지간이 되어 버렸다. 유표는 싸움에서 이겼지만, 전국옥새를 빼앗지 못했고, 이웃과 사이만 나빠지는 결과를 얻었다. 손견의 말대로 '원소의 편지만 믿고' 싸움을 걸었고, 상대를 모욕하면서까지 원소의 명령에 따를 의무도 없었다. 유표는 동탁 토벌에 가담도 하지 않은 사람이 아니었던가. 굳이 목숨을 걸고 싸울 필요가 없었다.

이후 손견은 다시 군사를 일으켜 유표를 공격했다. 이 싸움에서도 유표가 승리했다. 손견은 급하게 공격해 들어오다가 난전에 맞아 전사했다. 그러나 이쪽의 피해도 있었다. 유표의 부하인 황조가 손견 군에게 사로잡힌 것이다. 이 때 손견의 맏아들 손책의 나이는 17세, 경험이 필요한 사람이었다. 손책은 더 이상 공격을 하지 못했다. 유표의 진영에 사람을 보내 손견의 시체와 황조를 교환하자고 제안했다. 유표의 참모 괴량이 대번에 반대한다.

> "지금 강적 손견은 죽었고, 그 아들은 모두 다 어립니다.
> 상대는 허약합니다. 이 틈을 타서 강동을 공격한다면 북 한 번을 쳐서
> 강동을 얻을 수 있습니다. 지금 시체를 돌려보내고 화친을 한다는 것은
> 저들의 기운을 기르게 하는 셈이 됩니다.
> 저들은 형주의 우환덩어리입니다!"

> "글쎄, 그 생각도 좋기는 한데 황조는 살려야 하지 않겠는가?
> 차마 심복인 황조를 죽이는 불의(不義)한 짓은 할 수 없네."

유표는 손책과 화친을 했다. 상대의 주장을 죽이긴 했지만, 유표로서는 얻은 게 없는 싸움이었다고 할 수 있다. 아니 애초부터 양 진영은 싸울 이유가 없었다. 황조를 돌려받은 일만 놓고 보면 유표의 인품에 점수를 줄 수 있겠지만, 유표는 싸움의 원인을 제공했고, 이길 수 있는 기회조차 놓친 사람이라 할 수 있겠다. 이렇게 보면 유표는 싸울 때를 모르는 사람이라 할 수 있겠다.

이러지도 저러지도 못하다

짧은 일화에서 보이듯 유표는 인품은 좋다고 하겠으나 정세판단을 잘한다고 볼 수는 없는 사람이었다. 유표의 이런 모습은 소설『삼국지』곳곳에서 찾아 볼 수 있다. 조조는 원소를 공격하기 전, 유표한테 사람을 보내서 항복을 받으려 했다. 동시에 원소는 유표한테 동맹을 제의해 왔다. 유표는 이 둘의 사이에서 선뜻 결정을 내리지 못했다. 부하장수 한숭이 말했다.

> "지금 두 영웅이 대치하고 있는 건, 마치 도요새와 조개가 서로 물고
> 있는 형세와 같습니다. 주공께서 군사를 일으켜 치십시오.

두 사람 모두 사로잡을 수 있습니다!"

"내가 어떻게 조조와 원소의 군대를 당할 수 있겠나."

"그렇다면 둘 중 한 명을 택하십시오. 조조는 용병술에 능한데다가 그 부하들은 모두 영특한 인물들입니다. 제가 살펴보니 조조는 먼저 원소를 친 뒤에 형주를 공격할 것입니다. 그 때가 되면 우리가 막기 어렵습니다. 형주를 갖고 조조한테 가신다면 조조는 반드시 주공을 중용할 겁니다."

그러니까 항복을 하라는 말이다. 유표는 이 말을 듣고 머뭇거리면서 결정을 하지 못한다.

"우선 장군이 허도로 가서 조조의 동정을 살펴보시오. 나머지는 이후에 상의합시다."

"저는 지금 주공을 섬기고 있습니다. 끓는 물이든 타는 불이든 가리지 않겠습니다만, 만약 제가 허도로 가서 황제가 내리는 벼슬을 받기라도 하는 날에는 다시는 주공의 부하가 될 수 없습니다!"

"좌우간 알겠네. 우선 허도로 가서 동정을 살피게. 나한테도 생각이 있어서 그러네."

조조는 한숭에게 시중(侍中) 벼슬에 영릉태수 자리를 아울러 내려주었다. 한숭을 대우해 줌으로써 유표한테 '당신이 항복한다면 더 우대하겠다.'는 메시지를 전하려는 것이다. 한숭은 유표한테 가서 조조를 칭송하고, 유표의 아들을 허도로 유학을 보내라고 권했다. 유표는 벌컥 화를 낸다.

"고얀 놈 같으니라고. 네가 조조한테 벼슬을 얻더니 나를 배반하느냐!
내 아들을 인질로 보내라는 거냐! 여봐라. 당장 저 놈의 목을 베어라!"

옆에 있던 괴량이 유표를 달랜다.

"한숭 장군이 허도로 갈 때 주공과 신하 간의 의리를 말한 적이
있잖습니까. 죽이시면 안 됩니다!"

유표는 한숭한테 딴 마음이 없다는 것을 확인하고는 한숭을 놓아 주었
다. 이런 일을 겪고도 유표는 어떤 조치도 취하지 않았다. 조조한테 항복하기
는 싫으면서 싸우지도 못했던 것이다. 이러는 사이 조조는 원소를 제거했고,
유비를 공격해서 이겼다. 201년, 유비는 유표한테 도망을 왔다.

유표는 같은 한나라 황실 종친인 유비를 우대했지만, 유표의 부하들은
유비를 꺼렸다. 유비가 형주를 차지할까봐 염려했기 때문이다. 유표의 부하들
은 유표한테 알리지 않고, 유비를 죽이려다 실패하기도 했다. 나중에 이 사실
을 알게 된 유표가 부하들을 벌주려 했으나, 유비는 지난 일일 뿐이라고 하면서
불문에 부쳐달라고 했다. 유표는 더욱 유비를 아끼게 됐다. 그러나 결국 유비
를 제대로 활용하지 않았다.

이 일이 있기 전, 조조는 원소의 잔존 세력을 소탕하기 위해 요동지역까
지 원정을 갔다. 유비는 유표한테 허도를 습격하라고 권유했다. 물론 유표는
유비의 말을 들어주지 않았다. 뒤에 조조가 요동을 정벌하고 허도로 돌아오자,
유표는 그제야 이렇게 말한다.

"자네 말을 듣지 않아서 이런 큰 기회를 놓쳤구나."

유비가 대답했다.

"지금 천하는 나누어져 있고, 매일 전쟁이 벌어지고 있습니다. 기회가 생겼는데 왜 끝을 보지 않으십니까. 만일 뒷사람이 이 기회를 얻게 된다면, 그때 가서 후회해도 소용이 없습니다."

유표는 이후에도 아무런 일을 하지 않았다.

운명이라고 하기에는 아쉬운 결말

유표는 죽을 때까지 형주를 벗어나지 않았다. 아니 어찌 보면 벗어나지 못한 것에 가깝다. 한나라 황실의 권위를 세운다는 명분으로 일어난 '17로 동탁 토벌군'에도 가담하지 않았으면서 한편으로 '한나라 황실' 운운하며 손견을 가로 막는 이율배반적인 모습을 보였다. 손견을 가로막는 일도 '형주' 안에서 했다.

자신의 역량을 잘 알고 있었으면서도 항복을 하지 않았고, 그렇다고 적극적으로 영웅들과 경쟁하지도 않았다. 자신의 지역을 제대로 지키기 위해서라도 싸우면서 세력 확장을 꾀했어야 함에도 그렇게 하지 않았다. 이 대목에서 유표는 한 지역을 다스릴만한 역량을 지니고 있었을 뿐이라는 사실을 알 수 있다.

결과적으로 유표가 바랐던 것은 '현상유지'였다고 볼 수 있겠는데, 유표는 급변하는 주변 정세에 기민하게 대응을 해야 현상유지도 가능하다는 기본적인 사실을 몰랐거나, 알았다고 하더라도 요행을 바랐던 것으로 볼 수밖에 없을 듯하다. 오히려 주변의 참모들이나 유비가 유표의 힘을 정확히 꿰뚫어 보고 영웅들과 경쟁하라고 권했는데, 유표는 이들의 말마저 듣지 않았다. 이런 유표의 태도를 좋게 해석하면 '신중하다'고 할 수 있겠으나, 어찌되었건 신중함도 지나치면 자신뿐 아니라, 주변까지 해치게 되는 결과를 초래할 수 있다는 사실을 유표를 통해 알 수 있을 것으로 본다.

유표는 조조가 형주를 공격하기 전에 병들어 죽었다. 죽기 전에 후계자 문제를 확실하게 처리해 놓지 못했다. 유표의 맏아들 유기는 병약했으므로, 유표와 그의 아내, 참모들은 모두 어린 아들인 유종을 후계자로 세우려 했다. 유기는 자신의 세력이 없음을 알고 강하태수로 나가버렸고, 결국 유종이 형주를 차지하게 됐다.

유표의 허무한 최후만큼 유종의 결말도 매우 허무했다. 유종은 조조한테 형주를 바치고 항복했으며, 나중에 청주지역으로 발령받아서 임지로 가다가 그의 어머니와 함께 독살됐다. 소설『삼국지』엔 유종이 항복했을 때의 형주의 군대 현황에 관한 이야기가 나온다. 유표의 부하였던 채모와 장윤은 조조한테 이렇게 말했다.

"기병이 오만 명이고, 보병이 십오만 명이고, 수군(水軍)이 팔만 명,
모두 이십팔만 명입니다."
"전함은 크고 작은 것을 합해 모두 칠천여 척이 있습니다."

이만큼의 전력을 보유하고도 유표는 형주를 벗어나지 않았다. 유표의 인품에는 높은 점수를 줄 수 있겠으나 전술가, 정치가로서의 유표는 평범하지도 못했다고 할 수 있겠다. 이것도 유표의 운명이라 하겠으나, 운명이라고 하기에는 그 결말이 너무도 허무하다 하지 않을 수 없다.

문재인 전 더불어민주당 대표
날지 못하고 울지 못한 새

"불비불명(不飛不鳴)'이라는 고사가 있습니다. 남쪽 언덕 나뭇가지에 앉아, 3년 동안 날지도 울지도 않는 새. 그러나 그 새는 한번 날면 하늘 끝까지 날고, 한번 울면 천지를 뒤흔듭니다. 그동안 정치와 거리를 둬 왔습니다. 그러나 암울한 시대가 저를 정치로 불러냈습니다. 더 이상 남쪽 나뭇가지에 머무를 수 없었습니다. 이제 저는 국민과 함께 높이 날고 크게 울겠습니다. 오늘 저는 제18대 대통령선거 출마를 국민 앞에 엄숙히 선언합니다. '우리나라 대통령'이 되겠습니다." – 〈2012. 6. 17. 아시아경제. '문재인 대선출마 선언문' 중에서〉

2012년 6월, 당시 민주통합당 상임고문이던 문재인은 대통령 선거에 출마하겠다는 뜻을 밝혔다. 정당인이 되기 전 문재인은 엄밀히 말해 '검증된 정치인'은 아니었고, 대선후보로 떠오를 만큼의 지명도를 지니고 있지 못했다. 대중에게 크게 알려진 사람은 아니었다는 말이다. 문재인은 인권변호사의 길을 걷고 있던 사람인데, 노무현 대통령이 서거하자 주축이 되어 장례 절차를 이끌었고, 이후 '노무현 재단' 이사장이 되면서 널리 알려지게 됐다.

그와 동시에 노무현 대통령의 참여정부 시절 초대 대통령비서실 민정수석을 지냈고, 참여정부의 마지막 대통령비서실장을 지낸 그의 이력이 더욱 주목받게 되었다. 이래서 정치인이든 자연인이든 간에 문재인을 이야기할 땐 늘 '노무현'이 따라다닌다. 현실 정치 경험이 없다시피 했던 문재인이 정치인이 되고, 단번에 야권을 대표하는 후보가 된 데에는 노무현의 후광이 큰 영향을 끼쳤음은 부인할 수 없는 사실일 것이다.

문재인은 민주통합당 대선후보 경선에서 13전 전승을 거두고 당의 대선후보가 되었다. 이후 당시 돌풍을 일으키고 있던 안철수는 대선후보를 사퇴하고 문재인의 손을 들어 주었다. 진보정당의 유력후보였던 심상정도 문재인을 지지했으며, 심지어 여권의 참모 노릇을 했던 윤여준마저 문재인 캠프로 넘어 왔다. 야권은 문재인을 중심으로 강적 박근혜와 일전을 벌였다. 알다시피 2012년 대선은 박근혜의 승리로 끝이 났지만, 문재인은 보수 진영과 연합하지 않았으면서도 48%의 높은 지지율을 얻는데 성공했다. 이렇게 문재인은 정계에 입문하자마자 가장 큰 싸움에 나섰지만, 아쉽게 패했다.

대선에서 패한 일을 제외하면 문재인의 행적은 유표와 많은 차이가 있어 보인다. 정계 입문 이후에 어쨌든 바람을 타고 크고 작은 싸움에서 이겼기 때문이다. 그러나 내용을 살펴보면 유표와 꽤 많은 면에서 닮아 있음을 알 수 있다. 유표가 동탁 토벌전에 가담하지 않았던 것처럼 문재인은 대선 출마 선언문에서도 밝힌 바와 같이 줄곧 현실 정치와 거리를 두고 살아왔다. 좀 더 극단적으로 말해서 문재인은 정치를 하지 않으려고 했다.

2002년, 당시 대선후보이던 노무현이 문재인에게 부산시장 출마를 권유하자 이렇게 말했다고 한다.

"나는 참모용이며 더 나은 사람이 출마해야 한다."

-〈2012. 8. 27. 피플투데이〉

이후 노무현 대통령 비서로 가게 되었을 때에는 다음과 같이 말했다.

"앞으로도 정치를 할 생각은 없다. 당선자가 앞으로 펼치고자 하는 개혁과 새 정치와 관련해 많은 분들이 참여해서 힘을 모을 필요가 있다고 해서 미력한 힘이지만 보태려고 한다." – 〈2003. 1. 23. 동아일보〉

그러니까 문재인은 대통령 비서직을 '정치'로 간주하지 않았다는 말이 된다. 자신은 '형주'에 비유할 수 있는 '인권변호사'라는 정체성을 버리지 않겠다는 뜻을 분명히 했다. '역사엔 가정이 필요 없다'지만 문재인이 만약 2002년에 부산시장 출마를 했더라면 어떻게 되었을까? 당락과 관계없이 대중은 정치인 문재인을 좀 더 일찍 보게 되었을지도 모른다.

문재인에게 있어 '대선패배'는 유표가 손견과 싸웠던 일에 비유할 수 있겠다. 유표는 원소의 편지에 담긴 내용을 명분으로 내세웠고, 문재인은 '암울한 시대가 나를 정치로 불러냈다.'고 하면서 전장에 나섰다. 그 안에는 노무현 대통령 서거 문제도 있었을 것으로 짐작한다. 어찌되었건 양자 모두 '자의'보다는 '주변의 상황'으로 인해 싸움터에 나섰다는 공통점이 있다. 유표는 손견을 죽이고도 자신의 세력을 확장하지 못했고, 문재인은 매우 잘 싸우고도 대선에서 이기지 못했다. 그렇게 문재인은 '날지 못하고 울지 못하는' 새가 되어버렸다.

인품을 받쳐주지 못하는 정치력

2012년 12월 11일 국정원 직원 김하영이 서울 강남 역삼동의 한 오피스텔에서 당시 여당 후보이던 박근혜를 칭송하고, 문재인을 비방하는 내용의 '댓글'을 유명 웹사이트에 게시한 일이 있었다. 이 정보를 입수한 민주통합당 의원들은 경찰과 선관위 직원을 대동하고 이 오피스텔을 급습했다. 이른바 '국정원 대선개입 의혹 사건'의 꼬리가 드러난 것이다.

선거를 일주일가량 앞둔 시점이었으므로 민주통합당에서는 이렇다 할 조치를 취하지 못했다. 오히려 새누리당에서 민주통합당을 향해 '국정원 직원을 감금했다'며 공격하는 어처구니없는 일이 벌어졌다. 워낙 당시의 상황이 급박했으므로 신속하게 대처하지 못한 잘못을 책망하고 싶지는 않다. 다만 박근혜 당선 이후에 문재인은 이 중대안 사안에 대해 눈에 띄는 행동을 하지 않았다. 선거 패배의 책임을 문재인 개인한테 떠넘기는 것은 부당하며, 문재인 역시 당사자로서 전면에 나서는 것이 다소 부담이 될 수 있었다고 하지만, 이 문제에 대해 함구를 했던 일은 비판받아야 할 것으로 본다. 문재인은 대선에서 패배하고 1년 동안 선거 결과에 대한 말을 하지 않았다.

문제는 또 있었다. 2012년 대선 과정에서 새누리당 정문헌이 남북정상회담 회의록을 열람한 뒤 '노무현 대통령이 김정일한테 NLL(북방한계선)을 포기했다.'고 주장한 일이 있었다. 이 문제로 돌아가신 노무현 대통령은 물론이고, 문재인 역시 많은 공격을 받았다. 이 일은 대통령 선거에서 보수층이 결집되고, 문재인의 힘이 약화되는 결과를 초래했다. 새누리당은 선거에서 승리한 이후에도 공세를 늦추지 않았다. 국정원 대선 사건을 덮어야 하기 때문이었던 것으로 짐작한다. 이듬해인 2013년 급기야 침묵을 지키던 문재인이 전면에 나섰다.

"서해 평화협력지대 방안은 NLL도 지키고 평화와 경제도 얻자는 구상입니다. 개성공단 한다고 해서 휴전선 없어지지 않습니다. NLL 위에 평화협력지대나 공동어로구역을 설정하는 것도 마찬가지입니다. 서해 상에 개성공단 같은 것을 만들어 NLL도 지키고 평화와 경제도 얻자는 노 대통령의 구상, 훌륭하지 않나요. 6·25 전쟁 63주년, NLL을 수많은 젊은이의 피와 죽음으로 지켜온 역사를 우리가 끝내야 하지 않을까요." - 〈2013. 7. 23. 연합뉴스〉

국가 간의 외교문서를 열람해 선거에 이용한 것으로도 부족해서 문서의 일부를 일반에 공개해 버린 것은 어떤 말로도 변명할 수 없는 '국기문란' 행위임에 틀림없다. 대선을 거쳐 2013년 하반기까지 정국을 주도했던 이 사건은 한때의 이슈로 소비되어 버리고 말았다. 이것을 모두 문재인의 책임으로 돌릴 수는 없다. 그러나 문재인이 이 사건을 대했던 태도는 역시 비판받을 점이 있다고 본다.

제 아무리 혼자만의 시간을 지내고 있었다 할지라도, 이처럼 큰 두 가지 사건이 벌어졌을 때 문재인은 중심에 서지 않았다. 아울러 NLL 사건이 있을 때 저처럼 '논평'만 내고 자신의 선에서 문제를 매듭 지으려고 했으며, 혼자서 검찰에 출두하는 다소 소극적인 방식으로 대응하는 데에 그쳤다. 그것도 한참 공방이 진행될 때는 침묵을 지키고 있다가 나선 걸 보면, 여러 가지 이유에도 불구하고 문재인은 유표처럼 타이밍을 못 잡는 사람이라는 생각이 든다.

현실정치인으로서 보여준 문재인의 능력에도 여전히 의문을 품지 않을 수 없다. 새정치민주연합 당대표로 재직하면서 2015년 4월 29일에 있었던 국회의원 재보궐 선거에서 새누리당에 3대 0으로 졌고, 같은 해 10월 28일에 있었던 재보궐 선거에서도 새누리당이 15곳을 무소속이 7곳을 차지했는데 반해 새정치민주연합은 2곳을 얻는 데 그쳤다.

앞서 2014년 7월 30일에 있었던 재보선에서 김한길과 안철수가 원칙 없고 분별없는 전략공천을 남발하다가 새누리당에 11대 4로 완패한 전적이 있었기 때문에 문재인은 이 후유증까지 떠안고 싸워야 했다는 점, 이후 10·28 재보선은 비교적 중량감이 떨어지는 선거였고, 투표율도 저조했다는 점을 감안했을 땐, 역시 이들 선거 패배의 책임을 문재인 혼자한테 떠넘기기는 어렵다고 본다. 그러나 이런 결과는 결코 '정치인' 또는 '리더'로서 문재인을 평가할 때 플

러스 요인이 될 수도 없다.

그럼에도 불구하고 여전히 야권지지자들이 문재인에게 기대를 거는 이유는 문재인의 인품이 다른 정치인에 비해서 훌륭하기 때문이다. 이것이 돌아가신 노무현 대통령의 후광으로 인해 만들어진 것이든, 이른바 '친노' 또는 '친문'이라는 사람들을 통해 만들어진 것이든, 문재인을 지지하지 않는 대중마저 문재인의 인품에 의문을 제기하는 경우는 많지 않다고 볼 수 있겠다. 나는 이것이 꼭 '만들어진 이미지'가 아니라고 보고 있다.

문재인은 당대표로 있으면서 표창원, 조응천 등의 '인재'를 '인품' 하나로 영입했으며, 상대진영에 있던 김종인까지 더불어민주당으로 데리고 오는데 성공했다. 이 한 가지만으로 문재인의 인품에 대한 평가를 내리기는 어려우나, 이 사람을 살피는 하나의 단서가 되기에는 충분하지 않은가 한다. 또한 이러한 인재영입에는 '인품'에 상당하는 '정치력'도 필요한 것도 사실이 않을까 한다. 또한 문재인의 힘으로 더불어민주당은 '10만 온라인 당원'을 보유하게 됐다. 대선을 앞둔 2016년 하반기 현재, 문재인은 여전히 야권주자 중 가장 높은 지지율을 얻고 있다.

형주를 벗어나야 이긴다

2016년 4월 13일 제20대 국회의원 선거에서 더불어민주당은 당초의 예상을 깨고 123석을 차지했다. 텃밭이라 할 수 있는 호남은 모두 20석 중 15석을 국민의당이 차지했다. 새누리당은 122석을 얻어 원내 1당 자리를 내 주었다. 이후 유승민 등이 복당하면서 1당이 되었으나, 새누리당은 참패했고, 더불어민주당이나 국민의당은 뜻밖의 결과를 얻었다. 기대를 모았던 정의당은 6석을 얻는데 그쳤다.

이 결과를 두고 일각에선 123석을 얻은 건 김종인 비대위원장의 공이고, 국민의당이 호남을 석권한 것은 문재인의 탓으로 돌리는 경우가 있었다. 하나씩 나누어 보면 얼핏 그런 것 같으나(호남에서 문재인의 인기가 떨어지긴 했으므로) 선거 전체를 놓고 보면 애초부터 성립될 수 없는 말이다. 문재인은 선거 기간 중 지원사격을 나갔으나, 이 선거는 문재인이 중심에 서서 진두지휘한 선거가 아니었다. 그런데 어떻게 패한 책임은 문재인한테 묻고, 이긴 것에 대한 칭송은 김종인한테 할 수가 있는가. 문재인이라는 정치인에 대한 호오의 문제를 떠나 이것은 매우 공평하지 않은 평가라고 하겠다.

다만 비상 상황에서 김종인을 모셔 와서는 이 사람과 공동으로 선거를 지휘하려고 했던 점은 비판의 대상이 될 수 있을 것으로 본다. 두 사람이 꼭대기에 앉아 있으면 십중팔구 혼란이 생기게 되어 있다. '항복하기는 싫은데 그렇다고 싸우지도 못한' 유표와 비슷한 행동을 취했던 것이다. 물론 다행히(?) 이후에 문재인은 당대표에서 물러나긴 했다. 누군가를 초빙해 왔으면 중용하고, 믿는 태도가 필요했다고 할 수 있겠다.

앞서 말한 것처럼 문재인은 여전히 여러 야권의 대선후보 중 가장 유력한 사람이다. 그러나 대통령 선거가 끝난 직후였으므로 재정비의 시간이 필요했다고는 하나, 이슈를 선점하지 못하고 주변에 머무는 행동이나, 평론가처럼 원론적인 말만 되풀이해서는 더 많은 지지를 얻기 어렵다고 본다. 아울러 다른 이슈에는 가만히 있다가 돌아가신 노무현 대통령이 엮이자 곧바로 반응했던 일은 자신을 '야권의 유력 대권 후보'가 아니라 '노무현의 비서'로 가두는 행동으로서 결코 바람직하지 못했다고 본다.

유표는 중원을 석권할 수 있는 좋은 조건을 지녔음에도 형세를 관망하기만 하고, 천하의 일에 소극적으로 대처하다가 아무 것도 해보지 못하고 허무하게 죽었다. 이처럼 문재인 역시 현재까지는 유표와 크게 다르지 않은 행보를 보여주고 있다고 할 수 있겠다. 어떤 식으로든 유표는 형주를 벗어났어야 했다. 마찬가지로 문재인 역시 형주를 벗어나야 이길 수 있지 않을까 한다.

자의든 타의든 간에 대중한테 문재인은 여전히 '노무현의 비서'라는 인식이 있다. 매사에 자신의 명확한 의견을 내세우지 않고 상대가 결정해 주기를 바란다. 이 사람의 말과 글을 보면 원론적인 말을 던진 다음, 반드시 상대의 의중을 묻는다. 이것은 얼핏 보면 열린 태도 같지만, 대중은 그처럼 물에 물을 탄 것 같은 태도를 좋아하지 않는다. 정치인한테는 우선 명확한 자기 소견이 있어야 하겠다. 이미 진전이 많이 된 일을 두고 뒤늦게 '토론하자', '검토하자'고 해서는 안 된다. (한반도 사드배치 논란이 있었을 때) 문재인을 좋아하는 사람들은 이런 태도를 '신중하다'고 하겠지만, 그 외의 사람들은 '타이밍이 늦다'., '정치 감각이 없다.'고 생각할 가능성이 높다. 나는 이런 것들을 문재인이 벗어나야 할 '형주'라고 보고 있다.

문재인의 지지율 상승을 가로막는 또 하나의 '형주'가 있다. 그것은 바로 '문재인을 적극 지지하는 사람들'이라고 하겠다. 이들은 얼마 전 있었던 더불어민주당 당대표 선거나 내년에 있을 대통령 선거에서 문재인만을 중심에 놓는다. 문재인의 행보, 문재인을 중심으로 형성된 세력에 대해 아주 조금이라도 문제를 제기하는 것도 용납하지 않는다. 이런 배타적인 태도를 유지하는 한 문재인이 더불어민주당의 대통령 후보가 되더라도 반드시 패하게 될 것으로 본다. '대통령 문재인'을 실제로 보려면 적극 지지층은 전면에 나서지 않는 게 좋다. 문재인의 인품이 그렇게 훌륭하고, 정치인으로서 자질이 있는 사람이라면 결국 대중이 알아볼 것으로 믿는다.

한 나라의 정치를 '한 사람'이 좌지우지 할 수 없다. 역사의 도도한 흐름을 '한 사람'이 막아설 수 없다. 그러나 한편으로 '한 사람'의 역할이 정치와 역사에 큰 영향을 주는 것도 사실이다. '어떤 사람이어야 하는가'라는 물음은 이래서 예나 지금이나 매우 근본적인 물음으로서의 가치를 지닌다. 문재인에게 여전히 기대를 거는 이유가 바로 여기에 있다고 하겠다. 문재인은 '훌륭한 인품을 지닌' 사람이기 때문이다. 문재인, 형주를 벗어나 유표가 아닌 조조가 되어주길 기대한다.

원소 - 명성은 높되 실력은 낮다

袁
紹

안철수 국민의당 전 대표는 정치권에 발을 들여 놓기 전, 성공한 사업가로 젊은이와 소통하는 사람으로 대중의 사랑을 받았다. 2011년 서울시장 선거를 앞두고 높은 지지율을 획득하고 있었음에도 출마를 하지 않고 박원순을 지지했을 때, 대중은 이러한 안철수의 행동에 열광했다. 이와 같은 대중의 기대를 안고 안철수는 정계에 입문했다.

그러나 이후 안철수가 정치인으로서 보여준 것은 단 하나도 없다. 특정 사안에 대해 모호한 답을 하고, 양비론과 양시론을 펼칠 뿐이었다. 지휘한 선거마다 패배했고, 고집이 세어 측근이 떠나는 등 용인술에도 심각한 결함이 있는 사람이다. 이 사람에 비유한 원소 역시 행적과 성격에서 안철수와 유사한 점이 매우 많다.

(원소에 대해서는 소설 『삼국지』를 위주로 썼다. 원소에 대해 매우 높은 평가를 하는 경우도 있다.)

원소는 대장군 하진의 부하로서 열 명의 내시인 '십상시(十常侍)'를 비롯한 환관을 죽이기 위해 외부의 군벌을 불러 들여야 한다고 주장했다. 조조는 원소의 의견에 반대했으나, 하진은 원소의 의견에 따라 동탁을 수도 낙양으로 불러들였다. 십상시들은 동탁이 오기 전에 하진을 죽이기로 마음먹고, 하진을 궁궐로 끌어들여 죽여 버렸다. 하진이 죽자 원소는 곧바로 군대를 거느리고 궁궐에 들어가서는 내시들을 닥치는 대로 죽여 버렸다. 이것이 유명한 '십상시의 난'이다.

대장군 하진이 죽자, 수도 낙양은 무주공산이 되어 버렸다. 이렇게 해서 동탁은 손쉽게 낙양을 점령했고, 황제까지 손아귀에 넣게 되었다. 권력을 쥔 동탁은 당시 황제였던 소제(少帝)를 폐위하고, 소제의 동생인 진류왕을 황제로 세우려고 했다.

"지금의 황제가 어리석어서 종묘사직을 받들기 어렵다.
나는 황제를 폐하고 진류왕을 황제 자리에 나가시게 했으니
조정 대신들은 그리 알라. 따르지 않는 자는 목을 베겠다!"

아무도 동탁에게 대거리를 하지 못했는데 원소만이 분연히 일어나 동탁을 꾸짖었다.

"황제께서 즉위하신 지 얼마 되지 않았을 뿐 아니라,
네 어찌 적자를 폐하고 서자를 세우려 하느냐. 절대로 안 된다!"

원소는 벼슬을 버리고 자신의 지역인 기주로 돌아갔다. 남들은 꼼짝도 못했는데 어째서 원소는 이처럼 큰 소리를 칠 수 있었을까?

원소의 고조부 원안(袁安)은 조정에서 사도 벼슬을 한 사람이었다. 이 사람 이후로 원소에 이르기까지 4대가 모두 조정에서 높은 벼슬을 했으므로 원씨 가문은 전국적인 명성이 있었고, 큰 영향력을 행사했다. 그런데도 원소는 지위가 낮은 사람일지라도 홀대하지 않아서 많은 선비들이 원소에게 의탁했다. 이

런 배경이 있었기 때문에 원소는 동탁에게 주눅 들지 않았으며, 동탁 역시 원소를 함부로 죽일 수 없었던 것이다. 오히려 원소의 심기를 누그러뜨리기 위해 원소를 발해태수로 임명했다.

이후 동탁의 전횡에 분노한 조조가 의병을 일으키자 전국 각지의 영웅들이 호응해서 들고 일어났다. 원소도 발해의 병력을 이끌고 동탁 토벌전에 참가했다. 이 토벌전에는 원소와 조조를 비롯해 손견, 마등, 공손찬, 공융 등 이름 있는 사람들 17명이 참가했다. 이들은 낙양 근처에 군대를 주둔시키고 동탁을 칠 계획을 세웠다. 조조가 말했다.

"우선 우리의 맹주를 뽑아야 하겠습니다. 원소 장군의 집안은 4대째
정승을 배출했고, 장군의 집안엔 오랜 관리들이 많습니다.
원소 장군은 한나라 유명한 정승의 후예니 이 분을 맹주로 추대하는
것이 좋다고 생각합니다."

원소는 몇 번 사양하다가 마지못해 맹주 자리를 수락했다. 제대로 된 실전을 치르게 됐다. 원소는 영웅들 앞에서 맹세의 글을 낭독했다.

"한나라 황실이 불행하여 황실의 기강은 전통을 잃으니, 역적 동탁은
틈을 노려 화를 일으켜서 재앙이 황제에게 미쳤으며, 백성을 학대하니
백성은 살아갈 길이 막막하다. 원소 등은 사직이 무너지게 될까
두려워하여 의병을 규합하여 국난을 이겨내기로 결심했다.
우리 동맹군은 마음을 합해 죽기를 맹세하며, 신하의 절개를 다할 뿐
두 마음을 품지 않을 것이다. 만약 이 맹세를 저버리는 자가 있다면
그의 목숨을 끊어 살려두지 않을 것이다."

말은 이렇게 했지만, 원소는 개성이 강한 영웅들을 제대로 통솔하지 못했다. 설상가상 동탁은 수도 낙양을 불태우고 장안으로 천도를 해 버렸다. 원소는 신속하게 결단을 내리지 못하고 아까운 시간만 흘려보냈다. 이런 가운데 조조는 동탁을 추격했다가 기습을 당해 크게 패하고 돌아왔다.

"원소 장군 이하 여러분을 믿고 천하를 평정하려 했는데 맹주인
원소 장군은 진격 명령을 내리지 않고 주저하고 있습니다.
때문에 세상 사람의 신망을 잃었으니 한심하기 짝이 없습니다.
정말 부끄러운 일입니다."

조조는 이 말을 남기고 회군했다. 토벌전에 가담했던 공손찬도 유비 삼형제에게 이렇게 말했다.

"원소는 무능한 사람이네. 이 사람과 같이 있다가는 아무 일도
하지 못하고, 우리한테 좋지 않은 일이 생길 것 같네. 돌아가세."

영웅들은 원소에게 실망하여 하나둘 전선에서 이탈했다. 결국 동탁 토벌전은 아무런 소득도 없이 끝나고 말았다. 이 결과를 두고 오로지 원소한테 책임을 물을 수는 없다. 그러나 원소는 정의감이 있기는 하나, 통솔력이 부족하고, 행동엔 실속이 없다는 사실, 큰일을 감당할만한 능력이 없다는 점을 확인할 수 있겠다.

열 번 싸워도 열 번 모두 질 사람

영웅들이 각자 자기 지역으로 돌아갔지만, 원소는 여전히 하내 지역에 군대를 주둔시키고 있었다. 얼마 지나지 않아 원소 진영에 군량미가 떨어졌다. 이 소식을 듣고 옛 부하였던 기주자사 한복이 군량미를 보내왔다. 원소는 배은

망덕하게 기주를 차지할 계획을 세운다. 원소는 늘 기주를 탐내고 있던 공손찬에게 편지를 보내서 '함께 한복을 쳐서 기주를 분할 점령하자'고 하고는, 한복에겐 '공손찬이 당신을 치려고 하니 내가 가서 돕겠다'고 했다. 한복은 원소의 말에 속아 원소군을 기주로 끌어들이고 말았다. 이렇게 기주에 무혈 입성한 뒤, 저항하던 한복의 부하를 죽여 버렸다. 공손찬은 뒤늦게 군사를 이끌고 왔으나 이미 기주는 원소가 점령한 뒤였다.

이후 원소는 공손찬까지 칠 계획을 세웠다. 원소는 조조한테 편지를 보내서 군량미와 군사를 빌려달라고 연락했다. 이 편지를 본 조조가 한숨을 쉰다.

"원소 이 사람이 너무 무례하구나. 버릇을 좀 가르쳐 줘야겠는데
당장 내 힘이 모자라니 어째야 하나?"

이 말을 들은 참모 곽가가 웃으며 말한다.

"지금 원소는 열 번 패하게 되고, 승상(조조)께선 열 번을 이길 수
있습니다. 원소의 군사력이 강하다고 하나 두려워할 것 없습니다."

"어째서 그러하다는 겁니까?"

"원소는 번거로운 예의를 좋아합니다. 원소는 역(逆)으로 움직입니다.
원소는 너그럽기만 하되 강하지 못합니다. 원소는 겉으론 너그러운
것 같지만, 안으로 시기하는 마음이 강하고, 사람을 쓸 때 일가붙이만
많이 씁니다. 원소는 꾀가 많으나 결단성이 없습니다.
원소는 사람의 이름값만 중요시합니다. 원소는 가까운 사람은 구휼하되
멀리 있는 사람을 홀대합니다. 원소는 누구를 참소하는 말을 들으면

마음이 흔들립니다. 원소는 옳고 그름을 섞어 버립니다.
원소는 허세를 좋아해서 병법을 모릅니다."

오로지 곽가가 주군인 조조를 북돋아 주기 위해 이런 말을 했을까? 실제로 원소는 곽가의 말처럼 행동했다. 200년, 조조는 유비를 치기 위해 군사를 일으키기로 마음먹었다. 유비는 원소한테 구원을 요청했다. 원소 진영에서는 유비를 구원할지 여부를 두고 참모진들 간에 의견이 엇갈렸다. 전풍과 저수라는 사람은 조조 공격을 반대했고, 심배와 곽도라는 사람은 조조를 공격해야 한다고 주장했다. 이 사이에서 원소는 결정을 내리지 못하다가 허유라는 사람의 말을 듣고 조조를 치기로 결정했다.

그러나 금방이라도 조조를 없앨 것처럼 기세를 올리던 원소는 막상 조조군을 보자 섣불리 공격하지 않았다. 게다가 참모진이 서로 불협화음을 냈고, 원소는 이들을 통제하지 못했다. 결국 시간만 허비하고 아무것도 얻지 못했다.

한편, 같은 해에 조조는 직접 유비를 치러 나선다. 여러 장수들이 조조를 만류했다.

"원소가 쳐들어오려고 하는데 이 사람을 내버려두고 유비를 치러갔다가, 배후에서 공격당하면 어쩌려고 그러십니까."

"원소한테는 큰 뜻이 있지만, 형세 판단이 느려서 틀림없이 군대를 출동시키지 않을 것이다."

그러고는 직접 유비를 치러 나선다. 이 소식은 원소에게 전해졌다. 원소의 참모 전풍이 말했다.

"지금 조조가 유비를 치러 가는 바람에 허도(조조의 거점)가
비어있습니다. 이럴 때 허도를 쳐야 합니다. 이런 기회는 쉽게 오지
않습니다. 주공께서는 빨리 결단을 내리십시오!"

그런데 이 때 원소의 다섯째 아들이 병에 걸려 있었다. 원소가 힘없이 대답한다.

"나도 좋은 기회인 줄은 알지만, 막내 아들놈 때문에 마음이
뒤숭숭해서 결단을 내릴 수가 없소."

이러고는 군대를 움직이지 않았다. 전풍은 물러 나온 뒤 지팡이로 땅을
내리 찍으면서 탄식한다.

"천재일우의 기회를 만났는데 고작 어린아이의 병 때문에
기회를 놓치는구나!"

결국 유비는 조조한테 크게 패했고, 조조의 세력은 원소를 위협할 만큼
성장하게 됐다.

망할 만한 조건을 한 몸에 지닌 사람

200년, 원소는 조조를 치기로 마음먹었다. 참모인 전풍이 대번에 반기
를 든다.

"저번에는 조조가 허도를 비웠기 때문에 공격을 해야 한다고 했습니다.
그러나 지금은 이미 늦었습니다. 조조의 군대는 유비를 이기면서 사기가
올라 있습니다. 때를 기다렸다가 틈을 본 이후에 공격해야 합니다."

원소는 전풍의 말을 듣지 않았다. 전풍은 재차 원소를 만류했다.

"안 됩니다. 우리 실력이 모자랍니다.
조금 참았다가 군사를 일으켜야 합니다!"

이 말을 들은 원소는 버럭 화를 낸다.

"네 놈이 우리 군의 사기를 꺾으려 하는구나!"

그러고는 전풍을 옥에 가둬 버렸다. 그간 조조가 많이 성장했다고는 하지만, 아직 원소의 상대가 될 만큼은 아니었다. 원소가 화를 낼 만도 하다. 그러나 전쟁의 결과는 전풍이 말한 것처럼 되어 버렸다. 원소군은 초반에 승세를 탔으나 조조군에게 식량 보급 거점을 뺏기는 바람에 크게 패했다. 원소는 별 수 없이 후퇴를 해야 했다.

이 소식은 옥에 갇힌 전풍에게 전해졌다. 감옥을 감시하는 관리가 전풍에게 말했다.

"주공이 패했으니 반드시 당신을 중하게 쓰실 것입니다."

"허허, 나는 이제 죽었네."

"그게 무슨 말씀이십니까?"

"주공은 너그러워 보이지만 속이 매우 좁은 분이네.
그래서 바른 말을 잘 들어 주지 않아. 이번에 이겼으면 기뻐서 나를 살려 주실지 모르지만, 졌기 때문에 부끄러워하고 있을 걸세.
나는 살아날 가망이 없네."

원소는 원래 전풍의 말을 듣지 않은 걸 후회했다. 이 모양을 본 참모 봉기는 전풍을 참소했다.

"주공께서 패했다는 소식을 듣고 기뻐서 깔깔 웃었다고 합니다."

원소는 봉기의 말을 믿고, 전풍을 죽여 버렸다. 이후 다시 조조를 치러 출병했다가 크게 패하고 병이 들어 피를 토하고 죽었다. 가장 강력한 영웅 원소는 이렇듯 허무하게 세상을 떠났다. 원소의 세력 또한 그가 죽자 자식들끼리 세력 다툼을 하다가 조조한테 멸망당했다.

몇 가지 일화를 통해 살펴보았듯이 원소는 욕심에 비해 능력이 없었으며, 말만 앞세울 뿐 실속이 없었고, 사람의 말을 듣고 판단을 할 때 기준이 없이 오로지 자신의 기분에 따랐다. 바른 말을 듣는 귀가 없었으며, 결단력이 없었다. 지도자한테 기본적으로 요구되는 넓은 도량이 없었고, 속이 좁았다. 망할 만한 조건을 한 몸에 지닌 사람이었다고 할 수 있겠다.

안철수 국민의당 전 대표
병 걸리셨어요?

2011년 8월, 당시 서울시장으로 있던 오세훈은 곽노현 서울시 교육감이 추진하던 무상급식에 반대하면서, 자신의 뜻을 관철하기 위해 주민투표를 실시하겠다고 발표했다. 오세훈은 이 주민투표에 시장 자리를 거는 초강수를 뒀다. 그러나 이 주민투표는 투표율 25.7%를 기록하면서 개표 요건인 33.3%를 만족시키지 못했다. 투표함을 열지도 못하고 끝난 것이다. 8월 26일, 오세훈은 서울시장 자리에서 내려왔다.

서울시장을 다시 뽑아야 한다. 이 때 야권에서는 유력한 서울시장 후보가 있지 않았다. 이 상황에서 다소 의외의 인물이 서울시장 후보로 거론되기 시작했다.

"또다시 이상한 사람이 서울시를 망치면 분통 터질 것.… 그것이 서울시장 출마 고민의 시작점이었다." - 〈2011. 9. 5. 오마이뉴스〉

당시 서울대 융합과학기술대학원장으로 있던 안철수였다. 안철수는 서울대 의과대학 출신의 의사였지만, 성공한 기업가로서 대중에게 널리 알려진 인물이었다. 1995년부터 2005년까지 컴퓨터 바이러스 백신제조 회사인 안랩

(AhnLab)의 대표이사를 지냈고, 2005년부터 2011년까지 포스코(POSCO) 사외이사 및 이사회 의장을 지냈다. 2005년부터 2012년까지 안랩의 최고교육책임자(CLO) 및 이사회 의장을 지냈다. 2008년부터 2011년까지는 카이스트(KAIST, 한국과학기술원) 기술경영전문대학원 정문술석좌교수를 지냈다.

― 〈 http://ahncs.kr/. 안철수의 새정치〉

이처럼 안철수는 대중이 충분히 기대를 걸만큼 화려한 이력을 지닌 사람이었다. 이런 사람이 서울시장 출마를 고려한다고 하니 대중은 이에 화답하여 폭발적인 호응을 보여주었다. 안철수는 단번에 지지율 50%를 상회하는 강력한 서울시장 후보로 떠올랐다.

"(서울시장직에) 의미를 느끼는 건 옛날부터였다.… 행정이 별 게 아니더라. 어떤 분들은 정치논리로 폄하하는 게, 중소기업 해봤으면서 어떻게 저렇게 큰 행정을 하냐고 한다. … 나처럼 조직 관리를 해 본 사람은 그런 말 들으면 피식 웃는다. … 300명 정도를 경영하면 3만 명을 경영하는 것과 큰 차이가 없기 때문이다. 나는 500명 이상을 경영해봤다. 조직 관리가 안 될 리 없다. 난 무에서 유를 만들었고 여러 난관을 극복했다. 조직이 잘되기만 했으면 경영 능력 검증이 안 되는데 한 번 꺾였을 때 그걸 극복하면서 능력이 검증된다. 나는 그걸 했다. 대학교에만 있던 분이나 정치만 하는 분보다는 (내) 능력이 뛰어나다."

― 〈2011. 9. 5. 오마이뉴스〉

자신감이 넘쳐흐른다. 이 말을 얼핏 보면 매우 그럴싸하지만, 조금 더 살펴보면 매우 좁은 소견임을 알 수 있다. 안철수의 말대로라면 500명 이상을 경영해 봤으니 5만 명도 경영할 수 있다는 것인데, '할 수 있는 것'과 '잘 하는 것'은 다를뿐더러, 소꿉놀이 해봤다고 실제로 살림을 잘 할 수 있는 게 아니다. 더구나 해보지 않고서 자신이 이미 '검증' 된 사람인 것처럼 말하는 대목을 보니

'피식' 웃음이 나온다. 원소가 동탁토벌군의 맹주가 되어 큰소리를 친 것과 유사해 보인다. 그러나 당시에 안철수의 이런 어처구니없는 말에 주목하는 사람은 거의 없었다.

그럼에도 불구하고 이전까지 안철수의 행적에 대해 폄하하기는 어렵다고 본다. 타고난 금수저인 원소와는 다르나, 안철수는 자기 분야에서 최선을 다해 최고의 자리에 올랐고, 자신의 능력을 대중에게 나누어주었다. 정치경험의 유무에 관계없이 대중의 신망을 얻은 일은 어찌 보면 당연한 귀결이라 하겠다.

"오늘 존중하는 박 이사를 만나서 포부와 의지를 충분히 들었다. … 서울시장직을 누구보다 잘 수행할 수 있는 아름답고 훌륭한 분 … (박 이사는) 헌신적인 삶으로 시민사회운동의 새로운 꽃을 피웠다. … 저에 대한 (국민적) 기대가 컸는데 너무 감사하고 부끄럽다. 리더십에 대한 변화의 열망이 저에 대한 지지로 나타났다고 본다." – 〈2011. 9. 6. 파이낸셜 뉴스〉

현재까지 '아름다운 양보'로 회자되고 있는 말이다. 안철수는 당시 고작 5%의 지지율을 기록하고 있던 박원순을 지지하면서 서울시장에 출마하지 않았다. 안철수의 이 선택을 두고 후일에 '양보가 아닌 포기', '대선 출마를 위한 포석'이라는 평도 있었으나, 설령 그것이 사실이라 할지라도 이 양보의 가치를 평가절하해서는 안 될 것으로 본다. 이 양보의 결과로 박원순이라는 유능한 시장을 얻었지 않은가.

어쨌든 이 양보로 인해 안철수는 2012년 대선의 강력한 후보로 떠오르게 되었다. 아닌 게 아니라 참으로 강력했다. 2011년 9월 MBC가 실시한 여론조사에서 안철수는 당시 대세이던 박근혜를 59% 대 33%로 크게 앞섰다. – 〈2011. 9. 6. 미디어오늘〉 '대선 출마를 위한 포석'임이 드러난 셈이라 하겠다. 뉴시스와 노모리서치에서 조사한 결과에서도 42.4% 대 40.5%로 안철수가 앞섰다. 이 결과를 두고 기자가 박근혜한테 질문을 했다.

"병 걸리셨어요? 오늘은 복지센터에 왔으니까 복지 쪽 얘기를 하자."
– 〈2011. 9. 7. 조선일보〉

안철수의 바람은 이처럼 무서웠다. 동탁토벌군이 원소에게 기대를 걸었던 것처럼 대중은 안철수에게 엄청난 지지를 보내주었다. 그러나 사실상 안철수는 여기에서 끝났다고 본다. 안철수는 이후의 행적에서 원소와 같은 독선, 고집, 무능력함, 욕심을 오롯이 드러내기 시작했다. 원소나 안철수나 가진 것은 '화려한 이력'과 '말' 이외에는 없다.

새 정치? 새로운 구태정치

"…정치가 이래서는 안 된다는 겁니다. 문제를 풀어야 할 정치가 문제를 만들고 있다고 하셨습니다. 국민들의 삶을 외면하고 국민을 분열시키고, 국민을 무시하고, 서로 싸우기만 하는 정치에 실망하고 절망했다 하셨습니다. … 지금까지 국민들은 저를 통해 정치쇄신에 대한 열망을 표현해주셨습니다. 저는 이제 이번 18대 대통령 선거에 출마함으로써 그 열망을 실천해내는 사람이 되려 합니다. 저에게 주어진 시대의 숙제를 감당하려고 합니다."
– 〈2012. 9. 19. 머니투데이. '안철수 원장. 대선출마 선언문' 중〉

안철수는 1년간 쌓인 지지율을 등에 업고 대선출마를 선언했다. 민주주의 사회에선 누구나 출마할 수 있으므로 이 일을 두고 무어라 할 수는 없다. 다만 평가는 해 볼 수 있겠다. 다년간 현실 정치를 경험한 사람도 실패하는 마당에 어떻게 정치 방면에서 자신의 역량을 보여 준 적도 없는 사람이 대선에 나올 수 있다는 말인가. 국민의 삶을 좌우하는 정치를 우습게 보는 짓이고, 나아가 유권자의 수준을 무시하는 짓이 아닌가.

"정치경험 대신 국민들께 들은 이야기를 소중하게 가지고 가겠습니다. 조직과 세력 대신 나라를 위해 애쓰시는 모든 분들과 함께 나아가겠습니다."
— 〈2012. 9. 19. 머니투데이, '안철수 원장, 대선출마 선언문' 중〉

실제로 그러했는지 살펴봐야 하겠다. 안철수는 저토록 멋진 말을 던져놓고는 남의 세력에서 이탈한 사람과 함께 나아가기 시작했다. 민주당 소속 의원이던 송호창이 안철수 캠프로 넘어갔고, 역시 민주당 소속 의원 박선숙 역시 안철수 캠프에 가담했다. 정치인이 자신의 계산에 따라 움직이는 것을 두고 마냥 비난할 수는 없다. 그러나 안철수는 기존 정치인의 행태를 비판하는 방식으로 자신을 드러낸 사람인데, 정치권에 발을 들이자마자 그들과 똑같은 짓을 한 셈이다.

"저는 오늘 정권교체를 위해서 백의종군할 것을 선언합니다. 단일화 방식은 누구의 유불리를 떠나 새 정치와 정권교체를 바라는 국민의 뜻에 부응할 수 있어야 합니다. 그러나 문재인 후보와 저는 이견을 좁히지 못했습니다. 제 마지막 중재안은 합의를 이끌어내지 못했습니다. … 이제 문 후보와 저는 두 사람 중에 누군가는 양보를 해야 되는 상황입니다.… 제가 후보직을 내려놓겠습니다. … 국민 여러분, 이제 단일 후보는 문재인 후보입니다. 그러니 단일화 과정의 모든 불협화음에 대해서 저를 꾸짖어주시고 문 후보께는 성원을 보내주십시오. 비록 새 정치의 꿈은 잠시 미루어지겠지만 저 안철수는 진심으로 새로운 시대, 새로운 정치를 갈망합니다."
— 〈2012. 11. 23. 대자보, '안철수 대선후보 사퇴 기자회견문' 중〉

문재인한테 성원을 보내달라고 하고 있지만, 다시 살펴보면 그렇지 않음을 알 수 있다. 우선 안철수와 문재인은 당시 단일화 협상을 진행하고 있었는데, 안철수가 일방적으로 사퇴를 결정했다. 당시 문재인 측에선 안철수의 급작스런 사퇴 발표 때문에 큰 충격에 휩싸였다고 한다. – 〈2012. 11. 23. 대자보〉 따라서 안철수는 '사퇴'를 한 것이지 '양보'를 했다고 보기 어렵다. 아울러 이 결정 역시 캠프의 참모진과 상의를 하지 않고 혼자서 결정했다고 한다. 이것이 어떠한 결과를 초래했는가의 문제는 차치하고, 이 일만 놓고 보아도 안철수한테는 정치인으로서의 자질이 없음을 알 수 있다고 하겠다. 안철수는 원소처럼 남의 말을 듣지 않는 독선적인 태도를 지닌 사람이다.

안철수가 정말 하고 싶은 말은 마지막 문장에 집약되어 있다고 본다. '새 정치의 꿈이 미루어지겠지만', 이 말은 문재인이 하는 정치는 구태고, 자신의 정치만이 새로운 것이라고 역설하는 것이다. '양보'를 하는 사람이 자신을 높이고 남을 깎아 내린 것이다. 단일화 협상 과정에서의 불협화음에 대해서는 안철수와 문재인이 함께 비난을 받아야 하고, 오히려 이런 식으로 자신만을 부각하는 안철수의 행태가 더욱 비난을 받아야 할 문제가 아닌가 한다. 이렇게 보면 안철수는 정치권에 발을 들여 놓는 순간부터 '새 정치'와는 거리가 먼 사람이었다고 하겠다.

이듬해 2013년, 안철수는 노회찬이 의원직을 상실하여 무주공산이 된 서울 노원(병) 지역구에 출마하여 당선됐다. 비어있는 자리에 출마한 것이므로 표면적으로는 전혀 문제될 것이 없다. 그러나 대선후보로까지 거론되었던 사람이 남의 불행을 틈타 이기기 쉬운 곳을 골라서 당선된 일은 꽤 많은 대중의 실망을 불러왔다. 더구나 이 자리는 반드시 노회찬이 잘못해서 생긴 것이 아니었다는 사실을 다수의 대중이 알고 있는 상황이었다. 당시 부산에선 새누리당의 김무성이 출마했는데, 안철수는 김무성에게 덤비지도 않았다. 다른 사람 같으면 이런 일련의 행동이 반드시 비판받을 문제는 아니라고 할 수 있겠지만, 안철수이므로 비판을 받아야 한다. 스스로 자신은 남과 다른 사람이라고 하지 않았던가. 결국 자신도 남들과 똑같은 '현실 정치인'임을 밝힌 셈인데, 이런 행동 어디에 '새 정치'가 있는가. 아니나 다를까 안철수의 이처럼 약삭빠른 행보에 대중은 실망하기 시작했다. 이제야 사람들은 안철수는 허상이고 거품임을 알기 시작한 것이다. 원소가 한복을 쫓아내고 기주를 차지했던 일과 과정은 조금 다르지만, 유사한 측면이 있다고 하겠다. 이처럼 안철수는 만만한 지역에 나서서 한복처럼 만만한 상대를 죽이고 세력 기반을 마련했다.

국회의원이 된 이후 안철수의 행적을 보자. 2013년, 국정원 선거 개입 의혹에 대해 '박근혜 대통령이 책임져야 한다.'는 말만 했다. 그해 연말 '철도민영화' 이슈가 터지자

"우리 사회가 가진 심각한 격차의 문제들, 더 근본적으로 보면 다양성을 인정하지 않는 사회 풍토, 승자 독식의 구조에 대해 문제의식을 갖고 해결하지 않으면 많은 사람들이 힘들 수 있다. … 그런 분야에 대해 구체적으로 한 가지씩 만이라도 정치권이 해결하는 모습을 보이면서 해결하는 것이 중요하다."

― 〈김재욱, 『삼국지인물전』, 휴먼큐브 2014, 48쪽〉

구체적으로 '해결'해야 할 것이 아닌가. 안철수는 평론가가 아니라 현직 의원이었다. 안철수는 모든 이슈에 이런 식으로 대응했다. 정치인으로서 자신이 무언가를 하는 것이 아니라 '말'만 하고 끝난다. 무능력한 정치인의 전범이라 할 수 있겠다. 그러나 안철수는 여전히 인기가 있는 사람이었다. 안철수는 그 인기를 등에 업고 '새정치추진위원회'를 만들어 자신의 세력을 만들고자 했다. 여기에 가담한 사람들 면면을 살펴보겠다.

박호군 한독미디어대학원대학교 총장, 윤장현 광주비전 21 이사장이 참

여했고, 김효석과 이계안이 공동위원장을 맡았고, 송호창이 소통위원장 자리에 앉았으며, 금태섭이 대변인 노릇을 했다. 이러한 인적구성은 역시 '새 정치'와 거리가 멀다. 민주당의 2진급 인사를 끌어 모아 놓은 것에 지나지 않는다고 하겠다. 그나마 이후 송호창과 금태섭은 안철수를 떠났다.

여기에서 그치지 않았다. 안철수는 새정추를 구성해 놓고는 자신이 '낡은 세력'으로 규정했던 민주당과 통합하여 '새정치민주연합'을 창당했다. 김한길과 공동대표로 있으면서 2014년 6·4 지방선거에선 패배를 면해서 체면치레를 하더니, 2014년 7월 30일에 치러진 재·보궐 선거에서 새누리당에 11대 4로 참패했다. 이후 당대표에서 물러나서 자숙하는가 싶더니 결국 탈당을 해서 민주당의 '구태 인사'들을 긁어모아 '국민의당'을 창당했다. 국민의당은 호남의 지지를 바탕으로 2016년 4·13 총선에서 38석을 획득했다. 여전히 안철수는 살아 있다고 할 수 있겠다.

그러나 여기까지만 봐도 안철수의 이른바 '새 정치'는 '새로운 구태정치'라고 할 수 있겠다. 안철수는 정계입문을 했을 때부터 지금까지 '말' 이외에 한 것이 아무것도 없다. 그나마 다행스러운 일은 거품이 많이 빠져서 대선후보 지지율이 10%대에 머물고 있다는 사실이다. 동시에 안타깝기도 하다. 이런 거품 같고 허상과 같은 정치인한테 여전히 저만큼의 지지율이 나오고 있기 때문이다.

혜성처럼 나타난 거품

한 때 안철수의 대선캠프인 '진심캠프'에서 대변인을 했던 금태섭은 안철수에 대해 다음과 같이 말했다.

"다른 무엇보다 자유로운 소통을 앞세웠던 진심캠프에서 바로 그 점에 문제가 생길 것이라고는 누구도 예측하지 못했다. … 애초에 박 원장(박경철 안동

신세계연합클리닉 원장)은 정작 선거캠프에 합류하지 않겠다고 해서 저자(금태섭 자신을 가리킴)를 의아하게 만든 적이 있었다. … 그런데 그는 이후에도 별도의 모임을 만들어서 안 후보와 비공개 회합을 가지면서 캠프 내 인사, 후보 사퇴를 비롯해 선거운동의 세부적인 사항에까지 영향력을 행사했다. … 비밀리에 운영되는 그 모임에서 메시지의 방향을 결정하다 보니 공식 기구에서의 논의는 필요가 없었던 것. … 이로 인해 기본적인 전략은 혼선을 입었고, 여러 차례 심각한 위기가 닥쳤다.” – 〈2015. 8. 19. 머니S〉

그러니까 주변의 말을 듣지 않고, 최측근의 말만 갖고 모든 것을 결정했다는 것이다. ‘원소는 사람을 쓸 때 일가붙이만 많이 쓴다’는 말과 궤를 같이 한다고 볼 수 있겠다. 금태섭의 말을 계속해서 들어 보자.

“참 많은 사람들이 지지하고 격려하며 뭔가 이뤄주길 바랐다. 정치를 변화시키고, 지금과 다른 정치권이 되길 바랐는데…. 승부를 볼 수 있었을 때, 모든 것을 걸지 못한 점이 여러 사람에게 실망을 줬다고 생각한다.”
– 〈2015. 8. 19. 경향신문〉

동탁토벌군의 맹주로서 결단을 내리지 못하고, 조조를 쳐야 할 때 치지 못했던 원소와 무척 닮아 있다고 본다.

“(안 의원이 호텔 앞마당을 가로질러온 일행과 달리 인도를 찾아 빙 돌아온 일화, 일행이 진흙 위를 걸어야 하는지 모르고 두 시간 동안 대화하며 안 의원 본인은 시멘트 위를 걸었던 일화). 그런 분으로 기억한다.”
– 〈2015. 8. 19. 경향신문〉

게다가 안철수는 매우 자기중심적인 사람임을 알 수 있게 하는 일화라고 하겠다. 물론 금태섭이 안철수를 떠난 이후에 한 말이므로 완전히 믿기는 어렵다고 하겠으나, 한편으로 최측근에 있었던 이 사람의 말을 굳이 의심할 이유도 없다고 본다. 원소를 평가했던 전풍이나 조조의 참모 곽가의 말이 떠오르는 대목이다. 망할 만한 조건을 갖추고 있었던 원소처럼 '정치인' 안철수는 자질이 부족하고, 대통령이 될 만한 그릇이라고 인정하기 어렵지 않을까 한다.

　안철수는 탄탄대로를 걸으면서 보여준 행적으로 인해 대중의 지지를 받아 여기까지 왔다. 그러나 살펴본 것처럼 시간이 지나면서 그 대중의 지지는 실체가 아닌 거품이었음이 드러났다. 현실적으로 보더라도 안철수는 현재의 지지율을 갖고 내년 대선에서 야권의 대표 주자가 되기 어렵다고 본다. 설령 된다고 하더라도 유권자는 이런 정치인을 대통령으로 선택하지 않을 것이다. 안철수는 '혜성처럼 나타난 거품'일 뿐이라고 하겠다.

4 대구를 넘어 전국으로

김부겸은 황개다

황개 – 말 많은 것은 침묵만 못하다

黃蓋

황개는 전형적인 맹장의 기질을 지닌 장수다. 충성심이 깊고, 뚝심이 있으며, 전투에 임하면 몸을 사리지 않는 사람이다. 소설『삼국지』에선 조조를 속이기 위해 '고육지계(苦肉之計)'를 몸소 실천하여 적벽대전을 승리로 이끄는 데 큰 역할을 한다.

더불어민주당 김부겸 의원은 맹장이라기보다는 문관에 가까운 사람이다. 그러나 자신의 지역구인 군포를 버리고 여당의 심장부인 대구에 야당의 깃발을 꽂기 위해 노력했다. 뚝심이 있고, 몸을 사리지 않았던 황개와 유사하다. 아울러 대구에서 선거운동을 하면서 보였던 그의 행보를 '고육지계'로 보았다. 이 점에 착안해서 김부겸을 황개에 비유했다. 몇 번의 도전 끝에 김부겸은 대구에 야당 깃발을 꽂는데 성공했다. 이제 그의 눈은 대구를 넘어 전국을 향하고 있다.

208년, 조조는 손권을 치기 위해 형주지역에 수군을 집결시켰다. 유명한 '적벽대전'이 시작된다. 이 때 조조는 가장 강력한 경쟁 상대인 원소를 제압했고, 유표가 차지하고 있던 형주지역도 접수해서 여러 영웅 중 최강자로 떠올라 있었다. 이에 비해 손권은 장강지역의 일부를 차지하고 있었고, 유비는 변변한 근거지도 없이 고전하는 신세였다. 이들에게 조조는 너무 벅찬 상대였다. 이래서 손권의 참모들은 항복을 해야 한다고 주장했고, 무장들은 그래도 싸워야 한다고 큰소리쳤다.

손권이 결단을 내리지 못하고 있는 가운데, 유비는 손권을 움직여 조조를 막으려 했다. 손권이 항복하는 날에는 자기 세력도 무사하지 못하기 때문이었다. 유비는 제갈공명을 손권 진영으로 보내서 담판을 짓도록 했다. 제갈공명은 손권 진영의 참모진과 마주 앉았다. 참모들은 어떻게든 제갈공명을 이겨보려고 수작을 걸었지만 번번이 말문이 막혀 물러났다. 제갈공명이 말했다.

"주인의 무릎을 꿇려 역적한테 항복을 시켜 천하의 웃음거리가
되도록 하니 참으로 가소로운 일입니다."

또 다른 참모가 대거리를 하려 할 때 바깥에서 장수 한 사람이 들어온다.

"손님을 모셔 놓고 입씨름만 하고 있으니 이것은 손님을 대하는 예가
아닙니다. 게다가 지금 조조의 대군이 국경을 침범하고 있는데 적을
물리칠 생각은 하지 않고, 쓸데없이 공론만 일삼고 있단 말입니까!"

제갈공명한테도 한마디 한다.

"저는 말이 많은 것 보다 침묵하는 게 더 낫다고 들었습니다.
선생께서는 소중한 말씀을 아껴 두셨다가 우리 주인께 말씀드릴 일이지
무엇 때문에 여기에서 변론만 하고 계신 겁니까."

철 채찍의 명수 황개(黃蓋)였다. 황개는 손권의 아버지 손견이 동탁을 치

기 위해 의병을 일으켰을 때부터 오랜 시간 전쟁터를 누볐고, 크고 작은 싸움에서 늘 선봉에 섰던 장수였다. 따라서 황개는 조조한테 항복하자고 하는 참모들의 의견이 마음에 들지 않았다. 적벽대전을 앞두고 황개는 총사령관인 주유한테 이렇게 말하기도 했다.

"내 머리를 끊을지언정 조조한테 항복하지 못하겠습니다!"

제가 거짓으로 항복하겠습니다

장수들의 결전의지에 비해 손권의 전력은 조조에 크게 미치지 못했다. 그나마 조조 군은 수전(水戰)경험이 없다는 게 다행스런 일이었지만, 조조는 형주를 차지하면서 형주의 수군을 보유하게 되었다. 아군의 이점이 사라져 버린 것이다. 이런 상황에서 정면 승부를 할 경우 패배할 확률이 매우 높았다. 이래서 손권의 참모 주유는 싸우기 전에 여러 가지 계책을 쓰면서 조조군의 전력을 조금씩 약화시키려 노력했다. 황개가 말했다.

"제가 조조 진영으로 가서 거짓으로 항복하겠습니다."

"조조가 우리를 믿게 만들려면 장군께서 큰 고초를 겪어야 할 것입니다. 장군께서 감당하실 수 있겠습니까?"

"저는 삼대째 손씨의 은혜를 받아 온 사람입니다. 간과 뇌를 땅에 발라서 갚는다고 해도 부족할 지경입니다. 결코 후회하지 않겠습니다!"

다음 날, 주유는 회의를 소집했다.

"조조는 백만 대군을 거느리고 삼백 리에 걸쳐 진을 치고 있다.

하루아침에 이길 수 없다. 모든 장수들은 석 달 동안 먹을 식량을
준비해서 장기전에 대비하도록 하라."

주유의 말이 끝나기도 전에 황개가 버럭 소리를 지르며 끼어든다.

"제 생각엔 석 달은 고사하고 서른 달 먹을 군량을 준비해 놓고 싸워도
대적하기 어려울 것 같습니다. 이 달에 한 번 싸워보고 안 되면 갑옷을
버리고 칼을 거꾸로 들고 항복하는 게 낫습니다."

이 말을 들은 주유는 발끈 성을 낸다.

"나는 주공의 명을 받아 조조를 치려 하는데 너는 어째서 조조한테
항복하라고 주장하느냐! 이제부터 항복을 말하는 자가 있다면
목을 베어 버리겠다. 저 황개라는 놈은 우리 군을 동요시켰다.
여봐라! 당장 저 놈의 목을 베어라!"

황개는 물러서지 않았다.

"나는 손견 장군이 계실 때부터 지금껏 손씨를 섬겨온 사람이다!
네놈이 감히 어디서 나한테 이따위 짓을 하는 것이냐!"

주유는 더욱 화가 나서 소리 질렀다.

"어서 끌고 가서 목을 베지 못할까!"

이렇게 되자 주변의 장수들이 주유를 말리기 시작했다. 주유는 길길이

날뛰면서 말리는 장수를 내쫓아 버리고 기어이 목을 베려고 했다. 여러 장수들은 땅바닥에 엎드려 황개를 용서해 달라고 빌었다.

"여러 장수들의 낯을 봐서 목은 베지 않겠다. 대신 등에 곤장 백 대를 치도록 하라!"

"등에 곤장 백 대를 치면 죽습니다! 줄여 주십시오."

"에이! 뭐 하느냐! 어서 빨리 치지 않고!"

무사들은 황개를 때리기 시작했다.

"으아악!"

오십 대 쯤 때렸을 무렵, 장수들은 다시 주유에게 황개를 살려달라고 애걸했다. 황개는 겨우 목숨을 건져 자기 진영으로 돌아갔다. 얼마나 아프게 맞았는지 몇 번씩 기절했다가 깼다가 하는 걸 반복했다. 물론 이건 아군 진영에 있는 조조군 첩자 채중과 채화, 그리고 아군까지 속이기 위한 계책이었다. 고육지계(苦肉之計), '몸을 괴롭혀서 상대를 속이는 계책'이다. 이 일은 곧바로 조조 진영에 전해지게 됐다.

적군은 물론, 아군도 속여야 조조와 같은 꾀돌이를 속일 수 있는 것이다. 그런데 속지 않은 사람이 셋 있었다. 참모 감택, 장군 감녕, 제갈공명이었다. 황개는 조조에게 항복하는 편지를 써서 감택한테 전하라고 했다. 편지의 내용은 이랬다.

"저는 오랜 동안 손씨를 섬겼으므로 당연히 두 마음을 품을 수 없는
처지입니다. 그러나 지금의 상황은 우리 힘으로 승상의 백만 대군을
당해 낼 수 없다는 걸 잘 알고 있습니다. 저 뿐만 아니라 모든 사람들이
알고 있는 것인데 주유 어린 녀석이 재주만 믿고 계란으로 바위를 치려
합니다. 게다가 권세를 믿고 죄 없는 사람한테 벌을 줍니다.
저는 오래된 신하인데도 여러 사람 앞에서 이유 없이 매를 맞았습니다.
정말 분하기 그지없는 일입니다. 승상께서는 성심으로 사람을 대접하고
능력 있는 선비를 받아들인다고 들었기에, 저 황개는 군사를 이끌고
승상께 항복한 뒤에 공을 세워 치욕을 씻고자 합니다.
피눈물을 머금고 씁니다. 의심하지 말아주십시오."

조조가 누군가. 편지를 열 번이나 읽어 보고는 앞에 서 있는 감택한테 소
리를 버럭 지른다.

"이놈! 고육계를 써서 너를 시켜 거짓으로 항복하는 글을 보냈구나.
어디서 감히 나를 희롱하려 드느냐! 여봐라! 저 놈을 끌어내서
목을 베어라!"

감택은 담력이 있는 선비였다. 그러니 적진에 혼자 뛰어든 것이겠다. 천
하의 영웅 조조와 그들의 참모 앞에서 전혀 주눅 들지 않고 반박해서 기어코 조
조가 황개를 믿도록 만들어 놨다. 일이 되려고 그랬는지 조조는 이 때 적진에 있
는 채중과 채화한테서 황개가 죽도록 맞았다는 편지를 접하고 황개를 믿게 되었
다. 조조는 주유가 채중과 채화를 역이용했다는 걸 까맣게 모르고 있었다.

짚과 땔나무를 싣고 적진으로 뛰어들다

조조 진영은 서북 편에 있었고, 손권 진영은 동남 편에 있었다. 때는 겨

울이라 서북풍이 불었으므로 조조는 적의 화공(火攻)에 전혀 대비를 하지 않고 있었다. 그러나 가끔 풍향이 바뀔 때가 있다. 제갈공명은 이 시기를 알고 있었으나, 자신을 죽여 후환을 없애려 하는 주유한테서 벗어나 도망갈 시간을 벌기 위해 산 위에 제단을 설치해 두고 동남풍을 비는 척 했다. 동남풍이 불면 주유는 싸움을 시작할 것이므로 이 틈을 타서 벗어나려고 했던 것이다.

풍향이 바뀌자 주유는 곧바로 전군에 진격명령을 내렸다. 황개는 조조한테 편지를 보냈다.

"이쪽 진영 장수의 목을 베어가지고 오늘 밤 삼경(三更)에 항복하러
가겠습니다. 청룡기를 꽂은 배가 저의 수송선입니다."

청룡기를 꽂은 황개의 배를 포함하여 모두 이십 척의 배가 바람을 타고 조조 진영으로 다가갔다. 아무도 의심을 하지 않는 가운데 조조의 참모 정욱이 외마디 소리를 지른다.

"수송선이라면 곡식을 실었으므로 무거워서 느린 속도로 와야 합니다.
그런데 저 배들은 너무 빠릅니다. 혹시 불이라도 놓는다면 큰일입니다."

그제야 조조는 아차 싶었다.

"어서 가서 배를 세워라!"

이미 늦었다. 황개의 배 이십 척에는 짚과 땔나무가 잔뜩 실려 있었다. 황개는 모든 배에 불을 붙이고 조조 진영으로 돌격해 들어갔다. 순식간에 조조 진영은 불바다가 되어 버렸고, 다급해진 조조는 작은 배를 타고 도망가기 시작

했다.

"이놈! 조조 역적 놈아! 도망가지 마라! 황개가 여기 있다!"

아쉽게도 황개는 적장 장료가 쏜 화살에 맞아 물에 빠져 버렸다. 큰 부상을 입은 것이다. 그러나 손권 군은 선봉장 황개의 활약 덕분에 이 싸움에서 대승을 거뒀고, 큰 타격을 받은 조조는 얼마 동안 군대를 움직이지 못했다.

황개는 효렴(孝廉, 효성스럽고 청렴함)으로 추천을 받아 관직생활을 시작했다. 무장이었으므로 크고 작은 싸움에서 많은 공을 세웠다. 곧은 성품을 지녔으며, 자신의 안위를 돌보지 않고 희생할 줄 아는 사람이었다. 황개가 적진 깊숙이 들어가서 선제공격을 하지 않았더라면 아군의 피해도 적지 않았을 것이다. 기개와 담력을 지닌 훌륭한 장수였다고 할 수 있겠다. 제갈공명과 주유가 화공 작전을 수립했지만, 이와 관계없이 주유를 찾아가서 화공을 건의했을 만큼 지모도 있는 사람이었다.

사람들과 친화력도 좋아서 많은 이들이 황개의 부하가 되려고 했으며, 이런 장점을 알고 있던 손권은 늘 다스리기 어려운 이민족의 지역에 황개를 파견했다고 한다. 물론 황개는 자신의 역할을 훌륭하게 수행해 냈다. 목민관의 자질도 충분한 장수였던 셈이다.

김부겸 더불어민주당 의원
말은 누가 못하나

여야를 막론하고 망국적 지역주의에 대해 말하지 않는 정치인이 드물다. 수구기득권의 큰 줄기인 새누리당의 연원을 거슬러 가다보면 독재자 박정희와 마주하게 된다. 박정희는 자신이 대통령이 된 이후 노골적으로 호남을 홀대하고 차별했다. 뒤를 이은 전두환과 노태우 역시 박정희와 다르지 않았다. 부산과 경남지역은 김영삼이 노태우와 손을 잡는 바람에 대구 경북과 마찬가지로 우리나라의 발전을 가로막는 불모의 지역으로 변질되고 말았다.

지역민이 단결하여 독재자를 숭배하고 수구를 보수라고 착각하면서 '우리가 남이가'를 외치며 수구기득권에게 표를 던지는 영남의 지역주의는 처음부터 끝까지 피해만 입으면서도 독재와 맞서 싸우다 피를 흘리며 형성된 호남의 지역주의와 같은 맥락에서 이야기할 수 없다. 근래 들어 부산 경남 지역은 지역주의에서 서서히 벗어나고 있는 모습을 보이고 있다. 다행스럽다고 하지 않을 수 없다.

그러나 대구 경북지역은 여전히 수구정당의 무너지지 않는 철옹성이다. 이 지역 지방자치단체장과 국회의원은 모조리 빨간색 옷을 입고 있다. 이래서 야권 정치인들은 이와 같은 지역주의를 떨쳐버려야 한다고 역설한다. 2014년,

대구를 찾은 안철수는 이렇게 말했다.

　"영남과 호남의 양대 정치 독과점 지역주의를 바꾸는 게 시대의 요구다. … 지역주의를 바탕으로 한 기득권의 안주를 대구시민들이 꾸짖어 주길 바란다.… 보수의 상징인 이곳 대구에서 새 정치가 활짝 펴기를 기대한다.… 수십 년 대구시민의 성원을 받아온 대구 정치 세력은 열정, 능력, 책임성 등에 있어서 본격적인 검증을 받을 때가 됐다." – 〈2014. 1. 8. 아시아경제〉

　옳은 말이다. 그러나 이런 이야기에 맞는 행동을 보여주었는지 의문이다. 안철수는 2013년, 4월에 있었던 국회의원 보궐선거에서 대구 못지않게 지역주의가 강한 부산에 출마하지 않고 안전한 서울 노원(병) 지역구에 출마해서 당선됐다. 김한길은 또 이렇게 말했다.

　"노무현 대통령은 '사람 사는 세상'을 만들기 위해 평생 동안 특권과 기득권에 맞서 싸우셨습니다. 당신은 자신의 기득권을 스스로 부단히 내던짐으로써 싸움에서 이겨 나갔습니다.… 패권적 지역주의에 맞서 국민통합을 이루고자 했습니다.… 노무현 대통령님은 김대중 대통령님과 더불어 민주주의의 역사가 되셨습니다. 저는 요즘 김대중의 지혜, 노무현의 용기에 대해 생각해 봅니다."
　　– 〈2015. 5. 23. 인터넷타임즈〉

　참으로 옳은 말이다. 지역주의 타파를 위한 노무현의 노력은 진영을 막론하고 모르는 사람이 없다. 번번이 실패하면서도 끊임없이 도전했다. 그런데 이런 이야기를 김한길한테 들으니 어색한 마음이 들뿐만 아니라 어처구니가 없어진다. 버스에 한복 입은 자신의 부부사진을 대문짝만하게 새겨서 낯을 내고, 촛불집회가 열리는 서울광장에 텐트를 쳐 놓고 느긋하게 독서를 하며, 선거라는 선거는 모조리 패한 일 외에 김한길이 뭘 했다는 소리를 들은 적이 없다. 무언가 한 것은 없으면서 '생각'만 하고 무엇보다 참 말은 잘한다.

　　이처럼 지역주의 타파를 위해 말과 행동을 일치시켰던 사람은 노무현이고, 이후 여러 명의 야권 인사들이 적진에 뛰어들었지만, 대부분 실패했다. 이몇 사람 외에 지역주의를 타파해야 한다고 목소리를 높이는 부류들은 대부분 안철수나 김한길처럼 하는 것 없이 공리공론만 일삼았을 뿐이다. 적진에 뛰어들지 않는데 무슨 수로 적을 무찌를 수 있겠는가. 말은 누가 못하나.

　　"저 김부겸은 오는 4월에 치러질 19대 총선에서 대구 수성갑 선거구로 출마하고자 합니다. 수성갑 선거구는 2008년 18대 총선 당시 이한구 한나라당 후보가 80%에 가까운 득표율을 올렸고 민주당에선 후보조차 내지 못했던 불모지 중의 불모지입니다. 그러나 대구 시민께 제 모든 것을 걸고 진심으로 다가간다면 정당한 평가를 해주실 것으로 감히 믿습니다.… 대구 시민께 호소 드립니다. 정치인은 머슴입니다. 시민이 주인입니다. 머슴이 주인 행세하는 잘못된 대구 정치를 바꾸겠습니다. 대구 정치를 바꾸면 머슴이 열심히 일을 하게 됩니다. 그러면 대구 경제도 살아납니다. 정치를 바꾸어야 경제가 살아납니다. 김부겸이 정치부터 바꾸겠습니다. 도와주십시오. 감사합니다."

　　　　－〈2012. 1. 19. 평화뉴스〉

박근혜 대통령, 김부겸 시장, 대구 대박

　　김부겸(金富謙)은 16대 총선에서 경기 군포 지역구에 한나라당 소속으로 출마하여 당선됐다. 이후 탈당하여 17대 총선에서 같은 지역구에 열린우리당 소속으로 출마하여 당선됐고, 18대 총선에서는 역시 같은 지역구에 민주통합당 소속으로 출마하여 당선됐다. 당을 바꿨음에도 경기 군포 시민들은 김부겸을 선택해 주었다. 김부겸에게 경기 군포는 롱런을 보장하는 지역구였던 셈이다. 그런데 김부겸은 이곳을 떠나 돌연 적진의 한가운데라고 할 수 있는 대구 수성갑 지역구에 출마해 버렸다.

　　"지역주의의 벽, 기득권의 벽, 과거의 벽을 넘고 싶었다. 다들 계란으로 바위치기라고 했지만, 대구에 변화의 바람을 일으키고 싶었다. 득표율 40.42%, 비록 결과는 패배했지만, 그 숫자의 의미를 잊지 않을 것이다. 대구의 새로운 미래를 대구 시민들과 함께 만들어갈 것이다." – 〈김부겸 홈페이지〉

　　김부겸은 패했지만, 적지에서 놀라운 성과를 거뒀다. 이 여세를 몰아 김부겸은 2014년 지방선거에 새정치민주연합 소속으로 대구시장에 출마했다. 40.3%를 얻었으나 역시 새누리당 권영진에게 패배했다. 이쯤에서 포기할 법도 한데 김부겸은 2016년 총선에 다시 출마하겠다고 선언했다.

　　김부겸의 말처럼 대구는 '민주당이 후보를 내기도 어려운 곳'이다. 이런 곳에서 김부겸은 40%의 높은 지지율을 얻었다. 결코 낮지 않으며, 다른 지역 같으면 당선이 될 수도 있는 지지율이다. 야당 후보인 김부겸은 어떻게 해서 이만큼의 지지율을 획득할 수 있었는가. 김부겸은 경북 상주에서 태어났다. 대구중학교를 거쳐 이 지역의 명문 경북고등학교를 졸업했다. 1984년에 서울로 이사하기 전까지 김부겸의 집은 대구였다. 우선 이 점이 대구시민을 안심시키는 1차 요인이 된 것 같다.

　　이 지역 출신이면 뭐 하겠나. 새누리당의 반대편에 서 있는 새정치민주연합의 사람인 것을 …. 김부겸은 다른 지역 야당의원이 새누리당과 각을 세우며 싸우는 방식을 버리고 새누리당을 직접 비판하지 않았다. 나아가 다른 지역 야권 지지자들이 보면 '이 사람 정말 야당 소속이 맞나.'하는 생각이 들 정도로 야당색깔을 버리는데 주력했다.

"대구 출신 박근혜 대통령에다가 대구 출신 김부겸 야당 시장이야말로 이 국면을 깨고 나갈 수 있는 환상의 조합이다. … 밑바닥 민심이 부글부글 끓고 있다. 누구를 만나 봐도 '이대로는 안 된다. 바꾸지 않으면 희망이 없다. 대통령까지 배출했고 그래서 뭔가 나아질 줄 알았는데 이젠 희망이 없다. 이번에 꼭 바꾸자'는 염원을 많이 하신다." – 〈2014. 5. 16. 동아일보〉

대구시장 선거에서 김부겸의 표어는 '박근혜 대통령, 김부겸 시장, 대구 대박'이었다. 박근혜 대통령이 말한 '통일은 대박'이라는 말을 염두에 두고 만들어진 표어임에 틀림없다. 한 발 더 나아가 김부겸은 '세월호 참사'를 두고 갑론을박이 벌어진 '대통령의 7시간'에 대해 이렇게 이야기했다.

"유가족과 야당은 '박 대통령의 7시간'을 수사 대상에서 제외해야 해요. 유가족이 원하는 건 세월호 참사의 명확한 진상규명이니까. (박 대통령의 7시간은) 평소 혐한(嫌韓) 기류를 부추겨온 일본 극우신문이 근거도 없는 악의적 소문만으로 여성인 우리 국가원수를 욕보인 거잖아요. 우리 언론이 일본 국왕에 대해 그렇게 보도하면 일본 국민은 일본 국왕 조사하자고 할까요. 그런 기사를 계기로 대통령을 수사하는 건 지나친 거죠. 지금까지 알려진 바로는 대통령에게 불법 혐의도 없어 보이고." – 〈2014. 9. 28. 동아일보〉

이외에도 김부겸은 '박근혜 대통령, 대북 정책을 잘 하고 있다'는 말을 하기도 했다. 이런 태도는 다수의 야권지지자들한테 큰 반발을 샀다. 저렇게까지 해서 이겨야 하느냐는 탄식을 하기도 했다. 우선 이 사람에 대한 평가는 접어두겠다. 보수의 심장부라 할 수 있는 대구에 야당의 깃발을 꽂으려면 이런 전술을 써야 하는 게 바람직하다고 본다.

분명히 김부겸은 다수의 야당의원이나 야권 지지자들이 원하지 않는 방향으로 말하고 행동한다. 이것을 일종의 고육지계(苦肉之計)로 이해해야 하지 않을까 한다. 같은 진영 사람들이 김부겸을 비판하고, 상대진영 유권자의 40%가 김부겸을 지지하는 것을 보니 지금까지 이 고육지계는 제대로 먹혔든 셈이라 하겠다. 이렇게 하지 않으면 결코 이길 수 없다. 김부겸은 혼자서 싸우는 황개이고, 대구는 조조와 같은 상대가 버티고 있는 곳이다.

이 정도에서 그치지 않았다. 김부겸은 상대의 마음을 누그러뜨리기 위해 적장을 칭찬하기도 한다. 2014년, 7월 30일에 있었던 국회의원 보궐선거에서 새누리당의 이정현이 전남 순천·곡성 지역구에서 당선되는 파란이 일어났다.

"이거는 고생해본 사람은 알지만, 정말 마음에서 우러나 축하해야 한다.… 여야를 떠나 축하할 일이다.… 이 의원의 당선이 가진 정치적 의미도 크지만 정치인들이 쳐놓은 올가미 같은 지역주의를 국민이 스스로 해체하기 시작한 것이다." 〈2014. 7. 31. 경향신문〉

김부겸은 자기처럼 지역주의 타파를 내세웠지만, 번번이 패하고 있는 새누리당 정운천에게는 이렇게 말했다.

"정 위원장과 제가 다음 선거에서 좋은 성과를 내면 지역주의의 밑둥치부터 흔들릴 겁니다. 그래야 또 다른 도전자가 나올 수 있지 않겠어요. 정 위원장이 성공해야 제2 정운천이 호남에서 또다시 도전하고…."

정운천이 화답했다.

"내년 총선이 저와 김 위원장에게 모두 삼수인데, 내년에는 양쪽에서 서로 당선해 대한민국 국민에게 '청량감'을 선물할 수 있었으면 좋겠어요."
— 〈이상 2015. 5. 31. 주간동아〉

이쯤 되면 이 사람의 소속이 의심될 지경이다.

놔둬야 승리한다

김부겸은 이길 수 있는 곳을 버리고 결코 이길 수 없는 곳으로 혼자 진격했다. 상대에게 유순한 말을 해서 순한 이미지를 갖고 있지만, 김부겸은 서울대 정치학과 재학시절 박정희의 유신에 반대하는 시위를 하다가 두 번 구속이 된 적이 있다. 투사기질을 갖고 있는 사람이다. 황개와 같은 충성심과 기개를 지니고 있는 사람이다.

이런 사람인데 대구에 '박정희 컨벤션 센터'를 건립하자고 제안을 하며, 산업화 세력과 민주화 세력이 화해해야 한다고 말한다. 나는 이런 김부겸의 행보를 '편의상', '우선', 고육지계라고 말했다. 실은 이것이 고육지계인지 이 사람의 진심인지 알 수가 없다. 세월은 사람을 변하게 만들지 않던가.

김부겸은 처음 대구에서 출마할 때 군포시민들이 대구까지 내려와서 선거를 도왔을 만큼 정치를 잘 했고, 친화력도 좋은 사람이다. 지역구 관리에 일가견이 있는 사람이라고 하겠다. 그럼에도 불구하고 나는 김부겸이 대구에서 무슨 일을 하더라도 기대를 하지 않고, 되도록 관심을 가지지도 않으려 한다.

"이번에는 승리할 것으로 기대합니다. 대구에 당력을 집중하겠습니다."

대놓고 이렇게 말하면 진다. 김부겸은 그냥 놔둬야 승리하게 될 것으로 본다. 김부겸은 적벽대전을 앞둔 황개와 같은 처지이기 때문이다.

2015년 11월 30일 칼라밍에 게재한 글임을 밝힙니다.

5 보수진영의 왼손잡이

유승민은 공룡이다

공융 – 공정한 공자의 후예

孔融

공융은 문사로서 명성이 높았으며, 특히 권력자인 조조에 맞서 바른 소리를 마다하지 않는 사람이었다. 이런 성격 탓에 조조한테 죽임을 당한다.

새누리당 유승민 의원은 무소불위의 권력자인 대통령한테 반기를 들었다가 배신자로 낙인 찍혀 원내대표직을 내놓아야 했다. 이 일에 착안하여 유승민을 공융에 비유했다. 이후 20대 총선에서 자신의 지역구에서 무소속으로 출마하여 당선이 되었고, 새누리당에 복당했다. 공융과 같은 기질을 지니고 있는 사람이다. 유승민을 강력한 대권후보로 보는 시각도 있다. 공융은 '북해태수'였다. 한 지역을 호령할 그릇일 뿐이다.

196년, 조조는 한나라의 황제를 옹립했다. 조조의 위세는 하늘을 찔렀고, 실권이 없는 황제는 허수아비와 같았다. 조조는 승상이 되어 황제의 명령을 듣지 않고 나랏일을 임의대로 처리하기 시작했다. 조조의 월권에 분노하는 신하도 있었지만, 조조의 부하들이 조정을 장악한 상황이었으므로 이렇다 할 힘을 쓰지 못했다.

조조는 자신의 권력 기반을 다지기 위해 정적을 제거하기로 마음먹었다.

첫 번째 숙청대상은 태위벼슬을 하고 있는 양표라는 사람이었다. 조조는 부하를 시켜 자신한테 양표를 무고하도록 했다. 형식상으로나마 보고하는 절차를 거쳐야 숙청에 정당성이 부여되기 때문이었다.

　　"승상(조조를 가리킴)께 아룁니다. 태위 양표는 역적인 원술과 친척입니다. 이 자가 원술과 내통한 혐의가 있으니 심문해 주시기 바랍니다."

　　조조는 보고를 받은 즉시 부하에게 명령하여 양표를 문초하도록 했다. 양표는 심문 중에 죽거나, 죄를 뒤집어쓰고 죽게 될 처지에 놓였다. 이 때 북해 태수 공융(孔融)이 조조의 근거지인 허창에 있다가, 이 소식을 듣게 되었다. 공융은 유명한 공자(孔子)의 후손이며, 중국문학사에서 건안칠자(建安七子, 건안 시기의 일곱 명의 유명한 선비)로 일컬어질 만큼 학문에 조예가 깊은 사람이었다. 명성이 높은 사람이었고, 자부심도 강했다.

　　공융은 곧바로 조조를 찾아갔다.

　　"양표의 집안은 4대째 조정의 벼슬아치를 배출한 명문가입니다. 양표는 덕망 높은 사람입니다. 원술하고 친척이라고는 하나 그 사람과 내통한 일은 조금도 없습니다. 나라의 재상을 함부로 벌 줘서는 안 됩니다."

　　조조가 냉랭하게 말했다.

　　"이건 내 생각이 아니라 조정의 공론이라 어쩔 수 없습니다."

　　무소불위의 권력자 조조 앞인데도 공융은 조금도 물러서지 않았다. 발끈 화를 낸다.

"승상께선 지금 조정의 크고 작은 일을 모두 맡아서 처리하고 결정하고 계시지 않습니까. 만약 옛 주나라의 어린 왕이었던 성왕이 삼촌인 소공을 죽였다고 가정해 봅시다. 함께 성왕을 보좌하던 삼촌 주공이 이를 두고 '나는 모르는 일이다.'고 하는 게 말이 되는 소립니까? 안 될 말씀입니다!"

그러니까 공융은 양표와 조조를 각각 소공과 주공에, 성왕을 한나라의 어린 황제인 헌제에 비유한 것이다. 양표와 조조는 함께 헌제를 보좌하는 신하인데 그 중 하나를 죽게 내버려둬서야 되겠냐는 말이다. 이 안에는 옛 주나라의 주공은 어린 조카의 왕위를 빼앗지 않고, 잘 보좌했는데, 조조 당신은 왜 함부로 월권을 하느냐는 질책도 들어 있다.

조조의 기분이 좋았을 리가 없다. 그러나 공융이 명분을 갖고 따지고 드니 반박할 수가 없었다. 조조는 양표를 죽이지는 못하고 벼슬을 빼앗은 다음 시골로 보내 버렸다. 공융은 이렇게 한 사람을 살려냈다.

자신을 구하지 못하다

조조는 가장 강력한 상대였던 원소를 제압하고, 남쪽으로 눈길을 돌려 유표와 유표에게 의지하고 있던 유비를 죽이려 했다. 208년 7월 조조는 대군을 거느리고 남쪽으로 진군하기로 결정했다. 공융은 조조의 진영에 몸담고 있었으나, 자신은 조조의 부하라기 보다는 한나라 황제의 신하라고 생각했다. 조조의 결정에 반기를 든다.

"유표와 유비는 황실의 종친입니다. 함부로 정벌해선 안 됩니다. 게다가 강동지역의 손권은 여섯 고을을 차지하고 있으면서 장강의 험한 곳에 의지하고 있으니 가볍게 취하기 어렵습니다. 지금 승상께서 의(義) 없는 군대를 움직이시면 천하 사람들의 신망을 잃게 될 것이라고 생각합니다."

이 말을 들은 조조는 벌컥 화를 낸다.

"저들은 모두 황제의 명을 거역하는 신하들인데, 어째서 우리 토벌군더러 의 없는 군대라고 하는가!"

조조는 공융을 내보낸 뒤에 대신들한테 선언했다.

"만약 다시 공융처럼 말하는 자가 있으면 반드시 목을 베겠다."

공융은 물러 나와서 하늘을 보며 긴 탄식을 한다.

"지극히 불인(不仁)한 사람이 지극히 착한 사람을 치려고 하는데 어찌 패하지 않을 수 있겠는가!"

평소 공융한테 무시를 당하던 극려라는 사람이 있었다. 극려의 집에 기숙을 하던 식객 한 명이 공융이 한 말을 그대로 극려한테 일러바쳤다. 극려는 곧바로 조조한테 찾아가서 고자질을 했고, 조조는 크게 화를 내면서 공융을 감옥에 가둬버렸다. 그 후 곧바로 공융을 죽이고, 시체를 조리 돌렸다.

공융한테는 나이 어린 아들 형제가 있었다. 공융이 옥에 갇히자 하인은 이들더러 몸을 피하라고 했다.

"부서진 둥지 안에서 어찌 알이 성할 수 있겠는가."

공융의 아들다운 말이라 해야 하는가. 조조는 사람을 보내 이 둘은 물론 공융의 가족 모두를 죽이게 했다. 공융은 바른 말을 해서 남을 구했으나 정작 자신을 구하지 못했다.

강직한 성품을 지녔으나 신중했던 사람

공융은 공자의 후예로서 자존심을 지니고 있었을 뿐만 아니라 그에 맞게 깊은 학식까지 갖춰 당대에 명성이 높았던 사람이었다. 실권자인 조조한테도 굽히지 않았으니 그보다 낮은 사람들한테는 어떠했을지 짐작이 간다. 자신이 인정하지 않는 사람한테는 매몰차게 대했을 것이다. 극려의 예만 봐도 알 수 있다. 뛰어난 재능을 지녔으되 오만했다고 한다.

공융의 친구 중에 지습이라는 사람이 있었다. 지습은 평소에 공융한테 이렇게 말했다고 한다.

"자네는 성정이 너무 강직해서 탈이야. 그 성정을 고치지 않으면
반드시 큰 화를 입을 거야. 조심하게."

보통 이런 성격을 지닌 사람은 일처리를 빨리하려 하고, 성급하기 마련인데 공융은 그렇지 않았다. 바른 말을 하더라도 먼저 앞뒤를 따졌으며, 매사에 신중을 기하고자 했다.

199년, 조조한테 의지하고 있던 유비가 원술을 공격하겠다고 핑계를 댄 후, 군사를 얻어 서주지역으로 향했다. 유비는 서주에 도착한 뒤 조조의 부하를 죽이고 서주 지역에서 독립을 해 버렸다. 조조는 우선 왕충과 유대를 보내 유비를 상대하게 했지만, 이들은 유비의 적수가 되지 못했다. 두 사람이 소득 없이 돌아오자 조조는 화가 나서 둘을 죽이려 했다. 공융이 나섰다.

"유대와 왕충은 원래 유비의 적수가 못 되었습니다. 승상께서 보내 놓고,

이제 와서 목을 베신다면 장수들한테 악영향을 미치게 될 것입니다.
깊이 살피시고 처리하십시오."

조조는 공융의 말을 받아들여, 이들의 목숨을 살려 주고는 직접 대군을
이끌고 출동하려 했다. 공융이 또 말린다.

"지금은 추운 겨울입니다. 이 시기에 군대를 움직이면 안 됩니다.
봄이 되어 출병을 해도 늦지 않습니다. 우선 남쪽의 장수와 유표를
항복시킨 후에 천천히 서주로 나가는 게 좋겠습니다."

역시 조조는 공융의 말을 받아들였고, 이듬해 5월에 유비를 무찔렀다.
이처럼 공융은 신중한 사람이었다. 조조가 원소와 싸우겠다고 하자 공융이 말
했다.

"원소의 영토는 넓고, 군대는 강합니다. 전풍·허유처럼 능력 있는
책략가가 원소를 도우며, 심배·봉기처럼 충성스러운 신하가 있습니다.
안량·문추와 같은 용장이 원소의 군대를 통솔하고 있으니
아마 이기지 못할 겁니다."

이때만 해도 조조의 세력이 원소에 비해 약했던 것이 사실이므로, 공융
은 그에 따라 말을 했던 것이다. 알다시피 조조는 원소를 공격해서 이기지만,
그렇다고 해서 공융의 식견이 얕았다고 일축할 수는 없겠다.

공융은 자신이 인정하지 않는 사람한테 오만했던 점은 있으나, 강직한
성정을 바탕으로 소신껏 살아간 사람이었고, 신중했으며, 공정하게 일처리를
했던 사람이었다고 평가할 수 있겠다.

유승민 새누리당 의원
자신을 버려서 헌법을 지키다

　　국회에서 법이 만들어지면 정부에선 그 법에 따라 시행령을 만들게 되는데, 이전까지는 법과 시행령이 부합하지 않으면 국회에서 정부로 '부합하지 않는 내용'을 통보만 할 수 있었다. 이것이 기존 국회법의 내용이다. 이럴 경우 국회에서 제대로 된 법을 만들어 냈다 하더라도, 정부에서 임의로 시행령을 만들어 법을 무력화시킬 우려가 있다.

　　이래서 여야는 2015년 5월, 시행령이 원래 법의 취지와 어긋날 경우 이를 정부에 '통보'만 하는데서 그치는 것이 아니라 시행령을 '수정' 하거나 '변경'을 요청할 수 있도록 국회법을 일부 개정하기로 합의했다. 이에 대해 대통령은 이렇게 말했다.

　　"정부의 입법권과 사법부의 심사권을 침해하고 결과적으로 헌법이 규정한 삼권 분립의 원칙을 훼손해서 위헌 소지가 크다.… 정치가 국민을 위해 존재하고 국민을 위한 일에 앞장서야 함에도 불구하고 과거 정부에서도 통과시키지 못한 개정안을 다시 시도하는 저의를 이해할 수가 없다.… 국회법 개정안으로 행정업무마저 마비시키는 것은 국가의 위기를 자초하는 것이기 때문에 불가피하게 거부권을 행사할 수밖에 없다." ─〈2015. 6. 25. 아이뉴스24〉

국회에서 합의한 내용을 대통령이 거부하는 것이 잘못되었는가, 그렇지 않은가에 대한 시비여부는 우선 놔둔다. 박근혜 대통령이 '나는 아직 살아있다.'고 밝혔다는 사실에 주목하고자 한다.

"여당의 원내사령탑도 정부 여당의 경제 살리기에 어떤 국회의 협조를 구했는지 의문이 가는 부분이다. 정치는 국민들의 민의를 대신하는 것이고, 국민들의 대변자이지, 자기의 정치철학과 정치적 논리에 이용해서는 안 되는 것이다."

– 〈2015. 6. 25. 아이뉴스24〉

대통령은 거부권을 행사하는데서 그치지 않고, 자신이 속해 있는 새누리당의 원내대표인 유승민을 향해 공개적으로 직격탄을 날렸다. 여야의 합의 사항을 '유승민의 정치철학 또는 논리'로 일축해 버린 것이다. 이 발언의 파장은 컸다.

새누리당 김태호 의원은 최고위원회의에서 유승민은 원내대표직에서 물러나야 한다고 주장했다. 도대체 유승민이 뭐라고 말을 했기에 대통령과 자당의 최고위원한테 공격을 받았던 것인가.

"엊그제 박근혜 대통령께서는 '(세월호)인양을 적극적으로 검토할 것'이라고 하셨습니다. 이 말씀이 가족들에게 조금이라도 위안이 되고, 지난 1년의 갈등을 씻어주기를 기대하면서, 저는 정부에 촉구합니다. 기술적 검토를 조속히 마무리 짓고, 그 결과 인양이 가능하다면 세월호는 온전하게 인양해야 합니다. 세월호를 인양해서 '마지막 한 사람까지 찾기 위해 최선을 다하겠다.'던 정부의 약속을 지키고, 가족들의 한(恨)을 풀어드려야 합니다."

"10년 전 노무현 대통령은 대한민국 대통령으로서 처음으로 양극화를 말했습니다. 양극화 해소를 시대의 과제로 제시했던 그 분의 통찰을 저는 높이 평가합니다. 이제 양극화 해소라는 시대적 과제를 해결함에 있어서는 여와 야가 따로 있을 수 없다고 생각합니다. … 새정치민주연합은 '경제정당, 안보정당'을 말하고 있습니다. 정의당은 '미래산업정책'을 말하고 있습니다. … 놀라운 변화입니다. 환영합니다."

"가장 단순하면서도 강력한 재벌정책은 재벌도 보통 시민들과 똑같이 법 앞에 평등하다는 것을 실천하는 것입니다. 재벌그룹 총수 일가와 임원들의 횡령, 배임, 뇌물, 탈세, 불법정치자금, 외화도피 등에 대해서는 보통 사람들, 보통 기업인들과 똑같이 처벌해야 합니다."

"저는 소득주도 성장을 정치적으로 비난할 생각은 조금도 없습니다. 제대로 된 성장의 해법이 없었던 것은 지난 7년간 저희 새누리당 정권도 마찬가지였습니다. 녹색성장과 4대강 사업, 그리고 창조경제를 성장의 해법이라고 자부할 수는 없습니다."

   – 〈이상 2015. 4. 9. KAN24. '새누리당 유승민 원내대표 교섭단체 대표연설문' 중에서〉

이것이 대통령이 말한 '원내대표' 유승민의 '정치철학'과 '정치적 논리'라고 할 수 있겠다. 국회법 개정안을 밀어붙인 바탕에는 이와 같은 유승민의 소신이 있었던 것이다. 유승민은 기존의 보수정당은 '수구적'이며 '친재벌적'이며 '성장만 중시한다.'고 생각하는 일반적 통념을 깨고자 했을 뿐 아니라, 자신이 몸담고 있는 정당과 그 정당에서 배출한 대통령한테까지 쓴 소리를 아끼지 않았다.

"신뢰를 어기는 배신의 정치는 결국 패권주의와 줄 세우기 정치를 양산하는 것으로 반드시 선거에서 국민이 심판해주셔야 할 것입니다."

   – 〈2015. 6. 25. 연합뉴스TV〉

대통령의 이 한 마디에 유승민은 원내대표직에서 사퇴해야 했다. 유승민은 탄식했다.

"내 정치 생명을 걸고 '대한민국은 민주공화국'임을 천명한 우리 헌법 1조 1항의 지엄한 가치를 지키고 싶었다. … 오늘이 다소 혼란스럽고 불편하더라도 누군가는 그 가치에 매달리고 지켜내야 대한민국이 앞으로 나아간다고 생각했다. … 평소 같았으면 진작 던졌을 원내대표 자리를 끝내 던지지 않았던 것은 내가 지키고 싶었던 가치가 있었기 때문이다. … 그 가치는 법과 원칙, 그리고 정의다. … 저의 미련한 고집이 법과 원칙, 정의를 구현하는 데 조금이라도 도움이 되었다면, 저는 그 어떤 비난도 달게 받겠다." – 〈2015. 7. 8. 아주경제〉

바른 말을 하다가 비명에 횡사한 공용처럼 유승민 역시 소신대로 말하고 행동하다가 자리를 잃었다. 공용의 어린 아들까지 죽인 조조처럼 대통령은 유승민의 부친상이 났을 때 조화조차 보내지 않았다. 이른바 '친박'세력에게 버림받는 처지가 됐고, 유승민의 지역구인 대구 동구(을) 지역구에는 친박의 지원을 받는 이재만이 둥지를 틀고 있다.

참 잃은 것이 많고, 어려운 처지가 됐다. 그러나 '헌법의 가치', '법, 원칙, 정의'를 지켜내려고 노력했다는 점에서 유승민은 합당하고 정당한 평가를 받아야 한다고 본다.

보수의 중심에서 '왼쪽'을 가리키다

사실 유승민의 저러한 절충적 발언은 하루아침에 갑자기 나온 것이 아니다. 같은 당의 김무성이나 자극적 발언을 쏟아내어 세간의 이목을 끄는 의원들에 의해 가려져서 주목받지 못했던 것뿐이다. 유승민은 지난 2011년 7월 새누리당 당대표 경선에서 2위를 차지하고 최고위원이 된 뒤 이런 말을 했다.

"민생복지 분야에서 당이 노선과 정책을 왼쪽으로 가야한다. 홍준표 대표와 구체적 얘기는 안했지만 그분도 한나라당의 (정책) 중심이 이동해야 한다고 믿으리라 본다."

"무상급식에 대해 홍 대표는 세금급식이라며 천천히 해야 한다는 것처럼 말씀하셨는데 (최고위원들) 각각 생각들이 다르다. 이제까지는 당 대표가 되면 했으면 하는 주장이었는데 앞으론 홍 대표와 언론 및 국민 앞에서 얘기할 때 합치된 의견을 내놓겠다."

"당장 내년 총선을 겨냥한 (지역균형 관련) 약속을 준비해야 한다. 이명박 정부처럼 약속했다가 동남권 신공항, 과학벨트처럼 왔다갔다, 세종시처럼 비틀거려선 안 된다. … 방법은 잘못됐지만 노무현 전 대통령의 지역균형발전은 잘했다고 생각한다."－〈이상 2011. 7. 4. 뉴데일리〉

보수우파 정당의 최고위원이 과감하게 '당이 왼쪽으로 가야한다'고 말하며 무상급식에 찬성을 하며, 제한적이나마 상대진영에서 배출한 대통령의 장점을 인정해 주고 있다. 2012년 박근혜 대통령이 후보이던 시절에는 이런 말까지 했다.

"5·16이 쿠데타라는 것은 상식이고, 유신이 헌정질서를 파괴했다는 것에 많은 분이 동의한다. 대선후보로서 과거사를 평가하고 미래로 나아가는 게 맞다."－〈2015. 7. 10. 한겨레신문〉

얼핏 봐선 새누리당에 있어서는 안 될 사람 같아 보이기도 한다. 그러나 유승민은 새누리당에 있음은 물론 보수의 심장부인 대구를 기반으로 삼아 활동하는 사람이다. 이 사실을 어떻게 해석하고 받아들여야 하는가.

"이 지역에서 태어난 저는 스스로 TK 적자라고 생각한다. 한 번도 당을 떠나서 어디를 가겠다는 생각을 해본 적이 없다. … 저는 새누리당이 변하면 대한민국이 변한다는 신념을 갖고 있기 때문에 절대 어디 바깥 분들과 그럴 생각이 없다. (신당을 창당한) 천정배 의원님이 자꾸 제 얘기를 하는데 한 번도 안 만나봤다." – 〈2015. 11. 24. 뉴스1〉

"(안철수 신당에) 갈 생각이 전혀 없다.… 저는 보수가 몸에 밴 사람이다." – 〈2016. 1. 4. 연합뉴스〉

유승민은 2004년 제17대 총선에서 한나라당 비례대표로 당선되면서 정치를 시작했고, 이후 18대, 19대 총선에서 대구 동구(을)에 새누리당 소속으로 출마하여 당선됐다.

그 뿐인가. 얼마 전 작고한 부친 유수호는 13대 총선에서 민주정의당 소속으로 대구 중구에 출마하여 당선됐고, 14대 총선에서는 민주자유당 소속으로 같은 지역에 출마하여 당선된 사람이었다. 보수진영 안에서 '왼쪽'을 말했지만, 왼쪽으로 갈 사람은 아니라고 할 수 있겠다. '정치는 생물'이라고 하는 말이 있기에 단정하긴 어렵지만, 새누리당을 떠나지 않을 가능성이 높다는 것이다.

대선후보가 되기는 어려운 사람

북해태수 공용과 유승민은 많은 점이 닮았다. 공용은 공자의 후예로 태어나 최상의 지식을 소유했으며, 명성이 있었고, 한 지역의 태수를 역임한 뒤 중앙으로 진출했다.

유승민 역시 집안의 지원 아래 1976년, 지역의 명문 경북고를 졸업했고, 1982년, 서울대학교 경제학과를 졸업했으며, 1987년에는 미국 위스콘신

대학에서 경제학 박사학위를 취득했다. 이후 정계에 진출하여 승승장구했고, 원내대표까지 역임했다.

공융은 권력자인 조조에 맞서 소신을 굽히지 않다가 죽었고, 유승민 역시 최고 권력자인 대통령에게 반기를 들다가 배신자의 낙인이 찍혀 원내대표직에서 물러났다.

이른바 '친박'세력은 유승민을 낙마시키기 위해 대구 동구(을)에 전 동구청장 이재만을 내세운 상태다. 지역민들의 여론도 긍정과 부정이 혼재하고 있어 유승민은 여러모로 어려운 상황에 직면해 있다. 공융이 그러했던 것처럼 유승민 역시 여기에서 꺾일 것인가.

"사실상 당내 공천이 당선인 이 지역에서 새누리당 지지자의 48.5%가 유 의원을 선택한 반면 이 전 청장 지지율은 37.7%에 불과했다."
— 〈2016. 1. 5. 한국일보〉

"내일신문이 시대정신연구소에 의뢰해 실시한 여론조사에 따르면 4월 총선에서 새누리당 후보로 누가 더 적합하냐는 질문에 유승민을 택한 답은 55.9%로, 이재만(36.5%)보다 19.4%p 높았다." — 〈2016. 1. 13. 내일신문〉

만약 새누리당 경선이나, 총선에서 패배했으면 완전히 '공융'의 삶과 똑같아 질 뻔했다. 그러나 결국 유승민은 새누리당에서 탈당한 뒤 무소속으로 출마하여 당선되었다.

Q. 차기 대선주자로 거론되는데…

"꿈을 꾸지 않은 사람은 정치인이 아니죠. 저는 국회의원을 무슨 직업으로 하는 국회의원도 아니고 저는 모든 정치인은 제대로 된 정치인이라는 꿈이 있을 것이다고 생각하고, 그런 개인적인 부분에 대해서 더 이상 얘기하고 싶지 않습니다." - 〈이상 2015. 10. 26, JTBC〉

유승민은 원내대표에서 물러난 뒤 차기 여권의 대선주자로 거론되고 있다. 개인적인 부분에 대해서 이야기를 하지 않겠다며 한 발 물러났지만, 유승민은 대선후보를 '꿈꾸고' 있는 것으로 읽을 수 있겠다. 실제로 유승민이 새누리당의 대선후보가 된다면 야권에서 이 사람을 쉽게 꺾기 어려울 것이다.

그러나 이 꿈은 꿈으로 끝날 가능성이 높다. 이것은 유승민의 성향이 보수를 바탕으로 하되 '개혁적'이기 때문이다. 상당히 바람직한 태도라 할 수 있겠지만, '보수'의 속성 중 하나가 '변화를 원치 않고 이 상태를 유지하고자 하는' 것이라는 점에서 유승민은 보수진영 모두의 지지를 얻기 어렵다.

유승민의 원내대표직 상실은 이러한 보수의 속성이 오롯이 드러난 결과라고 본다. 어느 정도의 지지율을 획득한다고 하더라도, 김무성이나 여권의 대선후보군에 이름이 오르내리는 반기문 UN 사무총장의 벽을 넘기 어렵지 않을까 한다.

무엇보다 '보수 안의 보수'들이 개혁적인 유승민을 그대로 두지 않을 것이다. 그러므로 유승민은 한 지역의 태수였던 공융 이상으로 성장하기는 어려울 것으로 본다. 현재 우리나라의 보수 세력은 유승민을 대선후보로 내세울 정도로 깨끗하지 못하다는 반증이라 할 수 있겠다.

유승민한테는 분명 기존의 보수인사에게서 발견하기 어려운 면이 있다고 하겠다. 그러하기에 야권 지지자들 상당수가 유승민에게 호감을 지니는 것도 사실이다. 그러나 유승민 스스로 자신을 '보수'의 틀에 가두고 있으므로 상대적으로 진보적인 야권의 바람대로 움직이지 않을 것으로 본다. 아울러 이 사람은 보수의 심장인 대구를 기반으로 삼고 있는 정치인이다. 수많은 지역 정치인 중 한 사람일 뿐이라는 것이다. 남다른 기량을 지니긴 했으나 특별한 업적을 남기지 못하고 생을 마감한 북해태수 공융에 비유한 이유가 여기에 있다.

2016년 1월 19일 투데이신문에 게재한 글임을 밝힙니다.

6 신중함과 과감성을 겸비한 참모

우원식은 유엽이다

유엽 – 신중함을 바탕으로 한 계책

劉曄

유엽은 조조 진영의 유능한 참모이자 문관이다. 젊은 시절 관도대전에 참전하여 '벽력거'를 제작하는 등 재치있고 기민한 책략가의 모습을 보여주었다. 나이가 들면서 신중함이 더해졌고, 전략뿐 아니라 내정에도 일가견이 있는 문관으로 성장했다.

우원식 의원도 그러하다. 젊은 시절 투사기질을 지니고 사회 문제에 참여하였으나, 정계에 입문한 뒤엔 서두르지 않고 아래에서부터 기반을 다지며 성장해 왔다. 투사기질을 갖고 있으나 드러내지 않으면서 현실적인 일을 해결하는 주력했다. 이런 결과로 우원식은 20대 총선에서 당선되었다. 우원식은 지금도 성장하는 중이다.

190년, 조조는 청주(靑州) 지역에서 세력을 결집하기 시작했다. 전국의 이름난 인재들이 조조의 휘하로 몰려들었다. 요절했지만, 조조 진영을 대표하는 참모 곽가도 그 중 한 사람이었다. 곽가는 조조 진영에 합류하자마자 또 한 사람의 유능한 참모를 추천한다.

"광무황제(光武皇帝)의 적통으로 회남에 사는 유엽이라는 사람이 있습니다. 기용해 보시지요."

광무제는 한나라가 잠시 왕망(王莽)의 신(新)나라로 넘어갔을 때, 신나라를 무너뜨리고 한나라를 다시 세운 유수(劉秀)다. 역사에서는 광무제 이전을 전한(前漢)시대라 하고, 이후를 후한(後漢)시대라고 한다. 이때까지 한나라는 망하지 않고 있었지만 유엽(劉曄)은 한나라가 망국의 길로 접어들었다는 것을 알고 조조 진영에 몸담았다. 현실적인 선택을 한 셈이다.

유엽은 신중했으며, 오랜 시간 생각한 끝에 말을 꺼냈다. 그러나 일단 꺼낸 말은 이치에 맞았고, 말에 막힘도 없었다고 한다. 조조는 이러한 유엽을 믿어서 묻고 싶은 일이 있으면 자주 편지를 써서 자문을 구했다고 한다.

230년, 대장군 조진은 표문을 올려 조예한테 촉나라를 치자고 건의했다. 유엽이 말했다.

"대장군의 말이 옳습니다. 지금 치지 않으면 후환이 있을 것입니다. 폐하께서 결단하셔야 합니다."

유엽의 집에 대신 몇몇이 찾아왔다.

"폐하께서 공과 함께 촉나라 공격에 대해 의논하셨다고 하는데, 어찌 됐습니까?"

"네? 그런 일 없습니다. 촉나라는 지형이 험해서 쉽게 공격할 수 없어요. 괜스레 군대를 움직였다간 군비만 소모하게 될 뿐, 이익은 없을 겁니다."

이 말은 곧장 조예의 귀에 들어갔다.

"어제는 촉나라를 쳐야 한다고 하더니 이제 와서 왜 안 된다고 하는가?"

"다시 생각해 보니 칠 수 없겠다는 생각이 들었습니다."

조예는 조금 실망한 듯 웃는 가운데, 옆에 있던 사람이 나가고 둘만 남았다.

"어제 폐하께 촉나라를 쳐야 한다고 드린 말씀은 나라의 큰일입니다. 실행에 옮기기 전에 누설해서는 안 됩니다."

이처럼 유엽은 조심성이 많은 참모였다. 이런 신중함을 바탕으로 유엽은 평생 조조의 위나라 진영, 이후 사마씨의 진나라 진영에 있으면서 참모의 역할을 성실히 수행했다.

과감한 임기응변, 정확한 예측

200년, 조조는 관도(官渡)에서 원소와 맞붙었다. 병력 수에서 압도적인 우위를 자랑하는 원소군은 조조군의 진영 앞에 흙으로 거대한 산을 쌓아 놓았다. 그 위에 망루를 세워 놓고는 조조 진영으로 화살을 쏟아 부었다. 조조군은 전혀 대응을 하지 못하고 방패로 막기에만 급급했다. 조조는 참모를 불러 모았다.

"이걸 어쩌면 좋겠는가."

유엽이 말했다.

"발석거(發石車)를 만들어서 쓰면 됩니다."

유엽은 그 자리에서 발석거의 설계도를 그렸다. 순식간에 전세가 역전됐다. 커다란 돌이 원소군 진영의 사다리로 날아들었다. 원소 군은 이 발석거에 얼마나 당했는지 이것을 '벽력거'라고 불렀다. 원소군은 이번엔 땅굴을 파기 시작했다. 유엽이 말했다.

"저건 별 계책이 아닙니다. 우리 진영 주변에 참호를 파 놓으면
적군이 땅굴을 판다고 해도 소용없을 겁니다."

원소군은 죽을힘을 다해 땅굴을 파고 조조 진영으로 들어왔지만, 땅굴이 끝나는 곳에 조조군의 참호가 있었다. 조조군은 원소의 병사가 나오는 족족 활을 쏴대기 시작했다. 이처럼 유엽은 남다른 재능이 있었고, 임기응변에도 강했다.

임기응변도 준비가 되어 있어야 할 수 있는 법이다. 유엽은 늘 준비를 하고 있다가 주군이 물어보면 곧바로 계책을 냈고, 한 번 내놓는 말에는 자신감이 있었다. 자기가 생각을 정해 놓으면 누가 뭐라고 해도 바꾸지 않았다. 게다가 매우 과감했다.

조조가 한중의 장로를 치러갔을 때였다. 이 때 유엽은 주부(主簿) 직함으로 이 전쟁에 참가했다. 조조의 대군은 한중에 이르렀는데 산이 험해서 행군하기가 어려웠다. 먼 길을 오다보니 설상가상 군량도 바닥을 드러내고 있었다. 조조가 말했다.

"이 곳은 차지해도 그만, 안 해도 그만인 곳이다.
아군 식량도 적으니 후퇴하는 게 낫겠다."

조조는 유엽을 시켜 후방의 부대를 차례대로 후퇴하게 했다. 그러나 유엽은 이 전쟁에서 이길 수 있다고 판단했다. 그나마 연결이 되어 있던 식량 보급로를 끊어버리고, 아군이 전진도 후퇴도 못하게 만들어 버렸다. 그러고는 조조한테 말했다.

"공격하면 이길 수 있습니다."

조조는 기가 막혔지만, 이 마당에 어쩔 도리가 없었다. 장로 진영으로 대군을 이끌고 가되, 궁수를 전진배치해서 장로 진영에 화살을 퍼부었다. 조조는 이 싸움에서 이겼다. 명령을 따르지 않은 건 잘못이라 할 수 있겠지만, 유엽의 사람됨을 잘 보여주는 장면이라고 하겠다.

220년, 촉나라의 맹달(孟達)이 위나라로 항복해왔다. 조비는 맹달의 잘생긴 용모와 넓은 식견에 감탄해서 높은 벼슬을 줬다. 유엽의 생각은 달랐다.

"맹달은 재능을 믿고 권모술수를 좋아하니 우리의 은혜에 감복해서
의리를 지킬 수 없는 사람입니다. 더구나 맹달이 있는 곳은
국경지대이므로 만일 사건이 일어난다면, 이 사람이 나라의
우환거리가 될 것입니다."

조비는 유엽의 진언을 듣지 않았다. 결국 유엽의 말대로 나중에 맹달은 반란을 일으켰다.

같은 해, 손권의 손에 관우가 죽자 조비는 회의를 소집했다.

"유비가 손권을 공격할 것으로 보는가?"

여러 참모들이 대답했다.

"촉나라에 뛰어난 장수는 관우뿐이었는데, 그가 죽었으므로 함부로
공격하지 못할 것입니다."

역시 유엽의 생각은 달랐다.

"촉나라는 좁고 세력이 약하지만, 반드시 그들에게 힘을 보여주려고
할 것입니다. 그리고 관우와 유비는 표면적으로 임금과 신하지만,
은혜로 보면 부자지간과 같습니다. 복수하지 않는다면 둘 사이의
정이 부족하다는 증거가 되겠죠."

그러니까 유엽은 유비가 복수할 것으로 생각한다는 말이다. 얼마 후 유
비는 손권을 공격했다. 조비는 손권이 승리했지만, 국력이 약해졌을 것이라 생
각했고, 이들이 유비의 공격을 받기 전에는 자신들한테 숙이다가 이긴 뒤에는
다시 강경하게 나오자 손권을 치겠다고 나섰다. 유엽이 말했다.

"저들은 전쟁에서 이겼기 때문에 위아래의 마음이 일치되어 있습니다.
게다가 오나라 지역은 강과 호수로 가로막혀 있어서 급하게
공격해서는 이기기 어렵습니다."

조비는 유엽의 충고를 듣지 않고 손권을 공격했다가 육손의 매복 작전에
말려들어 변변히 싸워보지도 못하고 패하고 말았다. 그래도 조비는 포기하지
않고 224년, 오나라 정벌을 감행했다. 여러 신하들이 말했다.

"폐하께서 친히 가시므로 손권은 두려운 나머지 나라를 바칠 것입니다.

아니면 우리 대군을 맞이하기 위해 자신이 직접 군대를 이끌고
나올 것입니다."

유엽만은 생각이 달랐다.

"손권은 폐하께서 자신을 견제하려고 한다는 것을 알고 있을 겁니다.
따라서 강을 건너는 사람은 장수일 거라고 생각해서 군대를
일으키기는 하되 후방에서 전진도 후퇴도 하지 않을 것입니다."

과연 유엽의 말대로 손권의 군대는 조비 앞에 나타나지 않았다. 조비는
그제야 유엽의 식견에 감탄하게 되었다.

욕심이 없었기에 강했던 사람

유엽은 한나라의 종친이기는 하지만, 세상이 변하는 것을 알고 있었기
때문에 그 흐름에 자신을 맡기되, 여전히 주변 사람들이 시기할 수도 있다는 점
을 경계했기 때문인지 처신도 매우 신중하게 했다. 위나라가 건국되었을 때 유
엽은 조정 대신들과 사적으로 만나지 않았다고 한다. 사적으로 욕심을 내지 않
았음을 알 수 있다. 이래서 유엽은 죽을 때까지 높은 벼슬을 유지하며 사람들의
존경을 받았다.

그러나 사람이 완벽할 수는 없는 법이다. 유엽 역시 다른 신하한테 '아첨
하는 사람'이라는 혹평을 듣기도 했다. 조예가 황제가 되었을 때 일이다. 조예
는 사냥을 나가면서 유엽한테 물었다.

"사냥이 좋은가? 음악이 좋은가?"

"사냥이 좋습니다."

이때 옆에 있던 신하가 꾸짖었다.

"풍속을 바꾸는 데는 음악만큼 좋은 것이 없습니다.
사냥을 하여 황제의 수레 덮개를 드러내어 만물 생장의 이치를 상하게
하는 것과 비교할 수는 없습니다. 유엽은 충직한 신하가 아닙니다.
폐하의 농담하는 말에만 영합하는 사람입니다."

　　신하라면 임금을 바른 길로 인도해야 한다는 말이다. 이런 일도 있었지
만, 유엽은 자신의 분수를 알고 큰 욕심을 내지 않았기 때문에 남들이 옳다고
하는 일을 그르다 할 수 있었으며, 그르다고 하는 일을 옳다고 말할 수 있었다.
작심을 하면 모험도 불사하는 강한 의지를 지니고 있었으며, 임기응변도 잘했
다. 정세 판단 능력과 사람 보는 눈도 뛰어났다. 사마의나 제갈공명처럼 대군
을 이끄는 참모는 아니었지만, 그에 비견할 수 있는 기량을 지닌 사람이었다고
평가할 수 있겠다.

우원식 더불어민주당 의원
차근차근 성장한 정치인

"조선 사람이 독립을 원하는 것은 자연스러운 이치라! 일본이 이러한 이 치만 이해한다면 나에게 감옥을 5년을 주어도 10년을 주어도 달게 받겠다."
– 〈우원식 의원 블로그〉

1923년 의열단 단원 김상옥은 종로 경찰서에 폭탄을 투척했고, 독립운 동가 김한(金翰, 1888-?)은 이 사건에 연루되어 재판을 받고 6년 동안 징역살 이를 했다. 김한은 법정에서 유창한 일본어로 저렇게 진술했다고 한다.

김한은 더불어민주당 우원식(禹元植) 의원의 외할아버지다. 짧은 말이지 만, 그 안에서 독립운동가의 기백을 느낄 수 있다. 이래서 일까.

"만약 불의와 타협하고 협상해야 온건파라면 그런 온건파는 절대 거부한 다. 만약 불의와 왜곡에 대해 대화와 타협을 거부하는 것이 강경파라고 한다면 나는 강경파다." 〈2015. 6. 23. 머니투데이〉

유엽한테 광무제 후손의 기품이 있다면 우원식에게는 외할아버지의 기백 이 있다.

"대학 1학년 때에요. 서클에서 여름에는 농활을, 겨울에는 도시빈민봉사를 갔어요. '사람들이 이렇게 열심히 일하는데 왜 이렇게 못 살까?' 그게 제 출발이었어요." - 〈2015. 6. 23. 머니투데이〉

젊은 우원식은 우선 사회문제와 몸으로 맞섰다. 1978년, 박정희 퇴진운동을 하다 군대에 강제 징집됐고, 제대 후 1981년엔 전두환 퇴진운동을 하다 체포돼 3년형을 선고 받고, 징역살이를 했다. 이렇듯 강단있고, 실제로 당내에서 강경파 의원으로 불리는 우원식이었지만, 이 사람이 걸어온 길을 보면 아래에서부터 천천히 신중한 태도로 일관하며 살아왔음을 알 수 있다.

우원식은 1995년 '서울시의회 의원'으로 정치를 시작했다. 그가 중앙정계로 진출한 건 그로부터 9년 뒤였다. 우원식은 2004년 제17대 총선에서 열린우리당 소속으로 출마하여 당선됐다. 우원식은 주로 환경 분야에 관심을 기울였다. 2002년에는 환경관리공단 관리이사를 했고, 2003년에는 환경을 사랑하는 중랑천 사람들 운영위원장을 지냈으며, 18대 총선에서 낙선했을 땐 건국대 생명환경과학대학에서 강의를 맡기도 했다. 2012년 19대 총선에서 당선되기 전까지는 '탈핵 에너지 전환 국회의원 모임 간사위원'으로 활동했다. 우원식은 여러차례 'NGO 모니터단 선정 국정감사 우수위원'이나 'NGO 모니터단 선정국정감사 우수국회의원'에 선정되었으니 자신의 분야에서 성실성을 인정받았다고 할 수 있겠다.

독립운동가 외손에 운동경력에 투옥경험까지 있는 정치인이라면 얼핏 보아 '투사형 의원'의 길을 걸을 법한데 우원식은 그렇게 하지 않았다는 점이 약간은 특이해 보인다. 더구나 자신이 정치에 뛰어든 목적은 '가난한 사람을 구제하기 위한' 것이었는데도 말이다. 유엽의 삶처럼 현실적으로 천천히 그 길을 가고 있다고 본다. 이런 정도의 스토리가 있는 사람이면 이른바 '스타 정치인'으로 전국적인 지명도가 있을 법도 한데, 이들에 비해 우원식은 널리 알려진 사람은 아니다. 그러나 오히려 이런 점이 우원식의 장점으로 작용하고 있지 않은가 한다. 겉으로 꾸미기 보다는 속을 채우면서 살아왔을 것이라는 짐작이 가능하다.

"우리가 맡은 사안은 포기하지 않는 게 계획이다. 큰 방향은 자영업자들의 어려움과 불공정한 거래 문제, 간접고용 비정규직 문제를 해소하는 것이다. 그리고 이런 활동을 우리 당의 전면적인 노선으로 만드는 게 최종적인 계획이다. 거기에 진보냐 보수냐를 논하는 건 의미 없다. 기득권과 맞서고, 약자를 대변하는 것이 진보적으로 보일 수 있지만, 그게 본질은 아니다. 고통 받는 국민 곁으로 가는 것뿐이다." – 〈2015. 5. 2. 오마이뉴스〉

범위를 넓게 잡고, 시간을 길게 보고 가겠다는 말이다. 우원식은 주로 민생이 아닌 환경 분야에 관심을 기울였지만, 이것을 문제 삼을 수는 없다고 본다. 큰 틀에서 보면 민생이 아닌 게 어디 있겠는가. 우리와 멀리 있는 문제 같지만, '탈핵문제'만큼 우리의 생명과 직결되어있으면서도 가까운 일이 또 어디 있을까.

을지로위원회, 을을 지키는 길로 나서다

우원식은 고통 받는 국민의 곁으로 가는 길을 '을지로'라고 부른다. 2013년, 새정치민주연합(당시 통합민주당) 안에 '을지로 위원회'라는 생소한 조직이 탄생했다. '을을 지키는 길'이라는 뜻을 지니고 있다. 출범한지 3년 밖에 되지 않아서 아직 일반에게 널리 알려지지 않았을 뿐, 우원식은 위원장으로서 착실하게 할 수 있는 일을 해내고 있다. 유엽이 열 배가 넘는 원소의 대군과 상대하기 위해 발석거를 만든 것처럼 우원식 역시 을지로 위원회를 통해 차분하면서도 기민하며 때로는 전투적인 대응으로 우리 사회의 상층에 자리하면서 횡포를 부리는 갑과 효율적으로 싸우고 있다.

　"수많은 현장이 있었지만 가장 처음 있었던 남양유업 사태가 가장 기억에 남는다. '물량 밀어내기'라는 병폐가 고착돼 있었기 때문에 해결이 쉽지 않았다. 결국 회사가 사과하고 점주들과 상생협약을 맺었다. 특히 이후에 롯데그룹과 을지로위원회가 상생협약을 맺은 건 상당한 성과라고 생각한다. 대기업 그룹사가 정치권과 그런 협약을 맺은 건 처음이다." – 〈2015. 5. 2. 오마이뉴스〉

　"기분 좋았던 일은 아프리카예술박물관 사건이다. 단박에 해결하긴 했지만, 그 사람들에게 한국에 대한 인식이 굉장히 나빠졌었다. 부르키나파소에서 온 예술가들인데, 이런 말을 하더라. '우리가 예술을 하러 왔다. 예술을 하라며 오라고 한 거 아니냐. 그런데 이건 노예 아니냐.' 그렇게 이야기하던 사람들이 우리를 만나 사건이 해결되자 대한민국에도 이런 사람들이 있구나 하면서 인상이 좋아졌다고 말했다." – 〈2015. 5. 29. 폴리뉴스〉

　"동국대 청소 노동자 문제가 타결되었습니다. 계약 인원을 늘리고 노조 차별과 청소 공평분배라는 요구가 받아들여졌습니다. 그간 학교 내에 또 다른 노조와의 차별과 불공평문제 그리고 과도한 노동에 시달려 왔는데 참으로 반가운 결과입니다." – 〈2015. 5. 21. 우원식 페이스북〉

　"무언가 한 횟수가 800회에 이를 정도로 많은 일들이 있었습니다. 정말 많은 승리의 기쁨이 있었고, 또한 아직도 해결되지 못한 많은 눈물들이 있습니다. 그렇기에 우리는 이 길을 내려놓을 수 없다는 것을 확인했고, 함께 앞으로 달려가자고 약속했습니다." – 〈2015. 5. 8. 우원식 페이스북〉

　이런다고 오래된 갑의 횡포가 순식간에 줄어들 리 만무하다. 여전히 남양유업을 비롯한 수많은 대기업들이 영세한 서민사업자를 압박하고 있기 때문이다. 그 뿐인가. 이 시대의 화두가 되고 있는 '비정규직 문제' 역시 사회 문제의

한 축을 이루고 있다. 갑의 횡포는 이 비정규직 문제에서 가장 두드러진다. 이에 맞서 민주노총을 비롯한 단위노조들이 끊임없이 싸우고 있으나, 이들은 갑의 횡포와 함께 국민들의 무관심, 심지어 '눈총'과 싸워야 하는 어려움이 있다. 그러하기에 을지로위원회의 역할이 중요하다고 볼 수 있다. 을지로위원회는 저들을 위협할 발석거가 분명하고, 몇 가지 성과를 냈지만, 아직 저들은 '벽력거'라고 부르면서 겁을 먹는 데까지 이르지는 않았다. 더구나 그들은 벽력거에 맞더라도 땅굴을 파면서 을을 압박해 올 게 분명하다. 그러나 정치권에서 이 문제에 관심을 갖고 구체적인 실천을 했다는 데에 적지 않은 의의가 있다고 본다.

이렇듯 차근차근 생각대로 일을 하고 있는 우원식이지만, 야권지지자들은 새정치민주연합을 크게 신뢰하지 않고 있다. 오히려 지지율은 떨어지는 추세다. 여기에 대해 우원식은 무슨 생각을 하고 있을까.

"10년의 집권 동안 민주당은 손에 쥔 권력을 놓지 않으려 계파를 만들어 패를 갈라 싸웠고 권력의 우아함에 취해 국민의 삶을 돌보지 않았다.… 주류, 비주류를 막론하고 계파적 이해관계에서 길을 찾고 안락한 의원회관에서 해답을 구하는 '귀족 정치'가 민주당의 현실이 되었다.…그래서 야당 귀족주의는 계파 패권주의와 한 몸이다.… 이것이 민주당이 대선에서 패배한 진정한 원인이다."

　　– 〈2013. 4. 7. 뉴스 1. 기사 일부 수정〉

상당히 수위가 높은 발언이라 할 수 있다. 우원식은 대선 패배의 원인을 계파갈등과 현장정치의 실종에서 찾고 있다. 이것이 대선 패배와 이후 실시된 선거에서 새정치민주연합이 참패하게 된 원인의 전부라고 하기는 어렵겠지만, 꽤 비중이 크다고 할 수는 있겠다. 저 말을 한 이후에 우원식은 당의 최고 위원이 되었고, 2014년까지 자리에 있었다. 1년 동안 저 문제를 해결하기 위해 얼마큼 노력했던가. 어찌되었건 그 노력의 성패 여부는 '선거결과'가 말해 주는 것이다.

　"(새누리당) 이정현 후보의 승리는 저희로서는 정말 뼈아픈 것 … 단지 순천·곡성만의 문제가 아니라 광주 광산(을)에서의 아주 낮은 투표율 이것이 순천·곡성의 패배와 연결돼있는 것으로 보인다.… 호남에서의 심판이 수도권보다 저희로서는 더 큰 충격이다. 순천·곡성의 민심에 대해서 저희 새정치민주연합이 이제는 응답을 해야 할 때… 가혹한 혁신을 통해서, 새롭게 태어남을 통해서 호남민심에 응답해야 한다.… 야권은 웬만하면 이길 것이라는 생각을 가지고 전략공천부터 시작해서, 사실상 국민들이 보시기에 무분별한 전략공천을 했다." ─〈2014. 7. 31. 경향신문〉

　새정치민주연합은 2014년 7월 30일에 있었던 국회의원 재보궐 선거에서 새누리당에 11대 4로 참패했다. 이어 2015년 4월 29일에도 새누리당에 3대 1로 패했다. 선거 패배의 책임을 최고위원인 우원식에게 물을 수는 없는 일이다. 그러나 최고위원으로서 나름대로 일리 있는 문제 제기를 했지만, 구체적인 대안까지 마련하지 못한 점, 좀 더 적극적으로 나서지 못한 점에 대해서는 비판의 여지가 있다고 본다.

　사실 따지고 보면 한 정당에 여러 가지 생각을 지닌 계파의 존재는 자연스럽기도 하거니와 필요하기도 하다. 다양한 의견이 제시되고 논의되어야 좋은 정책이 나오기 때문이다. 문제는 이 계파가 정책 중심이 아닌 특정 인물 중심으로 형성되어 있다는 사실일 것이다. 새누리당에는 '친이'(이명박계)와 '친박'(박근혜계), 새정치민주연합에는 '친노(친문)'(노무현·문재인)와 '비노'가 존재한다고 알려져 있다. 새정치민주연합의 가장 큰 문제는 경쟁 상대인 새누리당을 앞에 두고도 서로가 서로한테 칼을 겨눈다는 점이다. 반면 새누리당은 내부에서 싸우더라도 적을 앞에 두면 잠시 싸움을 멈추고 힘을 합해서 덤벼든다.

이런 면에서 우원식의 해결 방안에 주목할 필요가 있다. 우원식은 계파 갈등을 극복하고, 현장 정치를 복원하기 위해서는 당이 '을지로위원회'를 중심으로 운영되어야 한다고 주장한다. 현장에서 수많은 '을'과 접촉하고, 민생 문제를 해결하는데 당력을 기울여야 한다고 말한다. 결국 이런 실천을 통해 새정치민주연합이 정책을 중심으로 운영되는 당으로 거듭날 수도 있지 않을까 한다. 당내 인사들은 물론 야권지지자들은 이걸 어떻게 생각할지 알 수 없는 일이다. 조조처럼 흔쾌히 받아들일까. 조비처럼 넘겨 버릴까. 한 번 쯤 생각해 볼 문제가 아닌가 한다.

우원식은 강경파가 아니다

우원식은 2012년부터 2015년까지 25건의 법안을 발의했고, 본회의 출석률 역시 90%를 상회하고 있으니 의정활동에 대해서는 무난한 평가를 내릴 수 있겠다. 지역구인 노원(을)에서는 각종 행사에 참석하고, 간이 의정보고서를 챙겨 지하철에서 배부하는 등 지역민들과 활발하게 접촉하고 있다. 노원(을)은 여권지지율이 높은 지역이므로 이 지역을 지키기 위해 지금처럼 최선을 다해야 하겠다.

"이것이 우리에게 주어진 마지막 기회라고 생각하니 조금도 잘 못 되어서는 안 된다는 마음가짐으로 임했습니다. 국민들의 고통과 한숨과 눈물 곁으로 다가갈 수 있도록, 국민에게 그래도 정치가 희망이라는 느낌이 생겨야 한다는 생각으로 철저하게 우리의 때와 기름을 내려놓기 위해 지혜를 모으고자 했습니다. 민생을 살리고 생활 정치를 살리는 길을 찾고자 마음을 모으고자 했습니다. 이제 시작입니다." – 〈2015. 6. 우원식 페이스북〉

혁신위원회가 꾸려졌다. 김상곤을 위원장으로 하여 모두 11명의 혁신위원이 위촉되었으며, 우원식은 그 중 한 자리를 차지했다. 새정치민주연합의 신뢰도가 많이 떨어져 있는 상황이므로 다수의 국민들은 혁신위에 마음을 열어주지 않고 있다. 여기에 호남에서는 새정치민주연합의 기득권 정치에 반발하는 움직임이 포착되고 있으며, 급기야 천정배가 탈당하여 광주에서 당선되는 기염을 토했다.

우원식은 이런 어려운 상황에서 당의 단합과 쇄신을 위해 나섰다. 그런 가운데 얼마 전 김경협 의원이 '비노는 새누리 세작이다.'고 한 적이 있다. 이 말을 두고 야권 지지자들 간에 갑론을박이 벌어졌다. 이 발언을 접하고 우원식은 이렇게 반응했다.

"비노는 새누리당 세작? 뭘 이런 막소리가 있나!… 말을 세게 하는 것과 내부 동료에 대한 과도한 비판이 지지층을 모으는 것으로 생각하는 것은 착각 … 혁신의 출발은 말을 가려 쓰는 것에서부터 출발한다."
— 〈2015. 6. 15. 국민일보〉

우선 '왜 이런 말까지 나오게 되었는가' 부터 살폈어야 하지 않는가? 당의 최고의원을 역임했고, 앞으로 당을 혁신할 인물이라면 이런 말도 들을 수 있어야 하지 않을까 한다. 즉각 반응을 해서 꾸짖는다고 갈등이 해결되지 않는다. 조경태 의원한테는 언성을 높이면서 나이로 누르려 했다고 하는데, 이 역시 적절치 않은 모습이었다고 하겠다. 학생시절의 치열한 삶의 경험인지는 모르겠으나 상대를 꾸짖을 때 준엄하지 않은 것 같다.

우원식은 강경파로 분류되지만, 이 사람은 투사일 때보다 조언자일 때 장점을 발휘하는 사람으로 보인다. 학생운동 경력을 지니고 있다지만, 실제 현실정치는 시의원으로 시작했고, 이후 국회의원이 되는 9년의 시간을 통해 다양한 경험을 하면서 성정해 왔으므로 이 사람은 '생활정치'에 강점이 있다. 그 강점이 현실화 된것이 바로 '을지로위원회'라고 하겠다.

이래서 이슈가 된 사안마다 강한 어조로 말을 해도 일반에게는 쉽게 어필 되지 않는다. 이것을 어찌 보면 약점이라고 할 수도 있겠지만, 유엽처럼 롱런 하는 정치인이 되려면 이처럼 자신이 잘 할 수 있는 것을 꾸준히 하는 것이 좋 다고 본다.

2015년 12월 21일 칼라밍에 게재한 글임을 밝힙니다.

7 반드시 허물어지는 모래성 같은 사람

홍준표는 이각이다

7

이각 - 저한테 벼슬 한자리 내려주세요

李催

이각은 『삼국지』에 등장하는 최악의 악당 중 한 명이다. 손쉽게 권력을 얻은 후에 민생을 돌보지 않고, 오로지 권력만 탐냈으며, 황제를 핍박하고 무고한 백성을 죽였다. 강적 조조에게 패한 후 산적 무리 속으로 들어가 있다가 조조의 부하장수한테 목숨을 잃었다.

홍준표 지사는 검사시절 얻은 허명을 바탕으로 여당에 입당하여 정치인으로서 탄탄대로를 걸어왔다. 이 사람의 행적을 살펴보면 젊은 시절 어렵게 공부해서 검사가 되었던 일을 제외하고는 도무지 무엇 하나 인정할 만한 것이 없다. 권력을 믿고 막말을 일삼으며, 오로지 자신의 권력을 유지하기 위해 서민을 짓밟았다. 산적 노릇을 하기에도 모자란 사람이라 하겠다.

192년, 왕윤은 여포를 이용해서 황제를 끼고 권세를 휘두르던 동탁을 죽였다. 동탁을 따르던 무리들도 모조리 색출해서 죽이거나 감옥에 가뒀다. 이각(李催)은 동탁의 부하로서 섬서 지역에 나가 있다가 이 소식을 듣고는 감히 복귀하지 못했다. 다행히 이각의 진영에는 뛰어난 참모인 가후가 있었다.

"왕윤이 섬서 지역 사람을 죽이러 온다고 소문을 내십시오."

소문을 믿게 된 섬서 사람들은 불안에 떨기 시작했다. 이때를 놓치지 않고 이각의 군대는 거리를 돌아다니면서 소리 질렀다.

"왕윤은 너희들을 죽이려 한다. 이렇게 개죽음을 당하고 싶은가!
우리 편이 되어 왕윤을 죽이자!"

이렇게 해서 이각은 10만 대군을 거느리게 됐다. 이각은 군대를 네 부대로 나눈 다음 황제가 있는 장안성으로 진격했다.

여포는 용맹했지만, 머리가 좋은 장수는 아니었다. 이각은 여포를 유인했다. 맞서 싸우다가 도망을 가고, 다시 멈추기도 하면서 여포를 약 올렸다. 여포가 쫓아오면 싸우는 척 하다가 또 도망쳤다. 이러는 사이 이각의 나머지 부대가 장안성을 점령했다. 여포는 용맹했지만, 앞뒤에서 적군을 만났고, 무엇보다 병력 수에서 절대적으로 불리했다. 단신으로 도망쳐 버렸다.

이각의 군대는 장안을 공격하면서 조정 대신은 물론 죄 없는 백성들까지 마구 죽였다. 이각은 동탁의 원수를 갚는다는 명분을 내세워 왕윤과 그의 가족들을 죽여 버렸다. 한편 이각한테는 곽사라는 동료가 있었다. 유유상종이라는 말이 있듯이 곽사 역시 이각에 버금가는 악당이었다. 곽사가 말했다.

"이참에 황제를 죽여 버리고 대업을 도모하는 게 좋겠네."

그러나 부하 장수들이 반대 의견을 냈다.

"지금 당장 죽이면 나라 사람들이 불복할 것입니다.
제후들이 황제를 뵈러 들어오면 그들을 먼저 죽여서 날개를 꺾은 뒤에 죽여도 늦지 않습니다."

이각은 머리까지 잘 돌아가는 악당이었다. 부하 장수들의 의견을 듣고 황제를 죽이지 않았다.

이런 사람이었다. 이로부터 한동안 이각과 곽사는 동탁이 그랬던 것처럼 황제를 끼고 권세를 휘두르기 시작했다. 한편 황제는 이들의 군대가 궁궐에 주둔하고 있으니 불안하기 짝이 없었다.

"너희들은 왕윤을 죽였는데도 왜 군대를 물리지 않는 것이냐."

이각이 대답했다.

"저희들은 나라에 공을 세웠는데 아직까지 벼슬을 내리지 않으시니 물러가지 않고 있나이다."

황제는 어처구니가 없었지만, 힘이 없으니 어쩔 수가 없었다.

"무슨 벼슬을 하고 싶은가. 소원대로 말해 보라."

이각을 비롯한 장수들은 황제한테 자신이 하고 싶은 벼슬 이름을 적어서 제출했다. 이각은 '거기장군 지양후 령사예교위'라는 벼슬을 받았다. 참으로 우스운 위인이었다.

황제를 핍박하고, 동료와 싸우다
황제는 은밀히 이각의 세력을 제거할 계획을 세웠다. 몰래 서량태수 마등에게 편지를 보내서 이각을 치라고 명령했다. 마등은 기세등등하게 장안으로 진격해 들어왔으나, 가후는 이각에게 지구전을 하라고 권했다. 두 달이 지나자 먼 곳에서 원정을 온 마등의 군대에 군량이 바닥나버렸다. 마등은 어쩔 수 없이 퇴각할 수밖에 없었다. 이각은 이 기회를 놓치지 않고 공격을 해서 크게 이겼다.

그걸로 끝을 냈으면 좋으련만, 이각의 군대는 추격을 하면서 마을을 약탈하고 죄 없는 백성을 마구 죽였다. 백성들은 굶주림에 고통을 받아 2년 동안 서로 잡아먹는 지경에 이르렀다.

이각의 위세는 하늘을 찔렀다. 급기야 이각은 황제의 허락도 받지 않고 스스로 대사마(大司馬)가 되었다. 곽사는 한 등급 아래인 대장군이 되었다. 조정 대신인 양표는 이들의 전횡을 보다 못해 한 가지 꾀를 냈다. 양표는 아내를 시켜 곽사의 집을 찾아가게 했다.

"글쎄, 곽사 장군이 이각 대사마의 부인과 정을 통한다지 뭐요. 죽자 사자 한다던데요."

곽사의 아내는 남편을 의심하기 시작했다. 어느 날 곽사는 이각을 만나기 위해 집을 나선다.

"어디 가시우?"

"이각 대사마가 잔치에 초대를 했소."

"이각을 믿지 마세요. 이각은 성정이 나쁜 사람입니다.

두 영웅은 함께 설 수 없다는 말도 있잖아요. 이각이 당신을 해치려 한다는 소문을 들었어요."

곽사는 아내의 만류를 뿌리치고 잔치에 가려했지만, 아내가 울며불며 붙잡자 할 수 없이 가지 않았다. 이각은 그런 줄도 모르고 곽사한테 잔치음식을 보내왔다. 곽사의 아내는 흉계를 꾸몄다. 몰래 음식에 독약을 탔다.

"잠시만! 밖의 음식을 함부로 드시면 안 돼요."

그러고는 음식을 마당으로 던져 버렸다. 마침 마당에는 개가 있었는데, 던지는 음식을 받아먹자마자 죽어버렸다. 이 일을 빌미로 삼아 곽사는 군대를 일으켜 이각한테 쳐들어갔다. 둘의 군대는 몇 달을 싸웠다. 시가전을 벌여 놨으니 군대도 군대지만, 싸움의 틈바구니에서 애먼 백성들만 죽어나갔다.

어쨌든 황제를 데리고 있어야 권력을 휘두를 수 있었다. 이각은 황제와 황후를 별궁으로 옮겨 놓고 조카인 이섬한테 이들을 감시하게 했다. 이섬도 이각 못지않은 무뢰배였다. 황제한테 제대로 된 음식을 주지 않았다. 황제와 주변의 신하들은 며칠을 굶주렸다. 참다못한 황제는 이각한테 사람을 보냈다.

"쌀과 소 뼈다귀를 조금만 보내 달라. 신하들에게 먹이려 한다."

"아침저녁으로 밥을 먹으면 됐지,
뭐가 부족해서 고기까지 달라고 하시오!"

그러고는 일부러 썩은 고기와 물러 터진 음식을 보냈다. 도저히 먹을 수가 없다.

이각과 곽사는 이후로도 계속 싸웠다. 이각의 참모인 가후는 이런 상황을 크게 우려하고 있었다. 이대로 가면 이각의 명이 길지 않을 것이라고 생각했다. 이런 가후의 속내를 알아차린 조정의 신하는 황제한테 가후를 만나 일을 도모해야 한다고 진언했다.

"그대는 황실을 위해 내 목숨을 구해 줄 수 있겠는가."

"저의 소원이옵니다. 폐하! 제가 일을 도모해 보겠나이다."

이각의 주력부대는 섬서 지역에서 온 서량병과 이민족인 강족(羌族)으로 구성되어 있었다. 가후는 강족의 대장한테 황제 이름으로 된 밀서를 보냈다.

"너희들은 이각을 버리고 고향으로 돌아가라.
만약 그렇게 한다면 후한 상금을 내리겠다."

강족의 대장들은 이각이 평소 자신들을 홀대하는 것에 반감을 품고 있었다. 하나둘 군사를 이끌고 돌아가 버렸다. 여기에서 그치지 않았다. 이각은 스스로 대사마에 올랐으므로 황제한테 정식으로 인정받지 못하고 있었다. 황제는 이각을 안심시키기 위해 진짜 대사마 벼슬을 내려주었다.

어리석은 이각은 이 모든 게 무당들이 기도를 했기 때문이라고 믿었다. 무당들한테 금은보화를 상으로 내리면서 부하 장수들한테는 아무 것도 주지 않았다. 장수들이 불만을 지녔음을 말할 나위도 없다. 급기야 이 중 한 명이 이각한테 반기를 들었다.

이각은 진압에 성공했지만, 강족으로 구성된 주력부대를 잃은 데다 계속

된 곽사와의 싸움으로 인해 세력이 약해졌다. 그런 가운데 서량지역에서 장제(張濟)라는 장수가 군사를 이끌고 장안으로 진군해 왔다.

"이각, 곽사 두 장군이 화친하지 않는다면 장안을 공격하겠소!"

이렇게 둘은 아무런 소득도 없이 군대를 물려야 했다. 황제까지 장제한테 뺏겨 버렸다.

산적노릇을 하기에도 모자란 사람

황제는 옛 도읍인 낙양으로 돌아가기로 결정했다. 장제는 부하들한테 군사를 주어 황제를 낙양으로 모시고 가도록 하고 자신은 장안에 머물렀다. 황제 일행은 장안을 빠져나갔다. 이 일은 곽사가 먼저 알게 됐다. 곽사는 급히 군사를 이끌고 추격했지만, 나중에 조조의 장수가 되는 명장 서황한테 패했다.

곽사는 장안으로 돌아가 이각과 함께 전열을 정비해서 다시 황제 일행을 추격하기 시작했다. 곱게 추격만 하더라도 비난을 면치 못할 판국인데 이들은 행군을 하면서 민가를 약탈하고, 백성들 중 젊은이를 강제로 군에 편입시켜 선봉으로 세웠다.

황제는 우여곡절 끝에 이들의 손아귀에서 벗어나 낙양으로 입성하는데 성공했다. 이각과 곽사는 황제를 잡기 위해 낙양으로 빠른 속도로 행군하고 있었다. 황제는 마침내 당세의 영웅 조조를 불러들였다. 이각과 곽사, 임자를 만났다. 조조 진영의 하후돈, 전위, 조인, 허저를 당해낼 수가 없었다. 크게 패하여 겨우 목숨만 구해서 산적 무리 속으로 도망갔다. 조조는 부하 장수를 보내 이각을 죽이고, 삼족을 멸해 버렸다. 곽사는 부하의 손에 목숨을 잃었다.

이각은 처음 장안에서 여포와 마주쳤을 때, 여포를 물리쳤을 만큼 완력이 있는 장수였다. 여포 군의 상황이 좋지 않았다는 점을 감안하더라도 인정받을 만한 능력이 있었음에는 틀림없어 보인다. 동탁의 밑에 있었지만, 이각은 황제를 손아귀에 넣게 되자 차근차근 반대세력을 제거하여 기반을 다진 후, 황제까지 죽일 생각을 지니고 있었다. 천하를 차지할 욕심을 냈던 것이다.

그러나 이각은 지닌 야심에 비해 그릇이 턱없이 작았고, 무능한 사람이었다. 성격은 조급해서 실속도 없는 벼슬이름에만 집착했다. 실제로 그 벼슬을 얻게 되자 자신이 죽을 줄도 모르고 기뻐하기만 했으니 시야도 무척 좁았다고 할 수 있겠다. 안하무인으로 행동하면서 자신을 보좌하는 부하들을 챙기지 않았으니 애초부터 우두머리가 될 자질도 없었다. 그것으로도 모자라 자신의 출세에 현실적으로 도움을 주지도 않은 무당한테 빠져서 정신을 잃었다. 어리석은 사람이다. 황제를 굶주리게 했고, 더구나 무고한 백성들을 죽인 일은 씻을 수 없는 죄악이다.

이각은 무능력하고 포악한 사람이 우두머리가 되었을 때 일어나는 온갖 나쁜 일을 한 번에 모두 보여준 최악의 인간형이었다고 할 수 있겠다. 세상이 어지러우면 가끔 이렇게 산적노릇을 하기에도 모자라는 사람이 잠시 우두머리가 되는 기현상이 벌어지기도 한다. 무고한 백성들이 불쌍할 뿐이다.

홍준표 경남 도지사
정치를 하려면 여당에서 해야지

　"권력층과 관련된 사건의 수사는 권력층이 득세하고 있을 때 진행해야 수사가치도 있고 검사로서 수사하는 보람도 있다. 시간이 지나서 수사하는 것은 사건의 시의성도 떨어질 뿐만 아니라 권력층에 주는 경각심도 덜하고 경우에 따라서는 정치 보복으로 오해를 살 우려도 있다."

　1989년, 전두환의 형 전기환은 노량진 수산시장을 소유하고 있던 재일동포 노상욱을 협박하여 시장의 경영권을 강탈한 혐의로 기소됐다. 전직 대통령의 형을 수사한 검사는 서울지방검찰청 남부지청에 있던 홍준표(洪準杓)였다. 이후 홍준표는 몇 건의 굵직한 권력형 비리 사건을 수사하면서 명성을 쌓기 시작했다. 1993년에는 슬롯머신 업계한테 뇌물을 받은 혐의로 노태우 정권의 실세였던 박철언을 구속했다.

　이후 1995년에 '모래시계'라는 드라마가 전국적인 인기를 얻게 되는데, 이 드라마에 등장하는 주인공 검사의 모델이 홍준표였다는 사실이 알려지면서 홍준표는 '모래시계 검사'로 불리게 된다.

　검사는 나쁜 놈들을 잡아들이는 사람이므로, 이 일을 멋지게 해낸 홍준표의 인기가 높아지는 것에 문제는 없다. 다만, 내용을 살펴보면 홍준표의 저 멋있는 외침엔 어딘가 맞지 않는 구석이 있음을 알 수 있다. 홍준표는 권력을 '잃은' 전두환의 형 전기환을 수사했고, 김영삼 정권에 반기를 들었으나 역시 권력을 '잃은' 박철언을 수사해서 '정치 보복이라는 오해'를 사기도 했다. 이 사건에는 박철언 뿐 아니라 김영삼의 측근들도 연루되어 있었는데 이들은 쏙 빼고 박철언만 수사했다. 특히나 박철언은 당시부터 지금에 이르기까지 뇌물을 받았다고 인정하지 않고 있다. 그렇다면 박철언은 무엇 때문에 벌을 받게 되었을까. 측근들의 '증언'이 전부였다. '증거'없이 '증언'만으로 박철언은 벌을 받은 셈이다. 이를 두고 홍준표는 이렇게 말했다.

"뇌물 사건의 80%는 증거 없는 사건이다."

어쨌든 대중에게는 저들의 이름값이 있고, 그런 거물을 홍준표가 수사했다는 결과만 각인되는 법이다. 홍준표는 명실공이 강직한 검사의 명성을 획득하게 됐다. 그 명성은 지금까지 유지되고 있다.

1996년, 홍준표는 여당인 '신한국당'에 입당했다. 많은 이들은 정권의 눈치를 보지 않는 강직한 검사 홍준표라면 쉬운 길을 택하지 않고 야당에 입당할 것으로 예상했다. 왜 그랬을까. 별다른 이유가 없었다. 김영삼의 전화 한 통으로 싱겁게 마무리됐다.

"정치를 하려면 여당에서 해야지. 아무 소리 말고 신한국당으로 입당해라." - 〈이상 이동형, 『와주테이의 박쥐들』, 2012, 왕의서재〉

강직하다고 해서 반드시 야당으로 가야 한다는 법은 없다. 따라서 홍준표가 신한국당에 입당한 것을 두고 굳이 비난할 이유는 없다. 그러나 간략하나마 홍준표의 말과 실제 행동을 놓고 따져 보니 이 사람의 말을 곧이곧대로 믿을 이유는 없어 보인다. 아울러 검사라는 사람의 입에서 '증거 없이 잡아들일 수 있다.'는 식의 말이 나오는 것으로 보아 이 사람의 별명은 '모래시계 검사'가 아니라 '모래성 검사'가 좀 더 어울리지 않은가 한다.

검사 시절 임무에 최선을 다했다는 점을 인정한다 하더라도 이것을 곧바로 '굽히지 않는 강직함'과 등치시킬 이유가 없고, '정치는 여당에서 해야 한다.'는 말에 곧바로 수긍한 것으로 보아 편한 길을 가려하고, 약자 보다는 강자의 편에 서고자 하는 마음가짐을 지니고 살아왔고, 살아가는 사람이라 짐작해 볼 수 있겠다.

여기에 출세를 지향하는 야심도 덧붙여야 하겠다. 홍준표의 원래 이름은 홍판표(洪判杓)였는데 '세상 사람의 표상'이라는 뜻을 지닌 '준표(準杓)'로 개명했다고 한다. – 〈2009. 1. 13. 주간경향〉 성명학에 밝은 사람의 권유가 있었다고 한다.

이름을 바꾼 효과가 있었는지 홍준표는 1996년, 제15대 총선에서 송파(갑) 지역구에 신한국당 후보로 출마하여 당선된 이래, 제16대(보궐)·17대·18대·19대 총선에서 동대문(을) 지역구에 출마하여 한 번도 패하지 않고 모두 이겼다. 이후 2012년 정치 감각이라고는 전혀 없는 김두관이 경남지사에서 사퇴하고, 대선 후보 경선에서도 패배하자 경남지사에 출마하여 당선되었고, 재선에 성공하여 현재 경남지사로 재직 중이다.

출발은 좋지 않았다. 홍준표는 제15대 총선 선거운동 과정에서 운동원한테 2천 4백만 원의 활동비를 주고 허위로 지출보고서를 꾸민 혐의를 받아 기소된 후 당선 무효 판결을 받고 의원직을 잃었다. 이미 지난 일이고 벌까지 받았으므로 이를 두고 다시 비난할 수는 없지만, 검사시절부터 현재까지 이 사람을 이루고 있는 '강직함' 또는 '청렴함'의 이미지는 이미지일 뿐이라는 사실은 분명하다고 하겠다.

손쉽게 장안을 함락시키고 하고 싶은 벼슬을 얻었던 이각, 손쉽게 여당으로 진출했고 무주공산 경남을 거저 얻은 홍준표, 인생역정이 참으로 유사하다. 높은 자리에 연연하는 마음자세도 무척 닮았다.

이율배반을 동반한 서민 핍박

"한나라당은 오늘 국민에게 희망의 메시지를 보내줬다. 현대 조선소에서 일당 800원을 받던 경비원의 아들, 고리 사채로 머리채 잡혀 길거리 끌려다니던 어머니의 아들이 집권 여당의 대표가 될 수 있다는 희망을 국민에게 보여줬다." – 〈2011. 7. 5. 오마이뉴스〉

가난한 집의 아들로 태어나 늘 변방에서만 살아온 홍준표는 기득권 세력의 중심에 있는 여당의 대표가 됐다. 인정받아 마땅하다. 결코 쉬운 일은 아니기 때문이다. 그러나 이것만으로 정치인 홍준표를 평가할 수는 없다. 가난한 집의 아들이 '가난한 사람을 위해' 실제로 무엇을 했는가, 그저 최고의 자리에 올랐을 뿐인 건 아닌지 살펴봐야 하겠다. 가장 알기 쉬운 언행부터 살펴보겠다.

2012년, 홍준표는 방송국에 출입하게 되었는데 신분증을 보여 달라고 하는 '경비원'한테 이렇게 말했다.

"날 불러놓고 왜 기다리게 하느냐. 이런 데서 방송 안 하겠다.
… 넌 또 뭐야. 니들 면상을 보러 온 게 아니다. 너 까짓 게."
– 〈2012. 11. 15. 한겨레신문〉

자신의 아버지가 경비원이었으니, 결국 자신의 아버지한테 폭언을 한 셈이다.

2011년, 홍준표는 삼화저축은행 불법 정치자금 유입 의혹 사건에 연루됐다. 한 여기자가 홍준표에게 질문을 했다.

"그걸 왜 물어봐? 너 진짜.…너 맞는 수가 있다. 진짜 나한테 이러기야? 내가 그런 사람이야?…(야당이) 내 이름 거론했어?… 내가 그런 사람이야? 버릇없이 말이야." - 〈2011. 7. 14. 프레시안〉

기자한테 반말을 하고 폭언을 일삼는다. 이에 대해 '한나라당 측에서' 사과했다.

사람이 살다보면 누구나 실수할 수 있다. 그러나 집권여당의 당대표를 지냈고, 도지사직을 수행하고 있으며, 대권후보로까지 거론되는 사람이 할 수 있는 실수는 아니다. 이것은 평소 이 사람의 사고·행동의 방식이 매우 권위적이며 독선적이라는 사실을 보여주는 예라고 할 것이다.

이런 그릇된 사고방식은 자신을 반대하는 사람들을 대하는 태도에서도 오롯이 드러난다. 홍준표는 최근 도의 재정이 어렵다는 이유로 무상급식을 중단했다. 교육감과 학부모들이 반발하자 이렇게 받아쳤다.

"전교조, 일부 종북세력, 이에 영합하는 반대세력과 일부 학부모단체들이 연대해 무상급식을 외치고 있다." - 〈2015. 4. 3. 경향신문〉

여기에서 무상급식 시행에 대한 시비여부를 따지고 싶지는 않다. 정치가 또는 행정가로서 홍준표의 대응방식에 주목해 볼 뿐이다. 도민에 대한 최소한의 예의가 없다. 복지와 하등 관계가 없는 '종북'을 끌어들이는 데서는 할 말을 잃게 된다. 더욱이 홍준표의 태도는 매우 일방적이라는 데 더 큰 문제가 있다.

"보수와 진보, 좌파와 우파의 거친 이분법을 뛰어넘어 국익을 중심으로 판단하고 집행하겠습니다." – 〈2014. 7. 1 36대 경남도지사 취임사〉

자신이 한 말을 스스로 어기고 있다. 게다가 '재정부족'으로 인해 무상급식을 중단하겠다고 밝혔으면서 자신은 비행기의 '비즈니스석'을 이용하고, 미국 출장 중에 골프를 쳐서 구설수에 오르기도 했다. 이를 두고 홍준표는 이렇게 말했다.

"평소 같으면 비난은 받겠지만 크게 문제 삼지 않고 일과성 해프닝으로 그냥 넘어갈 수도 있는 일을 무상급식과 관련을 지어 비난을 하다 보니 일이 커진 것으로 보인다… 반대진영의 표적이 됐다는 사실을 직시하고 앞으로 좀 더 사려 깊게 처신하도록 하겠다." – 〈2015. 3. 26. 미니워크〉

얼핏 보면 참으로 그럴 듯해 보인다. 실은 이런 안일한 태도가 홍준표의 가장 큰 단점이다. '비난을 받는 것'부터가 반성할 일인데, 이것을 '크게 문제 삼지 않고 넘어갈 문제'라고 한다. 문제는 '크고 작음'이 아니다. 공직자로서 '언행일치'가 되지 않은 점이 가장 큰 문제라는 것이다. 분명히 잘못한 일을 두고 '뭘 이런 걸 갖고' 하는 태도도 비판 받아 마땅할 지경인데 방귀뀐 놈이 성을 내는 것도 아니고 '반대진영의 표적'이 되었다고 하면서 끝까지 자기 잘못을 사과하지도 않는다. 이걸로 끝이 아니었다. 홍준표는 얼마 전 '공무원 골프대회'까지 열었고, 성황리에 잘 끝냈다고 자랑을 했다. 공직자의 기본 소양이 없는 사람이다.

한나라당(새누리당) 대표로 재직했던 2011년 7월부터 12월까지 식사비로만 1억5443만원의 당비를 지출한 것으로 확인됐다. 횟수는 5개월 동안 360회, 한 달 평균 식대가 약 3000만원이었다. 1회 평균 42만8990원이다. 주소지를 보면 대부분 서울 여의도와 광화문 주변의 고급 음식점에서 사용했다. – ⟨2015. 5. 15. 조선비즈⟩

점입가경이다. 이걸 두고 '당대표 체면이 있다. 그냥 넘어가자.'고 할 것인가. 이건 가난한 사람한테 희망을 주겠다는 정치인이 할 짓이 아니다. 한 끼에 40만 원이 넘는 밥을 먹는 그 시간에 단돈 몇 천원이 없어서 굶어 죽는 사람이 있다. 가난한 집에서 자랐어도 높은 자리에 올라와서 호사스러운 생활을 하다보니 정신을 못 차리게 된 것이다. 이 사람은 정치할 자격이 없다.

"학교는 밥 먹으러 가는 곳이 아니다. 나는 어릴 때 수돗물을 먹었다."
– ⟨2015. 3. 12. 허핑턴포스트⟩

내가 그렇게 살았으니 너도 그렇게 살라는 말을 아무런 가책도 없이 뭐가 문제인지도 모르고 함부로 내뱉는다. 사람과의 관계 속에서 기본적으로 지녀야 할 예의도 없다.

반드시 허물어지는 모래성 같은 사람

홍준표는 어린 시절 열심히 공부해서 검사가 되었고, 그 일을 열심히 한 것 이외에는 인정받아야 할 점이 하나도 없는 사람이다. 자신의 공적을 부풀려서 선전하고는 부끄러움을 모른다. 높은 자리에 오르니 정신을 잃고 눈까지 멀어서 사회적 약자를 핍박한다. 공직자가 지녀야 할 품위와 인성이라고는 찾아볼 수가 없다. 그 품위와 인성을 비행기의 비즈니스석과 골프, 한 끼에 40만 원밖에 하지 않는 식사비로 유지한다. 협력을 바탕으로 해야 할 도정임에도 합리적인 문제제기를 이념싸움으로 몰고 가면서 편 가르기를 한다. 분열을 조장하는 정치인이라고 할 수 있겠다.

아무리 정치판이 진흙탕이라지만, 홍준표한테는 상대에 대한 최소한의 예의도 없다. 노무현 대통령 재임시절에 했던 악담은 지금까지 회자된다.

"야당은 경제 잘되게 하는 데 신경을 쓸 필요 없다. 경제가 나빠야 여당 표가 떨어지고 야당이 잘된다."

"김영삼 대통령 집 앞에는 주차할 곳도 없어요. 전직 대통령, 살고 계시는 현황을 한 번 살펴보세요. 지금 노무현 대통령처럼 아방궁 지어서 살고 있는 사람이 없어요." - 〈이상 이동형, 『왜주테이의 박쥐들』, 2012, 왕의서재〉

이 치졸한 발언에 대해 홍준표는 역시 사과하지 않고 슬쩍 넘어가고 말았다. 김대중 대통령이 몇 천억 비자금을 조성했다고 마구잡이 폭로를 했다가 거짓임이 들통 나자 "야당의원이 그 정도 말도 못하냐?"고 했던 말은 지금까지 인구에 회자되고 있다. 정치인이기 전에 사람이 안 된 사람이다. 이런 사람이 참말은 잘한다.

"정의가 강물처럼 흐르는 바른세상! 우리가 꿈꾸는 미래의 경남입니다."
- 〈홍준표 지사 공식 홈페이지〉

빚과 녹조가 강물처럼 흐르는 사회가 되는 데 일조했다는 사실을 알고 부끄러워해도 모자랄 판이다.

이각이 무당을 믿어서 대사마가 된 것처럼 홍준표는 이름을 바꿨기 때문에 이 자리까지 잘 올라왔다. 이게 끝이다. 과장과 허세로 점철된 지난 행적에 이제는 속는 사람이 눈에 띄게 줄어들었다. 권력을 믿고 약자를 무시한 죄는 유권자들이 용서하지 않을 것인데, 그 이전에 경남지사 공천을 받기도 어려울 것이다. 무상급식 건도 있겠지만, 진주의료원을 폐쇄한 업적이 결정적 역할을 하게 될 것이다.

또한 이리 뛰고 저리 뛰어봐야 홍준표는 출신이 미천한 '변방'의 사람이므로 '새누리당'에서 용납해 주지 않을 것이다. 이 자리가 마지막이 될 것이 거의 확실하다고 본다.

홍준표는 황제를 핍박하고 백성을 괴롭혔던 이각보다 더하면 더했지 결코 덜하지 않다. 내세울 건 단 하나 '말'밖에 없는데 그나마 절반은 '막말'인데 어떻게 성장할 수 있겠는가. 끝으로 한 마디 한다.

"작가가 이 정도 글도 못쓰나? 해프닝으로 넘어가자."

2015년 1월 5일 칼라밍에 게재한 글임을 밝힙니다.

8

행정력과 투쟁심을 겸비한 미래의 리더

이재명은 하후돈이다

하후돈 – 왼쪽 눈을 잃다

夏侯惇

소설『삼국지』에서 하후돈은 맹장으로 그려진다. 왼쪽 눈에 화살을 맞자 화살을 뽑은 다음 자신의 눈알을 삼키고, 제갈공명과의 첫 대결에서는 적을 무시하고 공격을 감행하다가 패하기도 한다. 그러나 정사를 보면 하후돈은 장수이기도 하지만, 훌륭한 목민관이기도 했다. 장수와 문관의 자질을 모두 갖춘 사람이었던 것이다.

이재명 시장도 이와 다르지 않다. 어린 나이에 노동 현장에서 일을 하다가 프레스 기계에 왼쪽 팔을 찍히고, 사회의 민감한 이슈에 늘 강력하게 자신의 목소리를 낸다. 어찌보면 맹장 기질이 있다고 하겠는데, 성남시장으로서 이재명은 그 누구보다 훌륭한 행정가의 모습을 보여주고 있다.

여포는 유비를 물리치고 서주(徐州)에 자리를 잡았다. 여포의 세력 확장에 부담을 느낀 조조는 하후돈을 비롯한 세 명의 장수를 선발대로 보내고 자신은 배후에서 천천히 행군하기 시작했다. 하후돈은 서주 근처에서 기다리고 있던 여포군의 선봉 고순과 만났다. 하후돈은 조조 진영의 간판 장수다. 쉽게 결판이 날 줄 알았는데 뜻밖에 고순이 선전한다. 맞서 싸운 지 오십여 합이 되도록 승부가 나지 않는다. 그러나 여기까지였다. 고순은 체력이 바닥나서 도망치기 시작했다. 하후돈은 급히 뒤를 쫓아간다. 둘은 직선으로 말을 달린다.

'이런 식이면 바로 잡히겠구나.'

고순은 군사들이 둥글게 원을 형성하고 있는 진을 끼고, 곡선 주로로 달리기 시작했다. 하후돈 역시 진로를 바꿔 바짝 뒤쫓아 간다. 이 때였다.

"크아악!"

어디선가 날아온 화살이 하후돈의 왼쪽 눈에 깊숙이 박혔다. 하후돈을 쏜 장수는 여포군의 조성이었다. 하후돈은 아파서 죽을 지경이었지만, 이내 정신을 차렸다. 우선 화살부터 뽑아내고 보자. 이를 악물고 화살을 쑥 뽑았다. 화살촉에 눈알이 달려 나오고, 구멍이 난 눈에선 핏물이 줄줄 흘러내린다. 하후돈은 화살에 묻은 피를 혀로 스윽 핥아먹었다. 그러고는 눈알을 입에 물고 질겅질겅 씹은 다음 꿀꺽 삼켰다. 하후돈은 포효했다.

"내 눈은 아버지의 정기고, 어머니의 피다. 차마 땅에 버릴 순 없다!"

이 모습을 본 여포군은 기가 질려버렸다. 화살을 쏜 조성은 넋이 나갈 지경이었다. 하후돈은 다시 창을 잡고 조성한테로 달려든다. 조성이 손을 쓸 틈도 없이 하후돈의 창은 조성의 얼굴을 지나 목을 꿰뚫었다. 자신도 눈을 맞았으니 상대방 안면을 찌른 것인가.

눈알을 뽑아서 씹은 일화에서 보듯 하후돈한테는 남다른 결기가 있었다. 하후돈은 열네 살 때부터 스승을 모시고 무예를 익혔다. 그러던 중 어떤 사람이 스승을 모욕하는 걸 보고는 참지 못하고 그를 죽여 버렸다. 몇 년을 도망자 신세로 살다가 조조가 의용군을 모집한다는 소식을 듣고 찾아왔던 것이다.

한 번은 복양성 싸움에서 조조가 여포한테 크게 패해서 쫓길 때가 있었다. 하후돈은 본진을 지키고 있다가 추격해 오는 여포와 맞서서 반나절 동안 일대일로 싸웠는데, 갑자기 쏟아진 폭우 때문에 승부를 겨루지 못한 일이 있었다. 알다시피 여포는 『삼국지』 등장인물 중 가장 뛰어난 무예를 자랑하는 장수다. 이런 장수와 반나절을 대등하게 싸웠으니 그의 힘을 짐작할 만하다.

하후돈은 뛰어난 무예만큼 지모도 상당한 장수였다. 하후돈은 무명의 제갈공명이 첫 번째로 상대한 장수였다. 제갈공명은 하후돈이 상대할 수 있는 사람이 아니다. 하후돈이 패하고 돌아오자 조조는 이렇게 말한다.

"너는 젊어서부터 용병술을 배웠으면서 어떻게 그런 실수를 했느냐."

전군! 나가지 마라!

'그런 실수'는 무엇이었나. 유비는 유표의 휘하에 있을 때 최고의 참모 제갈공명을 얻었다. 세력 확장을 위해 열심히 군사훈련을 시작했다. 이 소식은 이내 조조의 귀에 들어갔다. 조조는 회의를 소집했다. 하후돈이 말했다.

"유비를 그대로 뒀다가는 우리한테 반드시 후환이 있을 것이니
빨리 공격하는 게 좋겠습니다."

조조는 하후돈을 총사령관에 임명하고 우금·이전·한호 등을 부장으로 삼아 박망성(博望城)을 근거지로 삼아 유비가 있는 신야성을 공격하라고 명령했다. 이 싸움에 십만 대군이 출전했다. 조조의 참모 순욱이 말했다.

"유비는 영웅입니다. 게다가 이번에 제갈공명을 얻었다고 합니다.
가볍게 대적해선 안 됩니다."

하후돈은 벌컥 성을 냈다.

"유비는 쥐새끼 같은 놈입니다! 영웅은 뭔 놈의 영웅이란 말입니까!
반드시 유비를 생포해 오겠습니다!"

참모인 서서 역시 걱정 어린 당부를 한다.

"장군, 유비를 가볍게 보시면 안 됩니다. 제갈공명까지 얻었으니
이건 호랑이 등에 날개가 돋은 것과 같아요."

"무슨 말씀을 그렇게 하십니까! 이번 싸움에서 유비와 제갈공명을
생포하지 못한다면 제 목을 잘라서 바치겠소!"

때는 가을이었다. 하후돈은 우금과 함께 박망성에 도착했다. 군사를 절
반으로 나누어 전위부대는 전투병으로 후위부대는 수송병으로 편성했다. 하후
돈의 군대는 달빛을 횃불삼아 서늘한 바람을 맞으며 천천히 행군하기 시작했
다. 갑자기 전방에서 흙먼지가 일어난다.

"여기는 어디냐?"

"앞쪽은 박망파라고 하는 산이고 뒤쪽엔 냇물이 있습니다."

하후돈은 우금과 이전더러 본진을 지키라 하고 혼자서 말을 달려 앞으로

나간다. 가만히 보니 유비의 선봉부대였다. 유비군의 선봉은 정예병이 아닌 민병이었다. 하후돈은 껄껄 웃었다.

"푸하하하하!"

"무엇 때문에 그리 웃으십니까?"

"저 앞을 보시오. 저런 약해빠진 부대가 선봉이라니,
이건 마치 개나 양을 몰아서 호랑이 하고 싸우라는 것과 마찬가지입니다.
이게 그 뛰어난 제갈공명의 용병술이란 말입니까? 하하하."

하후돈은 선봉에 서서 말을 달려 나간다. 상대를 보니 유비의 특급장수 조자룡이다. 한 판 싸우기 좋은 상대다. 수십 합을 주고받았지만 승부가 나질 않는다. 점점 시간이 지나면서 조자룡이 밀리기 시작하더니 말을 돌려 달아나기 시작했다. 하후돈은 이 기회를 놓칠 수 없었다. 십여 리를 쫓아간다. 아군 장수 한호가 외친다.

"장군, 조자룡이 유인하는 것 같습니다. 전방에 복병이 있을까
염려됩니다. 쫓지 마십시오!"

"적의 상태가 저 모양인데 열 군데에서 복병이 일어난다 해도
두렵지 않소!"

아니나 다를까 복병이 일어나 공격해 온다. 적군 대장은 유비다.

"하핫. 이게 복병인가? 오늘 밤 안으로 신야를 함락하겠다!"

유비는 패해서 도망을 가고, 하후돈은 속도를 높여 추격한다. 어느덧 날은 완전히 저물고 살랑살랑 불던 바람결은 세차게 몰아친다. 우금의 머릿속에 번개처럼 한 생각이 스쳐갔다.

"하후돈 장군! 잠시 말을 멈추십시오!"

"왜 그러시오?"

"지금 이 곳은 길이 좁고 골짜기가 매우 깊습니다.
주변엔 나무까지 무성하니 적이 만약 화공(火攻)을 한다면 큰일입니다."

"아, 그렇구나. 전군! 나가지 마라! 나가지 마라!"

한 줄기 불빛이 줄을 타고 내려오기 시작한다. 적의 화공이었다.

솔선수범하는 목민관

제갈공명의 치밀한 작전이 돋보였지만, 하후돈이 조금만 신중했더라면 피해를 줄일 수도 있었다. 자신의 힘과 지모를 지나치게 믿었던 것이 화근이었다고 하겠다. 그러나 조조는 패배한 하후돈을 크게 나무라지 않았다. 그만큼 하후돈을 신임했기 때문이었다. 하후돈은 뛰어난 무장이면서 훌륭한 목민관이기도 했다.

"진류와 제음태수에 임명됐고, '건무장군(建武將軍)' 칭호가 더해졌으며, '고안향후(高安鄕侯)'에 봉해졌다. 이 때 큰 가뭄이 들고, 메뚜기가 일어나자 하후돈은 '태수(太壽)'의 물을 막아 둑을 쌓는데 몸소 흙을 졌으며, 장졸을 거느리고 벼 심기를 권하니 백성들이 그 이익을 얻었다."

"조조가 '하북(河北)'을 평정할 때, 대장군이 되어 후방부대를 맡았다. 업성(鄴城)이 깨지자 '복파장군(伏波將軍)' 벼슬을 맡았으며, 예전처럼 하남의 수령에 임명되었다. 조조는 하후돈에게 임의대로 일을 처리하며, 법규에 얽매이지 않도록 배려했다."

"하후돈은 군대에 있으면서도, 친히 스승을 맞이하여 수업했다. 성품은 청렴·검소하여, 남는 재물이 생길 때마다 사람들한테 나눠주었다. 관청의 힘을 빌리지 않았으며, 사적으로 재산을 모으지도 않았다."

― 〈이상 『정사 삼국지』, 「하후돈전」〉

하후돈은 조조가 죽은 뒤 얼마 지나지 않아 병으로 세상을 떠났다. 일생 동안 조조의 옆에 있으면서 크고 작은 싸움의 선봉에 섰다. 의협심과 결기가 있었으며 싸울 때 약간은 조급한 점이 있다는 결점이 있었지만, 눈알을 뽑아 먹은 일이 많은 사람들에게 각인되어 조조 진영의 으뜸가는 장수 중 한 명으로 평가받았다.

내정에 임할 때에는 솔선수범하여 백성들에게 신망을 얻었다. 중앙의 통제를 받지 않고 임의로 일을 처리한 것으로 보아 목민관으로서의 능력도 상당했음을 알 수 있다. 또한 하후돈은 진류의 태수로 있을 때 맹장 전위를 추천하는 등 문관계통의 일에도 능했다.

이재명 성남시장
왼쪽 팔을 다치다

내륙인 경북 안동에선 먹고 살길이 막막했다. 1976년, 이재명은 오로지 먹고 살기 위해 식구를 따라 성남으로 올라왔다. 가난에 찌들어 있었으므로 학교를 다닌다는 건 꿈에서나 가능한 일이었다. 어린 이재명은 여포만큼 무서운 '가난'과 힘겹게 싸우면서 세상살이를 시작했다.

이동형(팟캐스트 '이이제이' 진행자)이 물었다.

"공장 다니던 시기에 검정고시를 보셔서 자기 나이 때 대학은 들어가시게 된 거네요. 제가 듣기로는 공장에서 일하시면서 다치기도 했다면서요?"

이재명이 대답했다.

"네, 열세 살부터 다녔는데, 온갖 군데를 다녔습니다. 함석 자르다가 손가락을 다치기도 했고요. 크게 다친 것은 야구 글러브 만드는 공장 다닐 때였어요. 거기서 프레스 공으로 일했는데 팔이 기계에 끼어서, 뼈가 다 부서지는 바람에, 지금 지체 장애인이 됐죠. 제가 보기에는 멀쩡한데 자세가 좀 삐딱합니다."

이재명의 왼쪽 팔을 못 쓰게 만든 '화살'은 '프레스 기계'였다. 하후돈이 눈알을 삼켜 그것을 몸의 일부로 받아들였다면, 이재명은 으스러진 팔로 지금껏 살아내고 있다. 야구 글러브를 끼고 놀아야 할 나이에 야구 글러브를 만들었고, 그것으로도 모자라 몸까지 크게 다쳤다는 이 일화만으로도 그가 겪은 고초와 느꼈을 마음을 충분히 짐작할 수 있겠다.

"밤에 퇴근 할 때 되면 또 '빠따'를 쳐서 집으로 보내요. 그러니까 일하는 것도 힘든데 아침저녁으로 맞고 다닌 겁니다. 그래서 '아, 나도 관리자 한 번 해봐야지' 했던 거죠. 그러고 나서 관리자를 나름 분석을 했는데, 그 관리자의 최종학력이 고졸이더라고요. 그래서 '아, 고졸 자격증만 받으면 나도 관리자 돼서 안 맞고 때리고 살 수 있지 않을까' 하는 그런 황당한 생각을 해서 검정고시 공부를 시작하게 됐죠."

열네 살 어린 이재명의 결기는 이렇듯 엉뚱한 곳으로 표출되었다. 관리자가 되어서 자기와 같은 노동자를 때려야겠다고 마음먹는다. 불이익을 당한 어린 소년의 결기이긴 하지만, 이 생각은 바람직하다고 볼 수 없겠고, 이와 같은 상태로 성장했더라면 지금의 성남시장 이재명은 존재하지 않았을 것이다. 이후 이재명은 1986년 사법시험에 합격했고, 1989년에는 '민주사회를 위한 변호사 모임'에서 국제연대위원을 맡아서 활동을 하게 된다. 이른바 '인권변호사'의 길에 들어서면서 진정한 세상살이를 시작하게 된다. 어린 소년의 약간은 비뚤어진 결기가 세상을 바로잡고자 하는 '의협심'으로 바뀐 계기는 무엇이었던가.

"텔레비전에서 '광주에서 폭도들이 북한의 사주를 받아가지고 대한민국을 망치고 반역을 해서 폭동을 일으켰다'는 거예요. 그래서 저도 주변 사람들처럼 욕을 했죠. 저거 죽여야 된다. 빨갱이 새끼들.… 제가 대학을 가보니까 완전히 반대인 거예요.… 몇몇 소수의 사람들이 소위 권력이라고 하는 정말 하찮은 것들을 누려보기 위해서 수없이 많은 사람들, 수백 명의 사람들의 목숨을 빼앗아 갔고 오히려 그 사람들한테 책임을 뒤집어 씌웠단 것을 그때 알게 됐죠."

"공장에서 노동하는 것도 법이 다 존재했는데 그걸 다 어기고 사람들 마음대로 패면서 산재가 일어나도 그냥 내쫓고 했던 것들도 잘못된 건지 비로소 알게 되었고요. 그 분들이 얼마나 억울했겠습니까. 근데 제가 거기에 한 편을 들고 있었던 거예요. 그게 너무 후회돼서 제 삶을 되돌아보게 됐죠. 아 인간이라고 하는 게 이렇게 완전히 조종당해서 자기가 아니라 남이 될 수가 있구나. 제가 거기서 '다시는 이렇게 살지 않겠다. 이젠 세상에 기여를 하고 살아야겠다.' 이런 마음을 먹었지요." – 〈이상 Daum, 작가의 발견 2nd, '7인의 작가전'〉

이재명은 자신의 다짐을 실현하기 위해 한 발 한 발 걸어왔고, 걸어가고 있다. 2003년 성남참여연대 집행위원장과 국가청렴위원회 성남부패방지신고센터 소장을 지냈다. 2006년 열린우리당 성남시장 후보로 선거에 나섰으나 낙선했다. 2008년 제18대 총선에서 통합민주당 소속으로 성남 분당갑 지역구에 출마했으나 또 낙선했고, 이후 2010년 제5대 지방선거에서 민주당 소속으로 성남시장에 당선됐으며, 2014년에는 새정치민주연합 소속으로 제6대 지방선거에서 성남시장 재선에 성공했다.

행정과 투쟁사이

"2010년 7월 민선 5기는 사상초유의 '빚더미'에서 출발했습니다. 심각한 재정위기로 불가피하게 '모라토리엄'(파산)을 선언한 뒤, 허리띠를 졸라 매고 마른 수건도 쥐어짜는 심정으로 사업의 우선순위 조정과 긴축재정 등 각고의 노력을 기울였습니다. 그 결과 마침내 모라토리엄을 졸업하고 시민과의 약속을 지켜 기초자치단체장 공약이행 최우수, 대한민국 경영대상 등을 수상했습니다." – 〈이재명 시장 블로그〉

이재명이 재선에 성공할 수 있었던 건 이와 같은 '행정력'이 있기 때문이다. 성남이 광역시 급이 아니라서 전국적으로 크게 주목받지 못해서 그렇지 이재명의 행정력은 전국의 누구와 비교해도 손색이 없을 만큼 우수한 편이다. 이재명이 또 하나 자랑스러워하는 일은 바로 '성남시의료원'의 건립 시작이다. 의료원 건립에는 1,900억 원이 투입되며, 2017년 개원할 예정이라고 한다. 모라토리엄까지 선언했던 성남시인데 어디에서 이런 거금이 생긴 것인가.

"사자방(4대강 · 자원외교 · 방위산업) 같은 짓만 안 하면 할 수 있는 것이 참 많다… 논쟁이 되고 있는 온갖 복지를 다 할 수 있다… 쓸데없는 토목공사, 부정부패와 누수 되는 세금을 통제하니까 예산이 정말로 많아지더라, 원래는 1년에 성남시 빚을 500억 원씩 갚으려고 했는데 1,500억 원씩 갚을 수 있었다."– 〈2015. 4. 11 월드투데이〉

이재명의 행정력 안에는 '부조리와의 투쟁'이 들어 있음을 알 수 있다. 성남시의료원 건립 건도 실은 이재명이 2004년에 시민단체 활동을 하면서 전국 최초로 '시민발의 조례제정 입법청원'을 하면서 여러 차례 제도권과 싸우면서 추진해 왔던 일이다. 자신의 뜻이 결국 시의회에서 47초 만에 날치기로 폐기되자 그 자리에서 명패를 집어 던지고 책상 위를 뛰어다니는 등 난동을 피워 공무집행방해와 공용물 손괴 혐의로 고소를 당하기도 했다.

빈민으로 자라면서 시민단체 활동가를 하면서 쌓인 결기로 말미암아 이재명은 일반에게 강한 전투력을 지닌 캐릭터로 평가받고 있다. 이재명은 자신의 소신에 반하는 세력이나 개인에게 조금의 주저함도 없이 창을 휘두른다.

"내가 노무현 대통령을 보면서 타산지석으로 배운 게 있다. 노무현 대통령은 너무 착해서 상대 진영도 나처럼 인간이겠거니 하며 믿었다. 하지만(그들은) 인간이 아니다. 어설픈 관용과 용서는 참극을 부른다."
　　　－⟨2015. 5. 12 이재명 트위터⟩

　　얼마 전 세간의 화제가 되었던 이른바 '조현아 땅콩리턴 사건'에 대해서는
이렇게 말했다.

　　"대한민국 신귀족 특권 지배세력이라 아무리 나쁜 짓해도 큰 처벌도 안
받다 보니 간덩이가 붓고 또 부어 배밖에 나와 이 정도는 자연스런 일 아니겠는
가?… 한 대당 얼마씩 돈 주고 때리는 귀족도 계시는데 이 정도가 무슨 대수겠
는가?"－⟨2014. 12. 15. CBS미디어⟩

　　세월호 참사에 관련해서도 이재명은 가만있지 않았다.

　　"(세월호의 소유주가 국정원이라는 사실에 대해) 저는 확신합니다. 남들
이 다 생각하는 상식을 제가 표현해준 거죠. 저는 법률가라 여러 가지 근거들을
가지고 종합적으로 판단합니다. 국가 정보기관이 특정한 물건, 선박에 대해서
그 선박으로 인해서 얻을 이익과 손실에 대해 세밀한 부분까지 관여를 한다는
것은 경영자라는 뜻이에요. 손실과 이익에 대해서 이해관계가 있는 자라는 뜻
이거든요. 그게 누구겠어요? 주인이지. 주인으로서 행위를 했고, 선박 구성원
이나 선원들이 주인으로서 행위를 당연히 받아들인 거죠."
　　　－⟨2015. 1. 30. 오마이뉴스⟩

　　'국정원 개입' 등 여전히 논란이 되고 있는 지난 18대 대선에 대해서도 한
마디 했다.

　　"다른 선거에선 공무원선거개입을 댓글 한 개, 문자 한 개조차도 엄중처

벌하면서도, 나라의 운명을 결정하는 대통령선거에서는 국가기관들의 조직적 개입과 부정이 흐지부지되고 있다.… 3.15 부정선거에 버금가는 부정선거 2주기인 오늘만이라도 진정한 민주공화국이란 한 사람, 한 사람의 눈물과 피땀으로만 만들어진다는 역사적 진리를 기억하고 실천하는 날이기를."

─ 〈2014. 12. 19. 오마이뉴스〉

병역기피 문제로 우리나라 입국이 거부된 가수 유승준 씨가 입국허가를 탄원하고, 나아가 국적회복을 희망한다고 말한 일이 있었다.

"스티브유님. 지금이라도 군 입대를 하겠다고요? 그게 진심이라면 그대는 여전히 심각할 정도로 대한민국을 우습게 아는 교만한 사람입니다. 외국인 한 명을 위해 오천 만에게 적용되는 대한민국 법을 고치거나 법을 위반하라고 하는 것이니까요. 불가능할 것을 알면서도 그렇게 말했다면 그대는 눈물에 약한 한국 국민의 착한 심성을 악용해 또 다시 능멸한 것입니다!"

─ 〈2015. 5. 20. MBN 뉴스〉

2015년 전국을 강타한 중동호흡기증후군(메르스)에 대해서도 한마디 하지 않을 수 없다.

"메르스 사태는 국민을 믿고 국민과 함께 정보를 공유하며, 의료기득권자가 아닌 국민 전체를 위해 강력하게 조기대처를 했다면 일어나지 않았을 또 다른 참사입니다.… 무능하고 무책임한 정부 관료들이 삼성병원을 포함한 소수의 이익을 위해 국민 전체의 안전을 위험에 빠뜨렸다는 비판에서 자유로울 수 있습니까?…메르스 사태는 얼굴을 바꿔 다시 나타난 세월호일 뿐입니다.… 100만 시민 누구나 언제든지 새로운 세월호참사의 희생자가 될 수 있다는 것을 아는 성남시는 세월호를 결코 잊지 않습니다."

– 〈2015. 6. 16. 한강타임즈. 기사 일부 수정〉

이재명은 화제가 되는 거의 모든 이슈에 등장하여 자신의 소신을 피력하고 있다. 발언의 시비여부를 떠나, 이재명은 행정가와 투사의 면모 모두를 갖추고 있는 사람이라 할 수 있겠다. 발언의 수위도 비교적 높고, 어투에는 단호함과 자신감이 서려 있다. '하지만(그들은) 인간이 아니다', '간덩이가 붓고 또 부어 배밖에 나와', '3·15 부정선거에 버금가는', '무능하고 무책임한 정부 관료' 등 말의 기세도 비교적 드센 편이라 하겠다.

발언의 시비여부가 우선 중요하다 하겠지만, 자신의 소견을 강하고 거칠게 표현하는 모습 때문에 일반인의 이재명에 대한 호불호는 극명하게 엇갈린다. 이재명의 반대편에 서 있는 새누리당을 비롯한 보수 세력과 그들을 지지하는 국민들은 이재명의 일거수일투족을 좋게 보지 않는다. 문제는 이른바 '민주진보진영' 쪽에 서 있는 국민들과 스스로를 중립적이라고 여기는 국민들 사이에서도 이재명에 대한 평가가 갈리고 있다는 점이다. 부정적인 평가는 대략 이렇게 정리할 수 있겠다.

"자치단체장이면서 정치 영역에 과도하게 개입한다."

"강경일변도라서 거부감이 든다."

"지나치게 오버하는 것 같다."

"대통령을 하고 싶어서 인기몰이에만 골몰한다."

반면 이재명을 지지하거나 옹호하는 사람들의 평가는 이렇다고 할 수 있겠다.

　　"야당이 제 역할을 하지 못하고 있는 상황에서 사안마다 소신 발언을
　　하니 속이 시원하다."

　　"행정력이 탁월하고, 위기관리 능력이 뛰어나다."

　　"불의한 일에 대해 적극적으로 대처한다."

필요한 카드이되 필승카드는 아니다

　　전반적으로 볼 때 이재명은 단점보다는 장점이 많은 인물이라고 생각한
다. 성남시를 훌륭히 운영하고 있다는 점, 밑바닥을 경험한 사람이므로 다수를
차지하는 서민의 삶에 대한 이해도가 높다는 점, 메르스 사태·세월호 참사와
같은 일에 기민하게 대응한다는 점, 정치 현안에 대한 자신의 견해가 뚜렷하다
는 점 등은 분명 이재명이 갖고 있는 장점이라 하겠다.

　　거기에 공무원이 반드시 지니고 있어야 할 청렴함에도 높은 점수를 줄 수
있는 사람이다. 이재명이 성남시장이 되고 난 이후, 사적인 청탁이나 뇌물수수
가 눈에 띄게 줄었다고 한다.

　　이래서 야권 지지자들 중에 적지 않은 수가 이재명을 차기 대선 후보로
생각하고 있고, 지지율이 높아지는 추세다. 야권이 정권교체에 성공하려면 우
선 유권자의 표를 얻을 수 있는 좋은 정책을 수립해야 하겠지만, 그것만으로는
충분하지 않다고 본다.

　　선거의 분위기를 좌우할 수 있는 바람을 일으킬 수도 있어야 한다. 이런

점에서 이재명은 야권을 움직이게 만들어주는 역할을 할 수 있는 사람임에는 틀림없다. 지지율이 높아지고 있다는 것이 이 사실을 반증해 준다고 하겠다. 나쁘지 않은 현상이다.

그러나 역설적이게도 이처럼 확실한 색깔이 이재명의 성장을 가로막는 요소가 되지 않을까 한다. 현실적으로 광역단체장이 아니라는 점이 우선 다소간 약점으로 작용하겠지만, 그것보다는 지나치게 보수진영과 대립각을 세움으로써 보수의 결집을 촉진할 수 있다는 점, 더욱이 이런 강직한 태도는 민주진보진영 내부에서 모두 환영받을 수만은 없다는 점, 중립성향의 유권자를 설득하기 어렵다는 점으로 인해 야권의 필승카드가 되기는 어렵지 않을까 한다. 게다가 이재명과 같은 스타일은 '이슈'가 있을 때 빛을 발하므로, 취할 수 있는 태도는 '강경함'이 될 확률이 높다.

그렇다면 이 문제를 어떻게 해결해야 하는가. 지금처럼 이슈파이팅을 하되 개별 사안마다 모두 개입해서 강경한 발언을 하는 일은 조금 자제하고, 자신의 청렴한 성품, 탁월한 행정력을 부각하는데 주력했으면 하는 바람이다. 지금보다 넓은 곳에서 많은 국민들과의 만남을 통해 자신의 세상에 대한 꿈을 이루고 싶다면 '투쟁보다는 행정'에 집중하는 모습을 보여주어야 하리라고 본다.

아울러 지금까지는 무척 잘하고 있는 것으로 보이지만, 하후돈이 자신의 생각만 믿고 전진하기만 하다가 제갈공명에게 크게 패했던 일을 떠올려 본다면 현재 취하고 있는 강경한 태도를 두고, 반드시 바람직하다고만 평가할 수는 없다고 본다.

보수진영은 언제나 이재명의 일거수일투족을 예의주시하고 있을 것으로 짐작한다. 어디까지 공격해 들어오는지 보고 있을 지도 모를 일이다. 그럼에도 불구하고 이재명은 행정력과 투쟁심을 겸비하여 많은 이들에게 희망을 줄 수 있는 사람임에 틀림없다.

2015년 11월 24일 칼라밍에 게재한 글임을 밝힙니다.

9 겉모습만 화려하고, 말이 앞서는 사람

남경필은 조비다

조비 – 호색은 분란의 씨앗

曹丕

조비는 조조의 아들이다. 이른바 '금수저'인 셈이다. 위나라 초대 황제가 되었고, 아버지의 정책을 계승하려 노력했으나 큰 업적을 남기지 못했다. 황제 자리에 올라 천하통일에 욕심을 내다가 손권에게 패하기도 했다. 자리에 비해 능력이 모자랐던 사람이라고 할 수 있겠다.

남경필 경기도지사 역시 '금수저'라고 할 수 있는 인물이다. 집안의 후광 으로 정계에 입문했고, 이후 승승장구하여 경기도지사가 됐다. 그러나 국회의 원으로, 도지사로서 내실이 있다고 보기는 어렵다. 이미지에 의존해 정치를 하 는 사람으로 보인다. 유권자들에게 눈에 보이는 업적을 보여줘야 자신의 꿈을 이룰 수 있을 것으로 본다.

202년, 조조는 강력한 경쟁 상대였던 원소를 꺾었다. 조조의 맏아들 조 비도 아버지를 따라 이 싸움에 참전했다. '염불보다 젯밥'이라고 했던가. 조비 는 군졸 몇 명만 거느리고 원소의 집으로 달려갔다.

"승상께서 출입을 통제하라고 하셨습니다."

"이놈! 내가 누군지 모르느냐!"

조비는 칼을 빼들고 뒤뜰에 있는 별당으로 들어갔다. 할머니와 젊은 여인이 서로 얼싸안고 울고 있다. 조비는 둘을 베어버리려 했다. 흠칫, 젊은 여인의 자태가 눈에 들어왔다. 여인의 향기는 열여덟 살 조비의 살기를 잠재웠다.

"너희들은 누구냐!"

"저는 원소의 아내입니다."

"저 젊은 계집은?"

"둘째 아들 원희의 아내입니다."

이 여인은 훗날 조비의 황후가 되는 견씨(甄氏)다. 조비는 울고 있는 견씨한테 다가가 소매로 얼굴을 스윽 닦았다. 보기 드문 미녀다. 조비는 이 여인을 취하기로 마음먹었다.

"나는 승상의 맏아들 조비다. 너희들의 목숨을 살려줄 테니 안심해라."

한편, 조조는 대군을 이끌고 기주성으로 들어왔다. 원소의 집부터 찾아가 본다. 그런데 집의 대문이 열려 있다. 조조는 벌컥 화를 냈다. 분명히 출입통제를 지시했는데….

"도련님께서 안에 계십니다."

"뭐? 도련님이라고? 누구도 들이지 말라고 했잖느냐!
당장 불러 오너라!"

조비는 고개를 숙인 채 말이 없다. 눈치 빠른 원소의 아내가 재빨리 말한다.

"도련님를 너무 꾸짖지 말아주십시오. 도련님께서 오시지 않았더라면
저희들은 죽었을 것입니다. 승상께 바라옵건대 우리 며느리가
도련님의 시중을 들게 해 주십시오."

아들이 옆에 있고, 상대방의 부인이 자기 며느리를 바치겠다고 나오는데
매몰차게 죽일 수도 없다.

"허허. 며느리 감으로 손색이 없겠구나."

그러나 속마음은 이랬다.

'휴우, 부전자전이구나.'

조비의 아내가 된 견씨는 용모도 용모려니와 마음씀씀이도 올바른 사람
이었다. 원희에게 시집오기 전, 천하가 혼란해서 백성들은 집안의 패물을 팔아
곡식을 마련하는데 견씨의 집은 곡식이 남아 돌아서, 싼 값으로 나온 패물을 사
들이는 일이 있었다. 열 살 조금 넘은 견씨는 이렇게 말했다고 한다.

"백성들은 모두 굶주려 식량이 떨어져 갑니다. 우리 곡식을 친척들과
이웃한테 나눠 주어서 널리 은혜를 베푸는 게 좋겠습니다."

이런 사람이었지만, 나이가 들자 미색은 빛이 바랬고, 조비의 호색하는 마음은 줄어들지 않았다. 조비는 조강지처인 견씨를 놔두고 세 명의 젊은 후궁을 총애했다. 견씨는 이런 조비를 원망했다. 원망의 대가는 생각보다 컸다. 견씨는 이혼당했다. 조비는 견씨에게 죽음을 선물했다.

조비와 견씨 사이에서 난 아들은 조예(曹叡)였다. 조비의 뒤를 이어서 황제가 되었다. 할아버지와 아버지를 닮아 영특했지만, 사치심이 있었고, 정사를 제대로 돌보지 않았다. 자신 역시 아버지 조비처럼 조강지처를 폐하고 후궁을 황후로 세웠다. 황제자리에 오른 지 십삼 년 만에 병으로 죽었다. 이때부터 조씨의 위나라는 조조의 명성을 유지하지 못했다. 결국 사마씨(司馬氏)한테 천하를 넘겨주게 된다.

경솔한 판단, 실속 없는 전쟁

이런 문제가 있었지만, 그래도 조비는 조조의 뒤를 이어 왕이 된 사람이었다. 조조만큼의 기량을 지니진 못했지만, 총명했고 특히 글재주가 있는 사람이었다. 여덟 살에 글을 지었고, 독서량도 많았다. 무예에도 뛰어났다고 전해지지만, 이쪽 길로 가지는 않았다고 한다. 조비가 지은 「전론(典論)·논문(論文)」은 중국문학사를 서술할 때 빠지지 않는 글이다.

"문장은 나라를 다스리는데 필요한 큰일이고, 썩지 않는 성대한 사업이다."

222년, 손권의 대장 육손이 유비의 대군을 화공으로 크게 이겼다. 승부가 나기 전 조비는 유비의 군대가 칠백 리에 걸쳐 나무로 진영을 구축했다는 소식을 들었다.

"유비는 병법을 모릅니다. 고원·습지·험한 곳을 둘러싸고 군대의

진영을 구축하면 적한테 사로잡히게 되어있습니다. 이건 병법에서
꺼리는 것입니다. 손권한테서 이겼다는 소식이 올 겁니다."

역시 칠일 뒤에 손권의 승전보가 날아들었다.

219년, 조비는 아버지의 뒤를 이어 위나라의 왕이 되었다. 재위기간 동
안 특별한 치적은 없었으나, 아버지 조조의 정책을 계승하려 노력했다.

"나라에서 인재를 선발할 때 나이에 제한을 두지 말도록 하라.
학문에 정통한 유학자와 문서 · 법률에 통달한 관리는 모두 시험 삼아
써 보도록 하라. 고의로 사실과 다르게 추천을 한 관리가 있으면
잘못을 따져 묻겠다."

나름대로 능력이 있는 데다가 왕까지 되었으니, 조비는 슬슬 삼국통일에
대한 욕심을 드러내기 시작했다.

"나는 천하를 통일하고 싶소. 먼저 유비를 치는 게 좋을까요,
아니면 손권을 공격하는 게 좋을까요?"

참모 가후는 전쟁 자체를 반대했다.

"유비는 영웅인데다가 제갈공명을 등용해서 나라를 잘 다스리고
있습니다. 손권은 일의 허실을 잘 알며, 참모 육손은 험한 곳에
군대를 주둔시켜 놓고 강을 경계로 전선을 형성하고 있어서 이기기
어렵습니다. 우리 위나라 장군 중에는 손권과 유비를 당해낼 사람이
없습니다. 폐하께서 가신다 해도 이기기 어렵습니다.

잘 지키면서 두 나라끼리 싸우게 해야 합니다."

참모인 유엽도 반대의견을 냈다.

"요사이 육손이 유비의 대군을 물리쳐서 손권군의 사기가 높습니다. 육손은 꾀가 많은 사람이라 반드시 준비를 하고 있을 겁니다. 출병하시면 안 됩니다."

조비는 참모들의 말을 무시하고 조휴·조진·조인 세 장수에게 각각 일 군을 맡겨 진군하라 한 뒤에, 자신은 친위대를 거느리고 천천히 따라갔다.

유엽의 말대로 손권군의 참모 육손은 모든 준비를 마친 채 기다리고 있었 다. 조비군의 척후병이 이미 적군 진영에서 임전태세를 갖추었다고 보고를 했 지만, 조비는 이를 무시하고 그대로 행군했다. 육손은 조비군을 자기 진영 깊 숙이 끌어들인 다음 매복 작전을 펼쳐서 승리했다. 조비의 세 부대는 변변히 싸 워보지도 못하고 패배했다. 조비는 탄식하며 뉘우쳤다.

"가후와 유엽의 충고를 듣지 않았다가 이런 참패를 당했구나."

설상가상 때는 여름이라 찜통더위가 기승을 부린다. 진영 안에 전염병이 돌았다. 조비는 어쩔 수 없이 후퇴명령을 내릴 수밖에 없었다. 이렇게 조비는 참모의 말을 듣지 않고, 욕심만 앞세우다가 실속은 하나도 챙기지 못하고 물러 났다. 이후 조비는 이렇다 할 업적을 남기지 못하고 병이 나서 죽었다.

자질이 부족했던 황제

'영웅호색(英雄好色)', '영웅은 여자를 좋아한다'는 말이 통용되던 시절이었으므로, 여색을 밝혔다는 이유만으로 조비를 폄하할 순 없다. 문제는 영웅이라 인정받는 사람들은 '업적'을 남기면서 여자를 좋아했던 반면, 조비는 업적은 없으면서 여자만 좋아했다는 사실일 것이다. 게다가 조강지처를 버리는 것으로도 모자라 죽여 버렸으니 조비의 성품을 미루어 짐작할 만하다.

조비는 황후 견씨보다 후궁인 곽씨를 사랑했다. 곽씨는 자신이 황후 자리에 오르고 싶었다. 조비가 병이 나자 드디어 곽씨는 음모를 꾸몄다. 신하 한 명을 시켜 조비한테 나무로 만든 인형을 바치게 했다. 그 인형에는 조비의 생년월일이 적혀 있었고, 그 신하는 황후 견씨가 보낸 것이라고 말해 버렸다. 명백한 모함이었다. 조비는 크게 노해서 견씨에게 죽음을 내리고 곽씨를 황후로 삼았다. 병중이었다고 하지만, 조비의 판단력에도 문제가 있다고 하겠다.

조비는 곽씨를 황후로 삼고, 얼마 지나지 않아 죽었으므로 둘 사이엔 소생이 없었다. 조비가 죽자 조예가 황제 자리에 올랐다. 조예는 원래 성품이 인자했다. 조예가 열다섯 살이었을 때, 두 부자는 사냥을 나갔다. 들판엔 어미 사슴과 새끼 사슴이 달리고 있다. 조비는 어미를 쏴 죽였다. 어미가 죽는 것을 본 새끼는 놀라서 조예가 탄 말 옆으로 뛰어 들었다.

"어서 새끼 사슴을 쏘아라!"

조예는 울면서 대답했다.

"폐하께서는 이미 어미를 쏘셨지 않습니까. 다시 그 새끼를 쏘는 건 너무 잔인한 일입니다."

이런 심약함 때문에 암투가 난무하는 궁중생활을 견디지 못하고 자라서 비뚤어졌을지도 모를 일이다.

　이렇게 보면 조비한테는 황제의 자질이 없거나 모자랐다고 할 수 있겠다. 반드시 가정을 잘 다스려야 세상일 역시 잘한다는 법은 없지만, 그래도 기본이라 할 수 있는 집안일을 전혀 하지 못했다. 호색이 용인되는 시절이었지만, 지나친 호색으로 가정을 망쳤다. 공교롭게도 이런 실책이 나라 운영에도 그대로 옮아갔다. 조비는 문학 방면에 자질이 있었지만, 기량보다 욕심이 큰 사람이었다. 『정사 삼국지』를 쓴 진수는 조비를 이렇게 평가했다.

　"조비는 문학에 소질이 있어서 붓을 대면 문장이 이루어졌다.
　견문이 넓고 기억력이 좋았으며, 여러 가지 재능이 있었다.
　만약 여기에서 그치지 않고 도량을 넓히고, 공평하게 마음을 쓰고,
　원대한 꿈을 갖고 정도를 지키고자 했다면 옛날의 현명한 군왕처럼
　될 수 있었을 것이다."

남경필 경기도지사
수신제가(修身齊家), 필수 덕목은 아니다. 그러나…

1959년 경기도 용인, 버스운수업체 경남여객(京南旅客)이 창업됐다. '경남'은 '경기도 남부'를 지칭하기도 하고 '경기도의 남씨 가문'을 의미하기도 한다. 초대 창업주는 남상학이며, 대를 이어 남평우 전 신한국당 의원이 이어 받았다. 남평우 전 의원은 1992년, 제14대 총선에서 민자당 소속으로 출마하여 당선됐고, 1996년 제15대 총선에서 신한국당 소속으로 출마하여 재선에 성공했으나 1998년, 임기 중에 세상을 떠났다.

맏아들 남경필(南景弼)은 당시 서른세 살의 젊은 나이로 아버지의 지역구이던 수원시 팔달구에 한나라당 소속으로 출마하여 당선됐다. 조조의 뒤를 이어 비교적 쉽게 왕위에 오른 조비처럼 남경필은 든든한 집안 덕에 탄탄대로에 들어선 셈이다. 이후 제 17대 · 18대 · 19대까지 단 한 차례도 지지 않고 국회의원에 당선됐다. 2008년 제18대 총선에서는 64.1%의 높은 지지율을 획득하기도 했다.

이렇듯 다선 국회의원으로 이름을 날리던 남경필은 지난 2014년 제6회 전국동시지방선거에서 새누리당 소속으로 출마하여 경기도지사에 당선됐다. 아버지의 지역구에서 벗어나 경기도 전역으로 영향력을 확대한 것이다.

1998년 정계에 혜성처럼 등장하기 전까지 남경필의 이름을 아는 사람은 많지 않았다. 그 전까지는 사회활동을 하지 않기 때문이다. 남경필은 연세대학교 사회사업학과를 졸업한 후 미국으로 건너가 1996년, 예일대학교 경영대학원 석사를 취득했다. 공부를 잘하는 재사(才士)라고 할 수 있겠다. 이처럼 남경필은 학력과 정치경력을 포함한 이력이 매우 화려한 편이다. 덕분에 새누리당의 차세대를 이끌 정치인으로 주목받고 있다.

그러나 세상에 문제없는 집안은 없는 법이다. 남경필은 이처럼 좋은 집안에서 태어나 사회적으로는 승승장구하고 있지만, 조비와 같이 가정사에 굴곡이 많은 편이다. 둘 모두 부인과 자식 문제가 있다는 점에선 공통점이 있으나, 남경필의 경우에는 부인보다는 자식 문제 때문에 고초를 겪었고, 이 때문에 그간 쌓아온 명성에 큰 타격을 받았다고 하겠다.

"남 지사의 부인 이씨가 지난달 28일 서울가정법원에 이혼조정을 신청했고, 이달 11일 오후 4시 30분에 조정 기일을 통해 이혼에 합의했다… 극히 개인적인 부분이라 (남 지사로부터) 전혀 들은 바가 없고 현재로서는 별도의 입장 발표도 하지 않을 것으로 보인다." – 〈2014. 8. 20. 헤럴드경제〉

이혼을 했다고 해서 좋은 정치를 할 수 없다는 것은 아니다. 그러나 여전히 혼인관계를 원만히 유지하는 것을 덕목으로 여기는 사람들이 많은 것이 현실이므로, 남경필의 정치인생 측면에서 보면 플러스 요인이라고 할 수는 없을 것이다.

"아들 둘을 군대에 보내놓고 선임병사에게 매는 맞지 않는지, 전전긍긍했다. 병장이 된 지금은 오히려 가해자 역할을 하는 것은 아닌지 여전히 좌불안석이다.… 며칠 전 휴가 나온 둘째에게 넌지시 물어보니 걱정 붙들어 매시란다."
– 〈2014. 8. 18 세계일보〉

명성 높은 정치인이기 이전에 군에 자식을 보낸 평범한 아버지의 마음이 느껴지는 글이다. 안타깝게도 아들은 이런 아버지의 마음을 알아주지 않았다. 나아가 모든 이에게 충격을 주고야 만다.

"남 병장은 지난 4월부터 7월까지 후임병이 업무 처리가 미숙하다는 이유로 수차례 폭행하고 경계근무를 서면서 자신의 방탄모로 폭행한 혐의를 받고 있다.⋯ 또 생활관 침상에서 취침 소등 후 평소 친하게 지낸 후임을 자신의 침상으로 불러 구강성교를 요구하는 등 강제 추행한 혐의도 받고 있다."
– 〈2014. 9. 23. 아시아뉴스통신〉

군사법원은 남 병장에게 징역 8개월에 집행유예 2년을 선고했다. 실형을 선고받지 않은 것이다. 이것이 과연 제대로 된 판결인가의 여부는 차치하고, 재판이 열리던 날 남경필은 자리에 오지 않았고, 남 병장의 어머니 혼자 재판에 참석했다. 남 병장의 어머니는 재판 내내 눈물을 흘렸으며, 피해를 당한 후임병의 부모에게 백배사죄하여 합의를 이끌어 냈다고 전해진다. 남경필은 재판에 앞서 기자회견을 열어 대국민 사과를 했다.

"잘못을 저지른 아들을 대신해 회초리를 맞는 심정으로 이 자리에 섰다. ⋯ 피해를 본 병사와 가족 분들, 국민 여러분께 진심으로 사과드린다.⋯군에 아들을 보낸 아버지로서 모든 것은 아들을 제대로 가르치지 못한 저의 잘못⋯ 제 아들은 조사결과에 따라서 법으로 정해진 대로 응당한 처벌을 달게 받게 될 것."– 〈2014. 8. 17. SBS 연예뉴스〉

남 병장이 진심으로 잘못을 뉘우치고 새사람이 되어 주길 바란다. 그와는 별개로 정치인이라면 모든 면에서 완벽하기를 원하는 국민들은 이러한 일련의 사건을 통해 남경필에게 큰 실망을 하게 되었다. '수신제가치국평천하(修身

齊家治國平天下)'라는 말을 현대 사회에 그대로 적용시킬 수 없고, 그래서도 안된다고 본다. 그러나 우리나라에서 서울 다음으로 중요한 지역이라고 인식되는 경기도의 지사라면 이 말을 잊지 않고 늘 되새길 필요가 있지 않을까 한다.

말만 앞서고 실속은 없는 정치

좋은 집안 출신에 최고의 학력을 보유했고, 현재 도지사까지 하고 있으니 이력만 놓고 보면 차기 대선후보로 손색이 없을 정도다. 그럼 그간 남경필이 쌓은 업적을 살펴봐야 하겠다. 남경필의 정치력은 1년 동안의 도지사 경력만으로 파악하기 어렵다. 국회의원으로서 무슨 일을 했는가를 살피는 것이 중요하겠다.

국회의원으로서 많은 일을 했을 것이라고 '짐작'할 수 있을 뿐이다. 남경필은 '공약이행률'을 일반에게 공개하지 않았다. 정치인이라면 자신을 지지해준 유권자에게 소상하게 밝히는 것이 당연한 일일텐데 남경필은 이것을 공개하지 않았다. 이 부분은 비판받아 마땅하다고 본다.

지난 2014년 지방선거를 앞두고 남경필은 새정치민주연합의 김진표와 맞붙었다. 당시 큰 선거이슈 중 하나는 '보육교사'의 처우 문제였다. 김진표가 말했다.

"2019년까지 단계적으로 보육교사를 교육공무원화 하겠다.… 경기도에만 행정공무원이 5만 명, 교육공무원 11만 4,000명이 있다. 이 가운데는 사립학교 교사 2만 명도 포함돼 있다… 사립학교 교사는 법에 따라 교육공무원으로 신분보장을 받는데 보육교사는 안된다니 이런 논리가 있나."

남경필이 반박했다.

"보육교사 7만 명을 공무원으로 만들겠다고 하는데 봉급만 8조 원에서 10조 원 정도 든다. 국가적인 제약이 있기 때문에 현실적으로 불가능한 공약 … 표만 얻기 위한 이런 포퓰리즘에 도민 여러분 속지 말라. … 경기도가 가장 먼저 민간 가정 어린이집에 보육 준공영제를 도입하겠다. 이는 민간이 서비스를 제공하고 공공이 재정적·행정적 지원하는 제도다. … 이 제도를 도입하면 평균 50만 원 정도 급여가 인상된다." – 〈이상 2014. 5. 26. 수원일보, 기사 일부 수정〉

덧붙여 남경필은 2015년부터 보육교사에게 월 10만 원씩 수당을 지급하고 임기 중에 50만 원까지 액수를 늘리겠다고 약속했다. 여기에서 둘의 정책 중에 어느 것이 더 실현 가능성이 있느냐의 여부를 따질 수는 없다. 다만, 남경필의 공약이 유권자들에게 더 먹혀들었을 것으로 짐작할 수는 있겠다. 야권한 테는 이런 점이 부족하다는 사실을 지적하지 않을 수 없다.

결과적으로 남경필이 당선되었으니 현재 이 공약을 시행하고 있느냐의 여부가 중요하지 않을까 한다. 우선 2015년에는 이 약속이 지켜지지 않았다. 경기도는 보육교사 수당지급을 2016년부터 점진적으로 추진할 예정이라고 밝혔다.

사정에 따라 공약수정은 가능하다고 본다. 그러나 이 부분에서 남경필이 비판받아야 할 부분은 선거 당시 상대의 공약을 두고는 '표를 얻기 위한 포퓰리즘'이라고 공격을 하고는 정작 자신은 표를 얻으니 약속을 이행하지 않는 모습을 보였다는 점이다. 보육교사 건은 선거에서의 당락을 좌우할 만큼의 위력을 지닌 이슈였다는 점에서 더욱 비판의 여지가 많다고 하겠다.

이 외에도 남경필은 '일과 생활의 균형을 지원하기 위한 조례 제정', '영유아 환자 전문 간호·보육관리센터 건립', '보육정책위원회 5명 보육교사 충원',

'경기도형 어린이집 선정 운영', 'one-stop 경기통합복지정보망 구축', '민간재
난위험시설 재난관리기금 활용', '파주 내륙물류기지 건설', '서울~수원 셔틀열
차 운행', '생활환경 유해물질관리 정보센터 설치', '경기북부 지역발전지원 조
례 제정' 등의 공약도 철회 대상에 포함시켰다. 〈2014. 9. 23. 연합뉴스〉

이를 제외하고 현재 남경필이 추진하고 있는 일은 모두 109개다. 이 중
4건이 완료되었고, 105건은 추진 중이다. - 〈남경필 공식 사이트〉 아직 1년 밖에 되
지 않아서 남경필의 정치력을 섣불리 평가할 수는 없지만, 출발부터 삐걱거리
고 있다는 건 분명해 보인다. 저 공약은 남경필을 '당선'시키는데 적지 않은 역
할을 했을 것이 분명하므로, 남경필은 '공약을 위한 공약을 남발했던' 정치인이
라는 비판에서 자유로울 수 없다고 본다. 현재로서는 남경필의 정치력을 '말만
앞서고 실속은 없다'고 평가할 수 있으리라고 본다. 자신을 내세우기 위해 무리
하게 출전했다가 참패하고 돌아온 조비와 닮은 점이라고 하겠다.

연정은 좋다. 그러나 …

이처럼 비판 받을 점이 있는 남경필이지만, 볼만한 점도 분명히 있다. 남
경필은 도지사 당선 이후에 매주 금요일 오전 10시에서 12시까지 민원인과 직
접 만나고 있으며, '현장정치'의 중요성을 역설하며 지역 현안이 있는 곳으로 달
려가고 있다. 당연한 일이기는 하지만, 세월호 참사가 일어나자 정부를 향해
'컨트롤타워 부재'라며 비판을 했고, 2015년 전국을 강타한 메르스 사태에도
비교적 신속하게 대응해서 어느 정도 역량을 인정받기도 했다.

"권력은 분산되어야 하며 승자독식구조에서 탈피해야 합니다. 이념, 정
파, 세대, 지역의 벽을 넘어 사회 각계의 다양한 목소리에 귀를 기울일 것입니
다. 소통을 활발히 하고 갈등을 줄여 나가야 대한민국과 경기도가 발전할 수 있
습니다." - 〈2014. 7. 1. 경기도지사 취임사, 남경필 공식사이트〉

야당과 연정(聯政)을 하겠다고 선언한 것이다. 지방자치단체에서는 처음으로 남경필이 실행에 옮기고 있는 일이다. 이기우 경기도 사회통합부지사는 '새정치민주연합' 소속이다. 이를 두고 극렬 여권 지지자들은 마음에 들어 하지 않을 것이고, 야권 지지자들 역시 의문부호를 그리며 지켜보고 있을 줄 짐작한다.

우선 정치권에서는 환영하는 분위기가 감지된다. 선거 상대였던 김진표는 남경필의 연정을 긍정적으로 평가하고 있으며, 새정치민주연합 문재인 대표도 '민생엔 여야가 있을 수 없다.'며 협조의 뜻을 밝힌 바 있으며, 독일의 슈뢰더 전 총리도 연정에 대해 호의적인 평가를 내놓았다. 이 덕분에 남경필은 2015년 한국정책학회에서 광역지방자치단체장 '올해의 대상'을 수상하는 기염을 토했다. 수구보수 · 민주진보 양진영으로 갈라져 있는 우리나라 정치에서 시비를 떠나 남경필의 이 실험에 전혀 의의가 없다고 할 수는 없겠다.

그럼에도 불구하고 남경필의 앞길은 험난할 것으로 보인다. 다난했던 가정사는 우선 논외로 치더라도 남경필은 집안의 후광을 발판으로 같은 지역에서 5선 국회의원을 하면서 일반에게 각인될 만한 업적을 남겨놓은 것이 많지 않다는 점을 들 수 있겠다.

정치활동 경험이 많고 여러 분야의 일을 경험하다보니 대중과의 친밀도가 높은 편이고, 토론과 연설에 능한 편이지만, 자기 색깔이 분명하지 않다는 것이 남경필의 단점이라고 할 수 있겠다. '그 사람 알고 보면 좋다.'는 말을 할수도 있겠는데 정치인은 '알고 보아서' 좋으면 곤란하다. 공인으로서 유권자에게 어필할 수 있는 업적이 있어야 하겠다. 남경필은 우선 그것을 '연정'이라고 보고 이에 총력을 기울이고 있는 것으로 보인다.

수원에서 잔뼈가 굵어서 경기도지사까지 오른 것에 분명 남경필의 좋은 이미지가 큰 역할을 했겠지만, 지금처럼 겉은 화려한데 속이 없는 모습을 지속적으로 보여준다면 결국 버림받게 되어 있다. 이런 면에서 남경필의 정치는 이제 시작이라고 할 수 있겠는데, 여전히 조비처럼 실속이 없어 보인다. 이대로 간다면 다음 선거에서 재선하기 어려울 수도 있을 것으로 본다. 재선에 성공하면 자연스레 대권 욕심을 내게 될 것인데 그 때는 또 다른 어려움에 봉착하게 될 것이다.

남경필이 여권의 유력 대권후보라는 사실은 분명하다. 남경필 자신은 대권을 생각하지 않는다고 말하고 있지만, 그건 '아직'이라는 말일 뿐, 대권 욕심을 지니고 있을 게 틀림없다. '내가 대통령이 되면 야당에게 장관직을 주겠다.'는 말을 어떻게 받아들여야 하겠는가. 자신이 대권 주자가 되면 상대진영 유권자도 끌어 올 수 있다는 말을 우회적으로 한 것 아니겠는가.

그러나 정치활동 중에 임팩트 있는 활약을 하지 못했다는 점이 약점으로 작용할 것이며, 이번 임기에 도지사 직을 잘 수행하더라도 결국 집안 문제가 남경필의 발목을 잡을 것이다. 후보 검증 과정에서 부인과의 이혼, 아들의 범죄 사실에 대해 아군한테 먼저 공격을 받게 될 것이다.

새누리당은 집 밖에선 편을 들어 주지만, 집안에서는 약점이 있는 경쟁 상대를 그냥 두지 않는다. 박근혜 후보가 이명박을 겨냥해서 'BBK는 누구의 회사인가?'라고 했던 사실을 잊을 수 없다. 이래서 남경필은 도지사 이상 올라가기 어렵다고 본다.

그래도 도전할 생각이 있다면 지금처럼 이미지 구축을 능사로 삼아서는 결코 승산이 없다. 경기도지사 임기 중에 '눈에 보이는' 업적, 상대진영 유권자들마저 '그건 잘하는 일이다.'고 인정할 만큼의 성과를 내 주어야 하겠다. 그렇지 않으면 '조조의 아들'로 정치 인생을 마무리하게 될 것이다.

2015년 1월 11일 칼라밍에 게재한 글임을 밝힙니다.

10 유종의 미를 거둘 사람

이종걸은 장소다

장소 – 내정은 장소한테 맡기십시오

張昭

장소는 오랜 시간 손씨의 오나라를 섬긴 문관이다. 내정에 일가견이 있는 사람이었다. 다소 보수적인 성향을 지니고 있었으며, 소신을 내세울 땐 손권한테 반기를 들기도 하는 강직함도 지니고 있었다. 그러나 전면에 나서서 의론을 주도하는 사람은 아니었다고 하겠다.

더불어민주당 이종걸 의원은 독립운동가의 후손으로서 오랜 동안 야당의 길을 걸어온 정치인이다. 원내대표로 있으면서 당무를 거부하고, 노골적으로 민주당 내 주류 세력에 반감을 표하기도 했지만, 그래도 이 사람은 야당 사람이라 하겠다. 20대 총선에서 당선되었고, 당대표 선거에 출마했으나 낙선했다. 전면에 나서서 세력을 이끌 사람은 아니라고 하겠다. 전략가보다는 문관에 가까운 정치인이라 하겠다.

194년, 용맹함이 그 옛날의 서초패왕(西楚霸王)이었던 항우에 버금간다고 하여 소패왕(小霸王)이라고 불리던 손책은 강동지역을 휩쓸고 다니며 이 지역에서 기반을 잡으려했다. 이 때 손책의 참모는 주유였다. 주유가 말했다.

"큰일을 하시려면 이 지역의 명사인 두 명의 장씨(張氏)를 쓰셔야 하겠습니다.”

“그들은 누구고, 어떤 사람인가?”

“한 사람은 팽성 출신의 장소(張昭)이고, 한 사람은 광릉 출신의
장굉입니다. 둘 모두 천하를 움직일 수 있는 큰 재주를 지녔습니다.”

손책은 사람을 보내 장소와 장굉을 초빙하려 했다. 이 둘은 명성이 있는
선비였다. 가볍게 움직이지 않았다. 손책이 직접 찾아가서 예를 갖추니 그제야
수락했다. 손책은 둘 중에서 특히 장소를 아꼈다. 장소에게 무군중랑장이라는
벼슬을 내려주었다. 이렇게 장소는 손씨의 사람이 되었다.

그로부터 6년 뒤인 200년, 손책은 조조와 원소가 싸우는 틈을 타서 조
조의 본거지인 허창을 습격하려 했다. 그런데 출병을 하기 전, 조조와 내통하
고 있던 허공이라는 사람을 죽였다. 허공의 식객들은 뿔뿔이 흩어져 있었지만,
늘 주인의 원수를 갚기 위해 절치부심하고 있었다. 손책은 방비를 하지 않고 있
다가 이들의 손에 당했다. 손책은 죽기 전, 어머니한테 이렇게 유언했다.

“내정에 어려운 일이 있거든 장소한테 물어서 결정하게 하십시오.”

손책의 뒤를 이은 사람은 동생인 손권이었다. 이 때 손권의 나이는 겨우
열아홉이었다. 손권은 형이 죽자 어찌할 바를 모르고 슬픔에 겨워 울기만 했
다. 장소가 말했다.

“바야흐로 천하는 혼란하여 도적이 산에 가득한데,
당신은 어찌해서 자리에 누워 슬퍼하며, 보통 사람의 감정을 그대로

드러내고 있는 겁니까. 형의 장수들을 다스리시고,
군대의 큰일을 장악하셔야 합니다."

장소는 손권을 부축해 일으켜서 말을 타게 하고, 열병식에 참석하도록
했다. 아울러 손권의 숙부를 시켜 손책의 장례를 맡도록 했고, 손권을 자리에
앉힌 후, 신하들의 인사를 받게 했다. 이러한 장소의 노력으로 말미암아 손권
의 진영은 짧은 시간 만에 안정되었다. 손책이 장소를 아꼈던 이유가 이 일화에
들어있다고 할 수 있겠다.

장소는 어떤 사람이었나? 장소는 어려서부터 학문을 좋아했고, 서예에
뛰어났다. 여러 서체 중에서 예서(隸書)에 능했다고 한다. 백후자안(白侯子安)
이라는 사람한테 『춘추좌씨전』을 배웠다고 하니 유학을 공부한 선비라고 하겠
다. 이 외에도 많은 책을 읽어 명성이 있었다. 스무 살 때 효렴(孝廉, 효도하고
청렴한 사람을 지역의 태수가 조정에 추천하여 주는 벼슬)에 뽑혔지만 나가지
않았다. 이후 서주자사였던 도겸이 장소를 선발했지만, 장소는 역시 나가지 않
았다. 이 일 때문에 옥고를 치렀지만, 친구가 백방으로 노력하여 풀려날 수 있
었다.

이로 보면 장소는 책략가 보다는 내정에 종사하는 문관에 가까운 사람이
며, 감옥에 갇히면서도 벼슬을 거절한 것으로 보아, 자존심이 강하고 고집이
센 사람이라 할 수 있겠다.

만류만 하는 사람

손권은 조조와 유비에 가려져 어중간한 사람으로 알려져 있지만, 그렇지
않았다. 성격이 호탕하고, 무예를 좋아했다. 말을 타고 다니면서 호랑이 사냥
을 하곤 했는데, 어떤 때는 호랑이가 앞에서 달려들면서 말안장을 할퀴는 일도

있었다. 장소가 급히 말했다.

"장군께서 이처럼 하실 이유가 있습니까? 군주는 영웅을 부리고
현명한 사람을 쓸 수 있는데, 무엇 때문에 들판에서 맹수와 겨루십니까?
혹시라도 불행한 일이 생기면 천하 사람들의 웃음거리가 될 것인데
왜 이러십니까?"

손권은 사과했다.

"내 나이가 적어서 깊이 생각하지 못했소. 그대에게 부끄럽소."

이렇게 말은 했지만, 손권은 좋아하는 호랑이 사냥을 그만둘 수가 없었
다. 수레를 타고 다니면서 계속해서 호랑이 사냥을 다녔다. 그때마다 장소는
그만두라고 진언했지만, 손권은 웃으면서 받아들이지 않았다.

201년, 손권은 지난 192년 황조와 싸우다 죽은 아버지 손견의 원수를
갚으려 했다. 손권은 장소와 주유를 불러들였다. 장소가 말했다.

"손책 장군이 돌아가신 지 일 년도 되지 않았습니다.
상중에 군대를 움직이시면 안 됩니다."

주유는 장소의 의견에 반대했다. 손권은 선뜻 결정을 하지 못하고 있다
가 황조의 진영에 있던 감녕이 항복했다는 소식을 듣고는 황조를 치기로 결정
했다. 명분을 내세우던 장소는 머쓱해졌고, 이후 손권은 208년에 황조의 세력
을 멸망시켰다.

같은 해 조조는 유표의 아들 유종에게 항복을 받고, 형주지역을 점령했다. 형주의 수군(水軍)을 차지한 조조는 손권을 공격하기로 결정했다. 군사력 면에서 손권은 조조의 상대가 되지 못했다. 항복이냐 항전이냐를 두고 갑론을박이 오간다. 이 때 유비의 참모였던 제갈공명은 자신들의 세력 확장을 위해 손권과 힘을 합해 조조와 싸울 계획을 세웠고, 손권을 설득하는데 성공했다. 이 소식을 들은 장소는 펄쩍 뛰었다. 급히 손권을 찾아갔다.

"주군께선 스스로 판단했을 때 원소와 비교하여 어떻다고 보십니까?
조조는 원소보다 군사력도 약하고, 장수가 적었을 때도 원소를
이겼습니다. 그런데 지금은 그 조조가 백만 대군을 거느리고 남하하고
있습니다. 어떻게 가볍게 그들과 대적하겠습니까.
주군께선 제갈공명의 허튼 소리를 듣고 군대를 움직이려 하십니다.
이건 짚을 지고 불 속으로 들어가는 것과 같다고 할 것입니다."

장소의 말이 아주 잘못된 것은 아니었다. 손권은 고민에 빠져서 잠을 못 잘 지경이 되었다. 이 소식을 들은 손권의 이모가 손권을 찾아왔다.

"안의 일은 장소와 의논하고 밖의 일은 주유와 의논하라는
어머님의 유언을 잊은 게냐?"

손권은 주유를 불러들였다. 유명한 '적벽대전'이 시작되었고, 조조는 크게 패해서 얼마간 남쪽을 넘보지 못했다. 이처럼 장소는 큰 변화보다는 안정을 꾀했던 사람이었다. 이후로도 장소는 손권이 무슨 일만 벌이려 하면 사사건건 만류했다. 손권은 형인 손책과 어머니의 유언 때문에 장소를 무시하지 않으면서도 가능하면 멀리하려고 했다.

221년, 장소와 손권은 크게 부딪혔다. 그간 쌓였던 갈등이 폭발한 것이다. 요동지역의 공손연이 위나라를 배반하고는 손권에게 항복을 하겠다고 사신을 보내왔다. 손권은 기뻐하면서 답례 사절 두 명을 보내기로 결정했다. 장소가 말했다.

"공손연은 위나라한테 공격을 받을까 두려워서 구원을 요청하는
것일 뿐입니다. 만약 공손연이 마음을 바꿔서 위나라한테 자기 마음을
보여주려고 한다면, 우리 진영의 두 사람을 죽일 것입니다.
이렇게 되면 우리는 천하 사람들의 웃음거리가 될 겁니다."

손권은 화가 나서 칼을 만지면서 장소를 을렀다.

"우리나라 신하들은 궐 안에 들어오면 나한테 절을 하고,
궐을 나서면 당신한테 절을 합니다. 나 역시 당신을 존경합니다.
그러나 당신은 여러 번 사람들 앞에서 나를 모욕했고,
나는 늘 계책을 잘못 세울까봐 염려해야 했소!"

손권은 장소의 간언을 무시하고, 기어코 요동에 두 명의 사절을 보내버렸다. 장소는 분해서 아프다는 핑계를 대고 조정에 나가지 않았다. 손권 역시 화를 내면서 장소의 집 대문을 흙으로 봉해버렸다. 그러자 장소도 안에서 문을 흙으로 발랐다. 그런데 장소의 말대로 요동으로 간 두 사람이 죽어버렸다. 손권은 장소를 위로하면서 수차례 조정으로 불렀지만, 장소는 끝까지 나오지 않았다. 손권은 장소를 직접 찾아가서 문 앞에서 불렀다. 그래도 장소가 나오지 않자, 손권은 문에 불을 질러버렸다. 이 모양을 본 장소의 자식들이 아버지를 일으켜 세우고 손권을 뵙게 하자, 장소는 어쩔 수 없이 다시 조정에 나가게 됐다.

그래도 나라를 버리지 않고

장소는 내정에 장기가 있는 사람이었다. 전장에서 작전을 내는 사람이 아니었다. 이러다보니 어떤 경우에는 지나치게 조심하다가 해야 할 일을 못하게 막아버리는 결과가 있기도 했지만, 이 사람의 성향을 생각하면 충분히 이해할 수 있겠다는 생각이 든다. 일반적으로 문관은 모험을 좋아하지 않기 때문이다.

어떤 경우에는 주인이 자기 생각과 다른 행동을 하더라도 융통성을 발휘하는 게 좋은데 장소는 자기 생각에 맞지 않으면 끝까지 반대를 했다. 손권으로선 무척 피곤했을 것이라 짐작할 수 있다. 그러나 이런 장소의 말 속에는 '사심'이 없었기 때문에, 결과에 대한 평가가 좋지 않았다고 하더라도, 장소의 간언은 그 나름대로의 의미가 있다고 할 것이다.

장소는 보수적인 성향을 지닌 사람이었다. 유비가 관우의 원수를 갚기 위해 오나라를 공격했을 때, 육손의 취임을 반대했다. 육손은 '경험이 없고, 명성이 낮다'고 생각했기 때문이었다. 이를 두고 장소의 식견이 부족하다고 할 수는 없다. 나라의 명운이 걸린 일에 모험을 할 수는 없지 않은가. 오히려 장소는 여몽을 추천했고, 명재상 고옹을 알아보고 추천할 만큼 사람 보는 눈도 있었다.

장소는 검소한 사람이었다. 평생 손씨를 위해 일하면서 높은 지위에 올랐지만, 자신이 죽으면 기름칠을 하지 않은 평범한 관을 쓰고, 시신을 염할 때도 별도로 수의를 짓지 말고 평상복으로 염을 하라고 유언했다. 장소가 죽자, 손권은 그의 뜻에 따라 소박한 옷을 입고 와서 조문했다. 정사『삼국지』를 쓴 진수는 장소를 이렇게 평가하고 있다.

"장소는 손책의 유언에 따라 임금을 보좌하고 공을 세우고 충성했으며, 직언을 하되 자신을 위해 행동하지 않았다. 그러나 엄한 태도 때문에

손권이 그를 꺼렸고, 고상한 행동 때문에 손권과 소원해져 재상자리에
오르지 못했다.… 조용히 집에서 만년을 보냈다.
이로 보아 손권이 손책에게 미치지 못하는 것이 분명하다.”

손책이 살아 있을 때 장소에게 이런 말을 했다고 한다.

“만일 동생 손권이 큰일을 할 수 없다고 생각하면,
당신이 스스로 권력을 취하도록 하시오.”

그래도 장소는 손권을 버리지 않았고, 끝까지 충성을 다하고 죽었다. 조
심스럽고 고집이 있었기 때문에 가능했던 일이 아닌가 한다.

이종걸 더불어민주당 의원
독립운동가 집안의 모범생

　더불어민주당 이종걸 의원은 자신보다 집안의 명성이 훨씬 높은 사람이다. 이종걸의 할아버지는 독립운동가 우당(友堂) 이회영(李會榮, 1867~1932) 선생이다. 이회영 선생은 유명한 해공 신익희 선생과 사돈지간이기도 하다. 이종걸의 작은 할아버지는 우리나라 초대 부통령을 지낸 이시영이다. 보수정당인 민정당, 민자당에서 정치를 했던 이종찬은 그의 사촌 형이다.

　정계에 입문하기 전, 이종걸은 장소와 마찬가지로 뛰어난 재주를 지닌 학생이었다. 처음엔 서울의 예원학교에 입학해서 피아노를 전공했으나, 자신의 길은 예술보다는 인문계통이라 생각해서 3학년이던 시절 인문계 고등학교 입시준비를 해서 서울의 명문 경기고등학교에 입학했다. 이후 1977년, 성균관대 행정학과에 입학을 했으나 자퇴를 하고 1983년 서울대학교에 입학했다. 1987년, 서울대 국사학과를 졸업하고 다시 서울대 법대로 편입을 해서 수석으로 졸업했다. 서울대 재학시절에 사법시험을 준비해서 1988년에 합격을 했다. 그야말로 '공부의 신'이었다고 할 수 있겠다.

　그대로 성장했더라면 이종걸은 지금쯤 존경받는 법조인이 되어 있을지도 모를 일이다. 독립운동가 가문의 후광을 지닌 데다 자신의 재능 역시 그에 맞을 만큼 뛰어났기 때문이다. 그런데 당시의 시대상황이 이 모범생을 그냥 두지 않았다. 차분한 성격을 지닌 이종걸은 경기고 재학시절 박정희의 독재에 의분을 느껴 친구들과 함께 '귀 있는 자 들으라'는 제목의 전단지를 교실과 복도에 뿌렸다. 이 일을 시작으로 대학에 진학한 뒤에도 학생운동에 가담하여 서울 종로경찰서 학생담당 정보과 형사의 요시찰 대상이 되기도 했다. 노동자 야학운동에 가담하기도 했는데, 결국 이런 일련의 일들이 빌미가 되어 이종걸은 학변자(특수학적 변동자, 운동권 학생이 검거되면 바로 군대에 징집하여 학적을 '재학'에서 '휴학'으로 바꿔버린 데서 만들어진 명칭)로 군대에 징집되었다.

이후 병역을 마치고 사법시험에 합격하였는데, 역시 비교적 무난한 길이라 할 수 있는 판검사를 선택하지 않고, 변호사 준비를 했다. 이 때 현 서울시장 박원순과 함께 사무실을 운영하면서 인권변호사의 길을 걷기 시작했다. '민변(민주사회를 위한 변호사 모임)'의 일원으로서 서울대 민족활동가 사건, 천주교 기독교 애청사건, 박노해, 백태웅 등의 사노맹사건, 유서대필사건, 중부지역당사건, 범민련사건, 전민학련, 전노협사건, 한청연사건 등 많은 시국 관련 사건 및 인권관련사건을 도맡다시피 했다.

– 〈이상, 이종걸 공식 홈페이지 내용 발췌 수록〉

"명예와 명예욕을 잘 구분해서 '명예와 실질'을 추구하는 것이다. 정치를 시작할 때 아버지가 말씀하셨다. '흠집 없이 살아온 집안의 역사를 더럽히게 되면 조상에게 누를 끼치는 것'이라고. 명예를 지키라는 말씀이다. 할아버지는 자신의 업적에 대한 글을 남기지 않았다. 그럴 경우 목숨을 거는 항쟁에 방해가 될 수 있기 때문이다. 자신의 대의를 위한 명예를 지키기 위해서 후대의 평가받기 위한 욕심을 버린 것이라고 생각한다." – 〈2010. 2. 26. 판판뉴스〉

모범생에서 운동권 학생으로 인권변호사이자 시민활동가로 조금씩 자신의 영역을 확장하던 이종걸은 2000년, 새천년민주당 소속으로 경기도 안양 만안구에 출마하여 당선되면서 정치를 시작했다. 스스로 밝힌 대로 '명예와 실질을 추구하는 것', '집안에 누를 끼치지 않는 것'이 이종걸의 정치하는 자세라고 할 수 있겠다. 할아버지는 아나키스트였지만, 시대상황이 변한 지금, 자신은 문관의 길을 가겠다고 마음먹은 것으로 볼 수 있다. 이후 승승장구하여 2016년 1월 현재, 이종걸은 우리나라 제1야당인 더불어민주당의 원내대표로 있다.

당대표와 사사건건 충돌하다

이종걸은 경기 안양 만안구에서만 4선에 성공한 더불어민주당의 중진의원이다. 공약이행률 경기도 1위를 했으니 '명예와 실질'을 동시에 얻었다고 할 만하다. 지표로만 보면 일을 잘하는 국회의원이라 할 수 있겠다. 그러나 대중들의 이종걸에 대한 평가는 그다지 호의적이지 못하다.

"문 대표와는 어제도 만났는데 생각이 변한 것이 없더라. 문 대표도 그렇고 조경태 의원도 그렇고 부산 마이너리티들이 고집이 대단하다.… 부산 개혁파가 여의도랑 언어가 다른 것 같다. 과연 부산 개혁파가 여의도를 바꿀 힘이 있느냐.… 노무현 대통령도 언어마찰이 많아서, 그것 때문에 후단협(후보단일화추진협의회)도 생기고 그랬다." – 〈2016. 1. 7. 오마이뉴스〉

이종걸은 안철수와 김한길, 이른바 '비주류'라 불리는 두 사람이 탈당하자 당대표인 문재인을 겨냥해 이와 같은 폭탄 발언을 뱉고 말았다. 아군의 이탈을 막지 못한 것에 대한 아쉬움과 안타까움을 담아냈다고 하더라도 자당의 당대표한테 보일 수 있는 태도는 아니라고 본다. 자신의 주군을 '원소보다 못하다.'고 하면서 조조한테 항복하자고 했던 장소의 모습과 거의 일치한다.

이 일뿐 아니라 이종걸은 사사건건 당대표와 충돌했다. 2015년 12월,

광주 광산(갑) 지역구의 3선 의원인 김동철이 탈당했다.

　"… 이건 호남 민심이 이반되고 있다는 것의 하나의 상징적 사건이 되고 있는 것이고, 다른 동료 의원들에게 탈당에 대한 거부감, 이런 것들을 던져버리고, 그런 비난이 상쇄되어서 탈당 동조효과를 일으킬 가능성이 높습니다. 이렇게 되면 호남 민심이 악화되는 신호탄이 될 수 있고, … 아주 엄중하고 무겁게 생각해야 하는 대목이라고 생각합니다. … 김한길 대표도 지금 문재인 대표와 지도 체제에서 최근에 안철수 전 대표의 탈당 이후에 하고 있는 수습방안은 결코 당의 통합을 위한 수습방안이 아니라고 판단하는 것 같습니다."

　　　－〈2015. 12. 21. YTN 라디오 '신율의 출발 새아침'〉

　틀리지 않는 말이다. 그렇다면 이종걸이 생각하는 '수습방안'은 무엇인가. 이종걸은 자신의 원내대표 자리를 걸고 이렇게 말했다.

　"승리의 길이 있다면 전력을 다해 그 길을 추진해야 한다. 그건 우선 문대표의 2선 후퇴와 통합적인 비상대책위원회 구성, 그리고 그 비대위 책임 하에 당의 미래를 결정해 통합, 대통합의 여지를 확신의 가능성으로 만드는 것 … 당대표를 중심으로 한 대다수 최고위원은 분열을 조장하고 당초 제가 '최고위에 불참할 수밖에 없다.'라고 말한 (이유인) 당의 흠결과 진영싸움에서 더 나아가 대통합을 불가능하게 하는 방향으로 가고 있다."－〈2015. 12. 17. 연합뉴스〉

　당대표인 문재인이 사퇴하고, 비대위를 구성해야 한다는 말이다. 당의 총선 승리를 위해서 할 수 있는 말이라고 인정한다. 그러나 그 이유로 정상적인 절차를 거쳐 선출된 당대표한테 '분열을 조장한다.'고 한 말은 적절하지 못했다고 할 수 있겠다.

"문 대표는 호남에서 그렇게 (지지율이) 떨어지는데도 전국 지지율이 오른다. 참 신기하다.··· 선대위원장에게 선거 관련 전권을 줘도 문 대표 휘하에 있는 것이다. 문 대표가 안 물러나면 여전히 '문재인당'인 것··· 안(철수) 의원은 생각이 결정되면 요지부동이다. 문 대표도 비슷한 측면이 있다."

– 〈2016. 1. 5. 연합뉴스〉

이종걸의 말이 옳다고 하더라도 이쯤 되면 문재인이 모욕감을 느낄 만도 할 것 같다. 이종걸은 말만 이렇게 한 데에서 그치지 않고, '통합여행'을 한다고 선언한 뒤 당의 일을 돌보지 않았다. 자신의 의견을 관철하기 위해 문을 흙에 발라 버리고, 문에 불을 질러도 나오지 않던 장소의 고집스러운 모습과 일치한다. 결국 문재인은 당대표직을 내려놓고 김종인에게 전권을 이양하고 평당원 신분으로 돌아갔다.

"문재인호 최고위 승선은 저에게 값진 경험이었다.··· 더 지혜로운 길에서 만날 것을 확신한다.··· 때론 쓴 소리로, 때론 독자 행보로 당을 위한 문제를 제기할 때 문 대표, 최고위원, 당원동지 여러분들이 불편했을 것이라 생각한다.··· 더 강해지고 국민에 대한 충정을 가졌다는 넓은 이해로 용서해주길 바란다.··· 선배들이 있었기에 이 자리에 같이 있지 않았나 생각한다. 문 대표와 최고위원들 앞길에 영광 있기를 바란다." – 〈2016. 1. 27. 뉴스1〉

이종걸은 장소처럼 '어쩔 수 없이' 당으로 돌아온 것인가. 아니면 당과 국민에 대한 '충정' 때문에 돌아온 것인가.

할아버지의 명예를 온전히 하는 길

당대표인 문재인과의 충돌 때문에 이종걸은 민주당 지지자에게 '분열을 조장하는' 캐릭터로 낙인찍힌 점이 있다. 충돌하는 과정에서 말을 거르지 않고 나오는 대로 해 버렸으므로 '다선 중진의원' 또는 '원내대표'로서 지녀야 할 품격을 잃어버린 일도, 지지자들에게는 곱지 않게 보였을 것이라 짐작할 수 있다. 이래서 이종걸에게 '탈당하라.'는 말까지 한 사람들도 있었다.

그러나 이종걸의 조금은 거칠고 직설적인 태도를 옆으로 놓아두고 본다면 이 사람이 반드시 해서는 안 될 말을 했다고 볼 수는 없다고 본다. 어찌되었건 아군의 전력누수를 막으려 했고, 시비에 대한 평가를 떠나, 자신의 생각에 따라 당의 분열을 막으려 했기 때문이다. 이 사람의 식견이 있느냐 없느냐는 또 다른 각도에서 봐야 할 문제가 아닐까 한다.

이와 같은 문제를 제외하면 오히려 이종걸은 민변 변호사 시절부터 현재까지 우리 사회에 많은 공헌을 했다고 평가할 수 있겠다. 남들이 맡기를 꺼려하는 사건, 엄중한 시국사건을 도맡았고, 현재 우리나라를 대표하는 시민단체인 '참여연대'의 초석을 다졌으며, 유명한 '장자연 사건'을 세간에 알린 사람이 바로 이종걸이 아니던가. 결정적으로 이 사람은 여전히 더불어민주당의 의원이라는 사실에 주목한다면, 그간의 크고 작은 문제는 덮고 미래를 설계하는 것이, 당원이나 지지자의 바람직한 모습이 아닐까 한다.

문재인과 이종걸의 사이에 참으로 많은 곡절이 있었으므로 이 둘의 사이에 아직 앙금이 남아있을지도 모를 일이다. 지지자들 사이에서도 여러 가지 생각이 혼재되어 있을 것으로 짐작한다. 게다가 김종인 선대위원장은 원내대표인 이종걸을 선대위에서 제외했다. 이를 두고 안철수의 국민의당에서는 '탄핵'이라는 표현을 하면서 더불어민주당을 공격하며 이종걸에게 추파를 던졌다. 보수언론에서도 이를 문제 삼는 논평을 꾸준히 내놓았다.

"남은 76일 총선기간 동안 헌신에 또 헌신을 다하겠다.… 우리 김종인

위원장의 비대위가 성공해야만 우리 당이 앞으로 나아갈 수 있다.… 이곳에서 다시 시작할 수 있는 계기를 마련해 주신 김종인 비대위원장과 비대위원님들의 결단에 감사드린다.… 지난날의 이질적인 정치경험들을 부단히 결합시켜 화합을 통해 승리의 조력자가 되겠다.” – 〈2016. 1. 28. 머니S〉

이종걸은 '명예와 실리'를 추구하는 정치를 하겠다고 다짐한 바 있다. 독립운동가 집안의 자제로서 '명예'를 지키는 길은 한 곳에 머물면서 자신이 맡은 일에 최선을 다하는 것이고, 정계를 떠나는 그날까지 사적인 욕심에 좌우되지 않고 할아버지가 그러했던 것처럼 불의에 저항하는 모습을 잃지 않아야 하는 데에 있을 것이다. '실리'는 무엇인가. 원내대표로서 거대여당과의 협상에서 주눅 들지 않으면서도 얻을 것을 지혜롭게 얻어 내는 일이고, 무엇보다 총선에서 거대여당의 독주를 막아내는 결과를 얻는 일이라 할 수 있겠다.

이종걸의 할아버지 우당 이회영 선생은 자신의 업적에 대한 기록을 남기지 않았다고 한다. 이종걸 역시 이렇게 말한다.

“국민이 염원하는 희망의 정치의 밀알이 되겠습니다.”
– 〈이종걸 공식 홈페이지〉

자신의 사적인 욕심을 채우지 않았던 할아버지, 그리고 장소처럼 이종걸 역시 그러하기를 희망한다. 문재인이 말한 것처럼 '유종의 미'를 거둬야 하지 않겠는가.

2016년 2월 1일 투데이신문에 게재한 글임을 밝힙니다.

11 정의를 향해 질주하는

표창원은 조자룡이다

조자룡 – 혼자서 적진으로

趙子龍

　　조자룡은 정사 『삼국지』에는 매우 간략하게 소개되어 있지만, 촉한정통론을 바탕으로 서술된 소설에서는 매우 비중 있는 인물로 그려진 인물이다. 출중한 무예, 훌륭한 인품, 뛰어난 전술수행 능력, 무엇하나 나무랄 데 없는 사람이다. 그야말로 군계일학이다.

　　더불어민주당 표창원 의원은 정치인이 되기 전부터 대중의 관심과 사랑을 받아온 사람이다. 표창원은 경찰대학 교수직을 내려놓고 싸움터에 뛰어들자마자 화려한 창술로 상대를 제압했다. 이후 몇 년의 공백기가 있었으나 문재인의 1호 영입인사가 되어 민주당에 입당했고, 20대 총선에서 당당히 당선되었다. 현재까지 보여준 활약만으로 조자룡이 되기에 충분하고, 앞으로도 그 이상의 역할을 해줄 것으로 믿는다.

　　207년, 유표가 죽자 그의 아들 유종은 조조한테 항복을 해 버렸다. 이때 유비는 유표한테 의탁하고 있는 신세였다. 유비는 형주지역의 번성이라는 작은 성에 주둔하고 있었다. 조조는 형주를 점령하자, 눈엣 가시 같은 유비를 공격했다. 유비는 가족들과 자신을 따르는 백성들을 데리고 피난을 가게 됐다.

아무래도 병사와 백성이 섞여서 길을 가니 속도가 떨어질 수밖에 없다. 조조는 추격군을 보내서 유비를 공격했다. 이 공격으로 인해 유비군은 궤멸 당했고, 일행은 뿔뿔이 흩어지고 말았다. 유비의 장수 조자룡은 유비의 두 부인과 어린 아들을 호위하고 있었는데, 조조 군에 맞서 싸우다가 이들을 잃어 버렸다.

조자룡은 말을 타고 다니면서 유비의 가족을 찾기 시작했다. 도중에 유비의 문관 간옹을 만났다. 조자룡이 말했다.

"주공께 조자룡은 목숨이 다할 때까지, 하늘 끝이나 땅 속으로라도 가서 두 분 부인과 아기씨를 찾아서 돌아가겠다고 전해 주십시오."

조자룡은 다시 길을 떠난다. 저 쪽에 피난 가는 백성 한 무리가 있다.

"조자룡 장군!"

감부인이다. 조자룡은 말에서 내려 울며 말한다.

"부인이 이처럼 고초를 겪고 계신 것은 모두 저의 허물입니다. 미부인과 아기씨는 어디 계십니까."

"저는 미부인과 함께 적에게 쫓겨 수레를 버리고 걷다가 또 다른 적병을 만났습니다. 미부인과 아기씨는 어디로 간 줄 모릅니다. 저만 이렇게 살아서…."

이 때였다. 백성들이 소리를 지른다.

"적군이다! 적군이 또 나타났다."

조자룡이 바라보니 조조의 장수 순우도가 유비의 부하 미축을 말에 묶어서 병사 천 명을 거느리고 행군 중이다.

"네 이놈!"

순우도가 손을 쓸 겨를도 없이 조자룡의 창은 순우도를 꿰뚫었다. 조자룡은 미축과 감부인을 호위하여 조조의 진을 뚫고 나왔다. 저 앞에 '장판교'라는 다리가 있다. 거기엔 장비가 버티고 서 있다. 조자룡은 장비한테 이들을 맡긴 후 다시 말을 달려 적진으로 되돌아간다.

조자룡은 얼마간 가다가 조조의 장수와 마주했다. 이 장수는 창을 잡고, 등에는 한 자루 검을 메고 있다. 하후은이라는 장수다. 조자룡은 말없이 창을 들고 덤벼들었다. 단 한 번의 공격으로 하후은은 절명했다. 조자룡은 하후은이 갖고 있는 검에 금으로 새겨진 '청홍' 두 글자를 보고 이것이 보검인 줄 알았다. 조자룡은 쇠도 끊을 수 있다는 청홍검을 취하게 됐다.

조자룡은 다시 조조의 포위망 안으로 달려 들어간다. 백성을 만날 때마다 미부인의 생사를 물어 본다.

"부인께서 왼쪽 다리를 창에 찔려 다치셨습니다.
아기를 안으신 채 저 앞 무너진 담 안에 앉아 계십니다."

조자룡은 그 쪽으로 말을 달렸다. 과연 그 곳엔 미부인이 아기를 안고 말라버린 우물 옆에서 울고 있다. 미부인이 말했다.

"저는 이미 중상을 입은 몸이라 죽어도 아까울 게 없습니다.
이 아이나 보호해서 안고 가십시오."

"그럴 수 없습니다. 어서 말을 타십시오. 적군의 함성이 들립니다.
어서 말을 타십시오!"

미부인은 끝내 조자룡의 말을 듣지 않고, 아기를 땅에 내려놓더니 몸을
날려 우물 속으로 뛰어들어 버린다. 적군한테 시신을 빼앗길 수는 없지. 조자
룡은 눈물을 흘리며, 무너진 담을 번쩍 들어 우물을 덮었다. 그러고는 갑옷 끈
을 풀고 심장 가리개로 아기를 감싼 뒤에 품에 안았다.

아기는 쌔근쌔근 자고 있네

말에 올랐다. 뒤에서 적군의 함성이 들린다. 돌아보니 적장 안명이 삼첨
검을 들고 조자룡을 향해 덤벼든다. 안명은 조자룡의 적수가 되지 못했다. 삼
합도 안 되어 안명은 창에 찔려 낙마한다. 얼마간 가니 조자룡의 눈앞에 큰 깃
발이 펄럭거린다.

'하간(河間) 장합'

조조가 자랑하는 일류장수 장합이다. 조자룡은 장합과 십여 합을 겨뤘
다. 그러나 품속에 아기가 있으니 맘 놓고 싸울 수가 없다. 옆길로 도망을 간
다. 장합은 급히 뒤쫓기 시작했다. 아, 이럴 수가. 조자룡은 조조군이 파놓은
구덩이에 빠져버렸다. 장합이 소리쳤다.

"이 놈! 조자룡아! 어딜 도망가느냐!"

장합은 창을 들고 조자룡을 찍으려 했다. 그런데 갑자기 붉은 흙먼지가 일면서 조자룡의 말이 튀어 오른다. 이 모양을 본 장합은 기가 꺾여 버렸다. 싸울 맘이 없어진다. 그대로 달아난다. 조자룡은 장합을 쫓을 이유가 없었다. 앞을 보고 나간다.

"조자룡아, 어디로 도망가느냐!"

적장 초촉과 장남이었다. 뒤에선 마연과 장기가 따라붙었다. 조자룡은 앞뒤에서 달려드는 네 명의 장수와 악전고투를 벌인다. 조조의 병사들은 이쪽으로 물밀 듯 들어와 겹겹으로 조자룡을 에워싼다. 조자룡은 우선 네 장수의 포위를 뚫는 데 성공했다. 그러나 앞에선 무수히 많은 조조의 병사들이 달려들고 있다. 조자룡은 창 대신 청홍검을 뽑아 들었다. 보검은 명장의 손에서 빛을 발하는 법! 청홍검은 적의 갑옷을 종잇장처럼 벤다. 검이 스칠 때마다 푸른 하늘에 붉은 핏줄기가 사방으로 흩날린다.

조조는 산 위에서 이 장면을 보고 있었다. 사람을 시켜 누구인지 알아보게 했다. 장군 조홍이 말을 타고 산으로 내려와 큰 소리로 묻는다.

"진중에서 싸우는 장수는 누구인가! 이름을 밝혀라!"

"나는 상산 땅의 조자룡이다!"

조조는 조자룡의 자태에 반해 버렸다. 사로잡아 자신의 사람으로 삼고 싶은 마음이 일어난다.

"조자룡한테 활을 쏘지 마라! 반드시 사로잡아야 한다!"

조조의 장수 중엔 조자룡을 사로잡을 명장이 없다. 조자룡은 겹겹의 포위를 뚫고 탈출에 성공했다. 조자룡은 잠시 숨을 돌리고는 장비가 있는 장판교를 향해 간다. 이 때 조조의 두 부대가 앞을 가로막는다. 종진과 종신이라는 장수다. 종진은 도끼를 들고, 종신은 극을 들고 달려 든다. 조자룡은 종진을 찔러 죽이고, 앞을 보며 달려간다. 이 모양을 본 종신은 극을 들어 조자룡의 등을 찍으려 한다. 조자룡은 재빨리 몸을 돌리며, 왼손으로 상대의 극을 잡고, 오른손으로 청홍검을 잡고는 종신의 머리를 내리 베었다.

이게 끝이 아니었다. 조조의 장수 문빙이 조자룡의 뒤를 쫓는다. 천하의 조자룡도 지칠 대로 지쳤다. 장판교를 향해 급히 달아난다. 저 앞에 장비가 보인다.

"장비는 어서 나를 구하라!"

"조자룡인가! 염려 말고 달리라! 적병은 내가 막겠다!"

조자룡은 이십 리를 더 달려가 유비와 만났다. 둘은 목 놓아 통곡을 한다. 조자룡은 갑옷을 끄르고 아기를 꺼낸다. 아기는 세상모르고 쌔근쌔근 자고 있다.

무장과 문관의 덕목을 한 몸에 지닌 사람

『삼국지』를 잘 모르는 사람들도 조자룡이 조조의 포위망을 뚫고 유비의 아들을 구한 이야기만은 잘 알고 있다. 가장 대표적인 일화인 셈이지만, 이외에도 조자룡의 활약은 소설『삼국지』곳곳에서 확인할 수 있다.

유비의 세력은 서천지역을 점령하기 전까지 매우 약했으므로 늘 여기저기 도망을 다녀야 했다. 싸움을 하면 자주 패했는데, 조자룡은 유비가 위험에 빠질 때마다 많은 수의 적과 강한 적장을 상대하며 유비를 지켜냈다. 여러 차례 선봉에 서서 공도 많았다. 제갈공명이 덥고 습한 남쪽 지역에 있는 맹획을 치러 갈 때도 선봉에 서서 공을 세웠다. 이후 제갈공명이 천고의 명문「출사표」를 쓰고 위나라를 공격할 때도 선봉에 서서 위나라의 선봉장 다섯 명을 베었다.

조자룡은 유비의 '오호대장(五虎大將, 다섯 명의 용맹한 대장)' 중 한 명이다. 같은 오호대장 황충이 적에게 포위되어 목숨이 경각에 달렸을 때, 유비의 아들 유선을 구했을 때처럼 포위망 안으로 스스로 들어가 적을 베면서 이렇게 외쳤다.

"나는 상산의 조자룡이다. 내 앞을 가로막는 자는 모조리 죽는다!"

조자룡은 여덟 자의 큰 신장에, 용모와 안색이 웅장하고 위엄이 있었다고 한다. 일반적으로 용장이나 맹장은 지략이 모자란 경향이 있는데, 조자룡은 뛰어난 무예만큼 지략을 갖춘 장수였다. 제갈공명이 첫 번째 위나라 공격에 실패하고 돌아왔을 때, 출전했던 다른 부대는 대부분 꺾이고 말았지만, 조자룡의 부대만은 질서 있게 퇴각해서 무사히 귀환했다.

그보다 앞선 221년, 유비는 촉나라 황제가 되자마자 관우의 원수를 갚기 위해 손권의 오나라를 공격하고자 했다.

"우리의 적은 손권이 아니라 조조입니다.
지금 그 아들 조비가 황제의 자리를 찬탈하여 귀신과 사람 모두가
성내고 있습니다. 폐하께서는 어서 관중지역을 점령하고 역적을
소탕하셔야 합니다.

만약 위나라를 버리고 오나라를 친다면 쉽게 결판을 내지
못할 것입니다. 깊이 살펴십시오."

유비가 일언지하에 거절하자 조자룡은 다시 간언했다.

"한나라의 원수를 갚은 일은 공적인 일이고,
폐하의 원수를 갚는 일은 사적인 일입니다.
공사를 구별하여 천하의 일을 우선 무겁게 여기서야 합니다."

유비는 조자룡의 간언을 듣지 않고 출전했다가 크게 패한 뒤, 돌아오지
못하고 죽었다. 이처럼 조자룡은 무예와 지략이 뛰어났지만, 그에 못지않게 정
국을 바라보는 식견과 주군 앞에서도 주눅 들지 않고 바른 말을 하는 강직함도
지니고 있었다. 자신의 능력을 과신한 나머지 적을 무시하다가 목숨을 잃을 뻔
했던 일이 있었고, 자신의 능력에 자부심이 강하다보니 의욕이 앞서서 선봉에
만 서려고 했던 점이 옥의 티라고 하겠다. 그러나 이것은 말 그대로 '옥에 티'일
뿐, 조자룡이 당대를 대표하는 일류 장수 중 한 명이었다는 점에 이의를 제기할
사람은 거의 없을 것이다. 조자룡은 무장의 덕목과 문관의 덕목을 한 몸에 지니
고 있는 사람이었다.

표창원 더불어민주당 의원
당신과 내가 좋은 나라에서

2012년 12월 11일, 국가정보원 직원 김하영이 서울 강남구 역삼동 소재의 한 오피스텔에서 여당후보를 칭송하고, 야당후보를 비방하는 내용으로 이루어진 '댓글'을 써서 각종 웹사이트에 게시한 일이 있었다. 이른바 '국정원 대선 개입 사건'의 꼬리가 드러난 것이다.

당시 민주통합당 의원들은 경찰과 선관위 직원을 대동하고 국가정보원 직원 김하영이 국록을 축내며 여론조작을 일삼고 있던 오피스텔을 급습했다. 국가정보원 직원 김하영은 안에서 문을 잠근 채 40여 시간을 버티면서 그 상황을 모면하고자 했다.

새누리당 측에서는 민주당 의원들이 국가정보원 직원 김하영을 감금했다고 하면서 생떼를 썼다. 민주당측은 국가정보원 직원 김하영이 '잠금'을 했다고 맞섰다. 문제의 본질은 어디로 가 버리고 지엽적인 일이 부각되었다.

"대통령 선거에 국가기관이 개입, 조직적으로 여론을 조작하고 있는 현장이라는 신고를 받고 출동한 경찰이 요구에 불응하고 문을 안 열어주는 거주자 앞에서 할 수 있는 조치, 긴급성과 중대성이 확인되면 경찰권을 발동하여 즉

시진입이 가능하다. … 무엇보다 경찰과 선관위는 법절차에 따라 증거인멸 방지
와 증거 확보에 최선을 다해야 한다."

– 〈김재욱, 『삼국지인물전』, 휴먼큐브, 2014, 103쪽〉

      경찰대학에 재직 중이던 표창원 교수는 자신의 트위터에 저와 같은 의견
을 냈다. '긴급성과 중대성이 확인되면' 이라고 전제했지만, 사실상 경찰권을
발동했어야 한다는 뜻을 밝힌 것으로 볼 수 있겠다. 이 때, 표창원한테는 직위
말고도 '국내최초의 범죄 심리 분석관', '범죄 관련 방송마다 반드시 출연하는
전문가'라는 타이틀에 바탕한 '대중적 인지도'가 있었으므로, 표창원의 한마디
는 사적영역을 넘어서는 영향력이 있었다. 당연히 논란이 일어났다.

      "경찰대학과 학생들의 숭고한 명예와 엄정한 정치적 중립성에 부당한 침
해가 발생할 가능성을 방지하고, 경찰대학 재학생 및 졸업생 등에게 혹여 자유
롭고 독립적인 견해를 구축하는 데 있어 부당한 영향을 끼칠 가능성을 방지하
기 위해 사직하고자 합니다."

– 〈김재욱, 『삼국지인물전』, 휴먼큐브, 2014, 104쪽〉

      경찰대학 교수 역시 '공무원' 이므로 표창원은 자신 또한 중립성을 침해했
을 가능성이 있다고 판단했다. 표창원은 사건 발생 나흘 만에 경찰대학에 사직
서를 제출했다. 이는 얼핏 보아 자신이 몸담았던 조직을 배려했다고 할 수 있겠
으나, '이제부터 나 혼자라도 거대한 불의에 맞서겠다'는 의지를 피력한 것으로
보는 게 좀 더 온당하지 않을까 한다. 이후에 실제로 싸움을 시작했기 때문이
다. 조자룡이 유비의 식구들을 구해야겠다고 마음먹은 것과 유사하다고 볼 수
있다. 표창원이 생각하는 '유비의 가족'은 무엇인가. 다름 아닌 '정의'였다.

      표창원은 마침내 창을 들고 적진의 한가운데로 뛰어들었다. 처음 상대한

195

'정의의 적'은 새누리당 전략조정단장 권영진이었다. 이 둘은 대선을 이틀 앞둔 2012년 12월 17일, TV 토론회에서 맞붙었다. 표창원은 돌아갈 다리를 끊고 싸우기로 작정을 하고 나온 상황이었다. 상대를 매섭게 몰아붙였다.

> "국정원 직원이 여론 조작에 개입했다면 워터게이트보다 더 불법적인 사건입니다!"

> "이 의혹이 제대로 밝혀지려면 정권이 교체되는 수밖에 없습니다!"

> "국가 공무원이 문을 열어 달라고 하고 있어요.
> 이 상황에서 문만 열어주면 돼요. 안 열어주고 그러고 있어요.
> 그게 무슨 감금이에요. '잠금'이지!"

> "국민들이 왜 절망하는지 아세요? 우리나라 국가정보원을 그렇게 타락시켰기 때문에 그렇습니다!"
> – 〈이상 김재욱, 『삼국지인물전』, 휴먼큐브, 2014, 104~105쪽〉

권영진은 표창원의 매섭고 빠른 창에 찔리자 조수족을 못하며 당혹감을 감추지 못했다. 표창원은 그렇게 적장 한 명을 찔러 버리고 '정의'를 구하기 위해 달려 나간다.

> "당신과 내가 좋은 나라에서 그 곳에서 만난다면 슬프던 지난 서로의 모습들은 까맣게 잊고 다시 인사할지도 몰라요. 당신과 내가 좋은 나라에서 그 푸른 강가에서 만난다면 서로 하고프던 말 한마디 하지 못하고 그냥 마주보고 좋아서 웃기만 할 거예요." – 〈시인과 촌장, '좋은 나라' 중에서〉

2012년 12월 19일, 대통령 선거 당일에 표창원은 'GO발 뉴스' 이상호 기자가 진행한 '생방송 대선 뉴스쇼'에 출연해서, '좋은 나라'를 들려달라고 했다. 노래가 흘러나오자 표창원은 테이블에 엎드려 통곡하기 시작했다. 아직 약하고 어린 정의와 정의를 지키던 사람이 하나둘 다치는 장면을 목도했기에 그런 것이었을까. 그 모습에서 조자룡의 눈물과 안타까움이 보이는 듯하다.

정치를 통해 정의를 실현하고 싶습니다.

표창원은 경찰대학에 사직서를 제출하고 나온 후, 며칠 동안 정권교체를 위해 분투했다. 끝내 대선에서 민주당의 문재인이 패배하자, 상심한 야권 지지자들을 위로하기 위해 서울 광화문과 빛고을 광주에서 '프리허그' 이벤트를 열어 세간의 주목을 받았다. 이런 모습을 접하며 많은 사람들은 표창원이 '정치인'으로 되어주길 바랐고, 그리 될 것으로 예상했다.

그러나 표창원은 정치에 입문하지 않고, 자신의 분야에서 정의를 구하려는 노력을 계속했나. 이듬해 '표창원 범죄과학 연구소'를 설립했다. '한국사회에서 정의란 무엇인가'를 화두 삼아 칼럼을 썼고, 책을 냈으며, 강연도 열었다.

일견 전장에서 벗어난 것처럼 보일 수도 있으나 실제로는 그렇지 않았다. 표창원은 현실 정치와 거리를 두고 있었으나, 경찰대학에 있을 때보다 어찌 보면 더 바쁘고 폭넓게 뛰어다니면서 정의를 구하기 위해 노력했다.

주변에선 조자룡을 앞뒤에서 공격했던 네 명의 '삼류장수'들처럼 표창원을 여러모로 괴롭혔다. 예전에 표창원의 아내는 나한테 이런 말을 했다.

"표창원 출연시켰다고 담당 PD를 교체하기도 했어요. 방송출연 의뢰가 와서 준비를 해서 나가면 당일에 출연을 취소하거나, 담당자를 다른 부서로 보내 버려요. 강연이 취소되는 일도 있었고…. 늘 외롭게 혼자서 싸웠어요."

　　표창원 자신은 사방의 공격을 받으면서도 꿋꿋했을지 모르지만, 그 모습을 지켜보는 아내의 마음은 어떠했을까. 어찌되었건 표창원은 정의를 구하기 위해 지속적으로 싸워왔다.

　　"정치를 통해 '정의'를 실현하고 싶습니다. '안전'을 확보해 드리고 싶습니다. '어린이, 청소년에게 꿈과 행복'을 찾아 주고 싶습니다. '진실'을 밝히고 싶습니다. '아름답고 멋진 대한민국'을 찾아 드리고 싶습니다. 신인, 새내기 정치인으로서 참신하고 깨끗한 모습 보여드리겠습니다. '신사의 품격'과 '전사의 용맹함'을 함께 갖춘 정치인의 모습을 보여드리겠습니다. 강하고 유능한 야당, 집권이 준비된 수권 정당의 모습을 갖추는데 기여하겠습니다. 그동안 전 여러 차례 '정치를 하지 않겠다' 말해 왔습니다. 이제 그 말을 거두겠습니다."

　　　　　　　　　　　　　　　　　　　　　　　－〈2015. 12. 27. 표창원 페이스북 요약 정리〉

　　표창원은 마침내 정의를 구하기 위한 수단으로 '정치'를 선택했다. 과연 표창원은 얼마큼의 활약을 할 수 있을 것인가. 우선 대중들은 표창원의 정계입문을 열렬히 환영했다. 계파 갈등으로 인해 지리멸렬해진 제1야당을 구해 줄 것으로 기대하고 있다. 표창원은 이러한 반응과 기대에 화려한 창술로 응답했다.

　　2015년 12월 30일, 더불어민주당 문재인대표의 부산 사무실에 괴한이 침입해 인질극을 벌인 일이 있었다. 이를 두고 MBN의 김형오 앵커가 표창원한테 이렇게 말했다.

　　(김) "이 사건이 바람직하진 않지만 뼈아프게 받아들일 필요는 있다. 문 대표가 뭘 잘못했나."

(표) "정말로 이번 사건이 문 대표에 대한 문제, 책임과 관련이 있다고 생각하느냐?"

(김) "저 분의 이상한 행동이라고만 몰아붙이기엔….'

(표) "박근혜 대통령이 대선후보 당시 면도칼 테러를 당했던 일이 있다. 그렇다면 이것은 박근혜 후보의 잘못인가?"

(김) "그 분은 정신이상자였다."

(표) "이 분도 정신이상이라고 나오고 있다."

표창원의 날카로운 역습에 김형오 앵커는 당황했다. 표창원은 마지막 일격을 날렸다.

"사람에 따라 다른가? 상황에 따라 다른가? 똑같은 경우가 아닌가?"
– 〈이상 2015. 12. 31. 전자신문. 기사 발췌수록〉

이것은 시작에 불과했다. 세간의 이슈에 대해 이전까지 대부분의 야당 정치인들은 다소 방어적인 자세를 취했으나, 표창원은 시종 공격적인 모습을 보여주었다. 2015년 12월, 우리나라 정부는 일본과 '위안부 문제'를 합의했다.

"당사자인 피해자 할머니들과 주권자인 국민 뜻에 반하는 정부의 굴욕적인 친일 퍼주기, 이래도 되는 건가?… 우리처럼 나치 독일의 핍박과 침탈, 피해를 당한 유태인과 프랑스 등 유럽 국가들은 결코 돈 몇 푼에 '용서와 화해'를 팔아먹지 않았다. 피해 당사자들의 의견도 묻지 않고 '5년간 정부를 관리'하는 소

수 권력자가 팔지 않았다."-〈2015. 12. 29. 파이낸셜뉴스〉

"우리나라는 3권 분립이 이뤄진 국가고 정당은 국민을 대표하는 정치적 역할을 해야 한다.… 그런데 새누리당은 정권의 부속물 같은 행동을 한다. … 여당은 정부를 절대 존엄처럼 무조건 보호할 게 아니라 국민을 대변해 비판하고 또 문제제기해야 한다.… 결국 정부의 외교협상 태도와 여당의 사후공범 역할은 본인들에게 지우고 싶은 과거가 될 것."

— 〈2015. 12. 31. 시사온〉

2016년, 대중은 정의를 향한 표창원의 질주에 주목하고 있다. 과연 그의 바람대로 정의를 구할 수 있을 것인가. 현재까지는 대중의 기대에 부응하고 있는 것으로 짐작한다.

누구보다 정치를 열심히, 그리고 잘 할 사람

"자연인으로서 전 새누리당을 싫어합니다. 하지만, 정치인으로서 전 새누리당을 존중합니다. 공정하게, 강점과 장점 잘 드러내어 많은 지지 얻기 바랍니다. 같은 마음으로, 다른 정당에 대한 존중도 부탁드립니다. 공정경쟁으로 새누리를 반드시 이겨드리겠습니다."

— 〈2015. 12. 27. 표창원 페이스북〉

표창원은 새누리당을 향해 시종 강경한 태도를 유지하지만, 경쟁상대로서 존중하는 자세 또한 잃지 않고 있다. 그간 누차 강조해 왔던 '신사의 품격'을 보여주겠다는 다짐을 실천한 것으로 이해한다. 이래서 얼마 전 토론회에서 상대진영의 출연자한테 격앙했던 점을 즉시 인정하고 사과하는 일도 있었다. 무척 바람직한 모습이었다고 할 수 있겠다.

"내가 추구하는 가치를 실현하기 위해 정치 이외에는 길이 없다고 판단할 때는 정치를 할 것이며, 그 때는 어느 누구보다 정치를 열심히, 그리고 잘하겠다고 답했다. 지금도 그 생각에는 변함이 없다."
　　　　　　 ─〈표창원, 『나는 셜록홈스처럼 살고 싶다』 다산북스, 2013, 18~19쪽〉

마침내 표창원은 '정치 이외에는 길이 없다고 판단'해서 정치인이 되었다. 이제는 '프로파일러', '범죄과학연구소 대표' 표창원이 아닌 셈이다. 다만 현재까지는 정치인으로서의 명성보다 경찰대 교수 또는 프로파일러로 쌓아온 명성이 높은 편이다. 이래서 표창원은 여느 스타정치인 못지않은 인지도를 지니고 있다.

이는 분명 표창원의 강점이지만, 자칫하면 약점이 될 수도 있다고 본다. 앞으로 정치를 하면서 자신만이 지닌 전문지식과 인지도를 십분 활용해야 함은 두말할 나위가 없지만, 다년간 범죄와 관련된 일을 하면서 몸에 밴 습관을 버려야하지 않을까 한다.

세차게 상대를 몰아붙이며, 강한 모습을 보이는 것은 자신의 지지자 또는 야권 성향의 지지자들한테 믿음을 줄 수 있으나, 상대 진영 또는 중립 성향을 지닌 사람들이 거부감을 느끼는 요인이 될 수 있다. 아울러 정치적인 사안에 대해 말이나 글로써 의견을 제시할 때, 강력 범죄가 연상되는 단어나, 다소 거친 단어 사용을 줄여나가는 것이 좋을 것으로 본다.

"누구라도 맘껏 기대서 울 수 있게 가슴이나 어깨를 활짝 열어줘야 한다. 그러면 된다. (…) 말없이 믿어주고 따뜻하게 품어주면 이겨낼 수 있는 힘이 생긴다." ─〈표창원, 『나는 셜록홈스처럼 살고 싶다』 다산북스, 2013, 29쪽〉

표창원은 지금껏 조자룡과 같은 용맹함을 충분히 보여주었다. 앞으로도 그 모습을 유지할 줄로 믿는다. 아울러 위에서 스스로 말한 것처럼 부드러움과 따뜻함까지 겸비하여 이 시대를 대표하는 정치인으로 성장해 주기를 바란다. 그러면 된다.

2016년 2월 29일 투데이신문에 게재한 글임을 밝힙니다.

12 자기 책임을 다하는 사람

김상곤은 조진이다

조진 – 차곡차곡 경험을 쌓은 장수

曹眞

조진은 제갈공명한테 패하면서도 위나라를 잘 지켜낸 사람이다. 어린 시절 조조로부터 전략가가 되는데 필요한 교육을 받으면서 조금씩 성장하여 끝내 위나라 대장군까지 승진했다. 내정과 군사 양방면에 모두 일가견이 있는 사람이었고, 크게 부각되지는 않았으나, 나라에 없어서는 안 될 인물이었다.

이 점에 착안하여 김상곤 전 경기교육감을 조진에 비유했다. 김상곤 역시 조진처럼 정치인이 되기 전 많은 경험을 했고, 이를 바탕으로 교육감에 당선되었다. 이후 새정치민주연합 혁신위원장을 맡으며 크게 두각을 드러내지 못했으나, 야당의 체질 개선에 큰 힘이 되었다. 아쉽게도 2016년 더불어민주당 당 대표에 출마하여 낙선했다. 야당에 없어서는 안 될 인물이라 하겠다.

220년, 조조가 죽고 그의 아들 조비가 위나라 왕이 되었다. 조비는 조진(曹眞)을 진서장군(鎭西將軍)으로 임명했다. 222년, 조진은 상군대장군(上軍大將軍) 직함을 받고 손권을 치러 갔으며, 같은 해 중군대장군(中軍大將軍)이 되었고, 226년, 대장군(大將軍)으로 승진했다. 230년엔 가장 높은 벼슬인 대사마(大司馬)가 되었다. 이력이 매우 화려한 장수라 하겠다.

조진은 조조의 조카다. 조진의 아버지는 옛날에 조조가 동탁을 치기 위해 의병을 일으켰을 때, 자신도 군대를 모집해서 조조 진영에 가담하려 하다가 조정 관리에게 발각되어 살해됐다. 조조는 졸지에 고아가 되어버린 조진을 거두어 자신의 아들과 함께 키웠다고 한다. 조비가 왕이 된 후에 조진을 높은 자리에 둔 이유 중 하나가 될 수 있겠다.

조진은 어려서부터 무예에 두각을 나타냈다. 한 번은 조조 일행과 사냥을 나갔다가 호랑이한테 쫓기게 되었다. 일촉즉발의 위기였는데 조진은 뒤로 홱 돌아서면서 활을 쏘았다. 호랑이는 조진의 화살 한 발에 절명했다. 될성부른 떡잎을 알아본 조조는 조진을 장수로 키우기 시작했다.

"호표기(虎豹騎) 한 부대를 줄 테니 산적을 토벌해 봐라."

'호랑이와 표범처럼 용맹한 기병', 호표기는 조조의 친위기병이다. 조조의 정예기병과 오합지졸은 애낭초 상대가 되지 않았다. 조진은 첫 출전에서 산적을 토벌하는데 성공했다. 조조는 조카에게 쉬운 적부터 상대하도록 배려를 해 줬던 것이다. 이후 조조는 조진을 곧바로 강한 적과 맞서게 하지 않도록 하면서 차곡차곡 실전경험을 쌓게 했다.

"유비군의 별장(別將)을 공격해라."

별장(別將)은 적군 주력부대의 하급 장교다. 조진은 역시 임무를 훌륭히 수행해 냈다.

조조 진영에는 일류장수가 많았고, 조진은 이들에 비해 나이가 어렸으므로 큰 싸움에는 나서지 않았다. 219년, 맹장 하후연이 유비군의 황충에게 죽

자, 조조는 조진을 보내 군대를 수습하게 했고, 유비의 촉나라와 아군의 접경
지역을 방어하게 했다. 조진은 이렇게 실전 경험을 쌓으면서 완성된 장수로 성
장해 갔다.

조진은 조조진영의 여느 일류장수들처럼 큰 싸움을 겪은 뒤에 최고의 자
리까지 올라간 장수는 아니었다. 조조의 집안사람이라는 점도 승진에 유리한
조건이었음에 틀림없다. 그러나 조진은 장수로서 기본적으로 갖추어야 할 용감
성과 힘이 있었고, 수준 이상의 임무수행능력도 갖추고 있었다. 최전선에서 주
장을 잃어 자중지란에 빠진 군대를 수습하고, 적을 막는 건 아무나 할 수 있는
일이 아니다.

냉정함과 온화함을 겸비한 참모
226년, 조비의 병이 위중해졌다. 조비는 조진ㆍ조휴ㆍ진군ㆍ사마의 네
사람을 불렀다.

"나는 병이 깊어 일어나기 어렵다.
아들 조예의 나이가 어리니 그대들이 잘 보살펴 달라."

촉나라의 제갈공명은 조비가 죽었다는 소식을 듣자, 이 기회를 틈타 위
나라를 공격하려 했다. 제갈공명이 말했다.

"위나라의 여러 장수들은 걱정하지 않아도 된다.
그런데 사마의만은 지략이 있는 사람이다. 이 사람이 서량지역에서
군대를 훈련시킨다고 하는데, 그 군대가 훈련이 되는 날엔 우리가
위험해진다. 먼저 공격해야 하겠다."

'읍참마속(泣斬馬謖)'의 주인공인 마속이 제갈공명한테 한 가지 계책을 올린다.

"사마의는 위나라의 대신이지만, 조예는 이 사람을 좋아하지 않습니다. 위나라 수도로 간첩을 보내서 사마의가 반란을 일으키려 한다는 소문을 내고, 방을 붙이면 조예는 반드시 흔들릴 것입니다."

마속의 계책은 정확히 들어맞았다. 조예는 '사마의가 반란을 일으키려 한다.'는 내용의 방을 보고 놀라서 회의를 소집했다. 여러 대신들이 말했다.

"예전에 무제(武帝, 조조를 가리킴)께서 이렇게 말씀하셨습니다. '사마의의 눈은 매와 같고, 이리처럼 뒤를 돌아보니 이런 사람에게 병권을 맡겨서는 안 된다. 반드시 화근이 될 것이다.' 사마의를 죽여야 합니다."

"사마의는 병법에 밝은 데다가 야심을 갖고 있는 사람입니다. 죽이지 않으면 후환이 있을 것입니다."

조예는 대신들의 말을 듣고 직접 군대를 이끌고 출동하려 했다. 이때 조진이 나선다.

"안 됩니다. 사마의는 문제(文帝, 조비를 가리킴)께서 폐하를 보필하라고 명한 사람입니다. 이 사람에게 두 마음이 없다는 것을 아셨기 때문입니다. 지금 이것이 진실인지 거짓인지도 모르면서 갑자기 군대를 일으키는 건 경솔한 일인 것 같습니다. 혹시 촉나라나 오나라에서 우리 사이를 갈라놓기 위해 이간책을 썼을지도 모릅니다. 깊이 살펴 주십시오."

"적국의 계략이 아니라 정말 사마의가 반란을 일으켰다면?"

"걱정 마십시오. 정 의심이 풀리지 않으신다면 군대를 거느리고 서량 근처까지만 행차하십시오. 이렇게 되면 사마의는 마중을 나오지 않을 수 없을 겁니다. 그때 가서 잡아도 늦지 않습니다."

조예는 수도를 비우고 나가면서 조진한테 나랏일을 임시로 처리하게 했다. 사마의는 이런 사실도 모르고 황제한테 훈련성과를 보여주기 위해 수만 명의 군대를 거느리고 마중 나왔다. 사정을 알게 된 사마의는 군대를 물려 놓고 조예한테 울면서 자신의 결백을 주장했다. 조진의 예측이 들어맞은 것이다. 그런데도 조예는 사마의를 의심해서 그의 벼슬을 빼앗고 고향으로 돌려보내 버렸다.

226년, 제갈공명은 이 기회를 놓치지 않고 지금까지 많은 이들에게 사랑을 받는 글「출사표(出師表)」를 올리고 위나라 공격을 시작했다. 사마의가 없는 위나라는 촉나라의 상대가 되지 못했다. 조진 역시 뛰어난 장수이자 참모였지만, 제갈공명의 상대는 될 수 없었다. 촉나라 군대는 연승을 거듭하며 위나라의 중심부로 진격해 왔다. 다급해진 조예는 사마의를 복직시켰고, 사마의는 마속이 지키고 있던 전략요충지를 공격해서 촉나라의 보급로를 끊어 버렸다. 조진은 후퇴하는 촉나라 군대를 추격하다가 매복 작전에 당해서 패하고 돌아왔다.

제갈공명과 사마의에 가려져서 그렇지, 조진은 녹록한 사람이 아니었다. 마속의 계략에 넘어가지 않았고, 어찌되었던 제갈공명의 공격을 훌륭하게 막아낸 사람이었다. 조진은 이후 제갈공명이 위나라를 공격할 때 진창이라는 곳을 공격해서 보급거점으로 삼을 줄 짐작하고 그 곳에 장수를 파견해서 지키도록 했다. 이번에도 조진의 예측이 들어맞아서 제갈공명의 군대는 이곳을 쉽게 함락시키지 못했다. 제갈공명은 무력으로 공격할 수 없다고 판단하여 자신의 장수인 강유를 거짓으로 항복시키는 계책을 써서 겨우 이곳을 점령했다.

그러나 촉나라 군대는 보급선이 길어서 속전속결로 승부를 내지 않으면 안 되는 핸디캡을 안고 있었다. 이래서 위나라 측에서는 되도록 싸움을 길게 끌고 가려 했다. 결국 제갈공명은 군량이 떨어져서 후퇴할 수밖에 없었다. 조진은 눈에 띄는 공을 세우진 못했지만, 조진의 선견지명 덕분에 적군은 쉽게 행군하지 못했고, 시간을 보내면서 군량까지 소비하게 됐다. 제갈공명을 상대로 잘 싸웠다고 평가할 수 있겠다.

조진은 대장군 직함에 어울리는 인품도 지니고 있었다. 자신과 함께 고락을 같이 하던 친구 두 명이 일찍 죽자 그 아들들에게 자신의 봉급을 나누어 주려 했다. 이 사실을 안 조예는 그들에게 벼슬과 봉급을 내려주었다고 한다. 조진은 병사들 사이에서도 신망이 높았다. 조진은 출전할 때마다 병사들과 함께 먹고 잤으며, 병사들한테 내려줄 상금이 부족하면 자기 재산을 떼어서 나누어 주었다고 한다.

실전에는 어울리지 않았던 장군

조진은 많은 장점을 지닌 사람이었지만, 직함에 비해 큰 전공을 세우지는 못했다. 조조가 활약할 때는 주로 작은 전투에서 실전 경험을 쌓거나, 병영을 운영하는 일을 주로 했으므로 두각을 나타내지 못했다. 함께 자란 조비가 왕위에 오르자 비로소 중용되어 제대로 된 적과 싸우게 되는데 승리보다는 패배가 많았다. 아무래도 산전수전을 다 겪은 장수에 비해 경험이 부족했기 때문이 아닐까 한다.

조비는 왕위에 오르자 천하통일을 이루기 위해 먼저 손권을 공격했다.

세 부대를 선발대로 보내고 자신은 배후에서 행군했다. 여러 참모들은 이 전쟁을 반대했으나 조비는 말을 듣지 않고 기어이 군대를 일으켰다. 이 때 조진은 한 부대를 거느리고 있었는데, 오나라 참모 제갈근의 매복 작전에 걸려서 크게 패했다.

조비는 또 유비가 죽었을 때 촉나라를 공격했다. 모두 다섯 길로 나누어 촉나라로 진군했는데 조진은 조자룡이 지키고 있는 양평관을 공격하는 임무를 맡았다. 제갈공명은 이미 대비를 하고 있었으므로 조진은 소득 없이 물러날 수밖에 없었다. 역시 결과적으로는 패한 것이다.

조진은 제갈공명이 마지막으로 위나라를 공격했을 때, 젊은 장수 왕쌍을 잘 활용하여 초반 승기는 잡았지만, 결국 제갈공명을 넘어서지 못하고 왕쌍이 전사하자 낙양으로 돌아와서 병들어 누웠고, 사마의한테 대장군 자리를 물려주었다.

230년, 조진은 마지막 길을 떠난다.

"촉나라가 여러 차례 국경을 침범하여 나라가 편할 날이 없습니다. 이들을 반드시 토벌해야 합니다. 저는 사마의와 함께 대군을 이끌고 한중으로 쳐들어가 간악한 무리들을 무찔러 변방의 걱정거리를 없애고자 합니다."

꿈은 컸지만, 이번에는 하늘이 위나라를 도와주지 않았다. 촉나라로 들어가는 길은 험하기로 정평이 나 있다. 산이 험해서 날아가는 새도 힘들어서 쉬어 간다는 말이 있을 정고, 길이 좁아서 대군이 행군하기에는 적합하지 않은 곳이다. 들락날락하기가 어려운 곳인데, 때마침 한 달 동안 큰 비가 내려서 길이 끊어져 버렸다. 위나라 군대는 제대로 싸우기도 전에 지쳐버려서 후퇴할 수밖에 없었다. 조진의 부대는 후퇴를 하던 도중 촉나라 군대에게 기습을 당해서 또 크게 패했다. 이 싸움의 여파로 조진은 병이 들어서 다시는 일어나지 못했다.

이렇게 보면 조진은 비교적 실전에는 강하지 못했고, 작전을 수립하거나 인재를 발굴하고 배치하는데 장기를 지닌 사람이었음을 알 수 있다. 대장군이 될 만한 능력이나 자질은 충분히 갖추고 있었지만, 자신이 상대한 사람은 최고의 참모인 제갈공명과 육손이었다. 운도 따르지 않았던 장수라고 할 수 있겠다. 그럼에도 불구하고 자신보다 뛰어난 사마의를 시기하지 않고 대국적인 견지에서 용납했던 점, 적국의 계략에 넘어가지 않고 침착하게 대응했던 사실, 부하들을 덕으로 대해서 인심을 얻었던 일에 대해서는 후한 점수를 주어야 하지 않을까 한다.

조비와 조예가 유능한 사마의를 제쳐두고 조진을 대사마로 임용한 것은 이 사람이 여타 세력을 견제할 수 있는 힘과 시략을 시니고 있다고 믿었기 때문이다. 실제로 조진은 실전에서 패한 전적이 많지만, 유능한 장군이자 참모였다. 조진이 세상을 떠나자 위나라의 권력은 사마의의 손으로 넘어가게 된다. 조진은 '조씨'의 위나라를 지탱하는 기둥이기도 했던 것이다. 약해 보였지만 결코 약하지 않았던, 떠난 다음에야 빈자리를 크게 느끼게 하는 유능한 사람이었다.

김상곤 전 혁신위원장
정당혁신? 교육감 출신이?

2014년 7월 30일에 재보궐 선거가 있었다. 새정치민주연합은 이 기회를 살리지 못한 것을 넘어 원칙 없고, 분별도 없는 전략공천을 한 덕분에 새누리당에게 11대 4로 참패했다. 이 여세를 몰아 2015년 4월 29일에 있었던 보궐 선거에서는 반대로 전략공천을 하지 않고, 야권 단일화 작업도 하지 않은 채로 선거에 임했다가 3대 0으로 졌다. 이대로 2016년 총선을 맞이하게 될 경우, 새정치민주연합은 거의 전 지역에서 패할 것이고, 나아가 2017년 대통령 선거에서도 질 것이 자명해 보인다.

"사약을 앞에 두고 상소문을 쓰는 심정이다.… 새정치민주연합은 계파갈등으로 황폐화돼 있다. 국민과 당원이 함께라면 당은 바뀔 수 있다.… 새정치민주연합의 모든 의원들이 기득권을 내려놓고 낮은 자리에서 겸허히 혁신에 동참하기를 바란다.…지금부터 혁신위원회의 활동 기간 중 패권과 계파는 존재하지 않는다. 계파의 모임조차 중지하기를 요구한다.… 혁신위원회의 앞길을 가로막는 그 어떤 세력이나 개인도 용납하지 않을 것이며 혁신위원회는 오직 국민과 당원의 목소리로 혁신의 길을 걸어나갈 것이다." – 〈2015. 5. 27. 경향신문〉

밖으로 거대여당의 독주를 막고, 안으로 계파갈등으로 인해 약화된 당의 결집과 야권에 등을 돌린 유권자의 마음을 얻기 위해 2015년 5월, 새정치민주연합에서는 유력외부인사와 당내 인사 11명으로 이루어진 혁신위원회를 구성했고, 문재인 대표는 이들에게 당의 권력 모두를 위임하겠다고 발표했다.

혁신위원회의 정식명칭은 '당권재민(黨權在民) 혁신위원회'다. 이대로 가면 선거 패배는 물론 당이 공중분해 될 지도 모르는 일촉즉발의 위기 속에 혁신위원회가 꾸려졌고, 위원장인 김상곤(金相坤)의 취임 일성에는 이와 같은 위기의식이 그대로 드러나 있다. 이 혁신이 성공하면 모르겠지만, 만약 실패할 경우에는 야권의 지각변동은 피할 수 없는 현실이 될 가능성이 높다.

당초 다수의 국민들은 혁신위의 위원장은 '유력한 정치인' 또는 '외부 유력인사'가 맡게 될 것으로 예상했다. 그런데 예상을 깨고 '경기도 교육감' 출신인 김상곤이 위원장 자리에 앉았다. 교육감 역시 선거로 뽑는 사람이라 정치와 전혀 무관하다고 할 수는 없으나, 정당 활동과는 거리를 두어야 하는데, 정치 경력이 없다고 봐도 무방한 김상곤이 과연 이 자리에 맞는 사람인가 하는 의문을 가진 사람이 적지 않았다.

김상곤은 1971년 서울대학교 상과대학 학생회장, 서울대학교 총학생회장을 했다. 1986년, '6월 항쟁 교수 선언'을 주도했으며, 1987년 '민주화를 위한 전국교수협의회'의 창립을 주도했다. 1988년 '민주화를 위한 전국교수협의회' 총무 간사로 활동했으며, 1995년부터 1997년까지 '민주화를 위한 전국교수협의회' 공동의장직을 수행했다. 2007년부터 2008년 까지 '(사)비정규노동센터' 대표 및 이사장을 지냈다. 1983년부터 2009년까지 한신대학교 경영학과 교수로 재직했다.

이렇게 보면 김상곤은 오랜 기간 교육계에 몸담고 있었으므로 정당으로 가지 않고 자신의 경험을 최대한 살릴 수 있는 교육감 선거에 출마했다고 짐작해 볼 수 있겠다. 정치와는 분명 거리가 있는 자리다. 그런데 그의 사회활동의 대부분은 정치와 밀접하게 관련되어 있었음도 알 수 있다. 김상곤은 약 26년의 세월을 '민주화 운동'에 바쳤고, 이후에는 '비정규직'문제 해결을 위해 노력해 왔다. 제도권에 있지는 않지만, 아주 오랜 시간동안 '정치활동'을 해 왔으며, 그 이력을 바탕으로 우리나라 제1야당을 혁신하겠다고 나선 것이다. '정치가'로서 자격은 충분히 갖추었다고 할 수 있겠다.

조진이 차근차근 경험을 쌓으면서 대장군 자리에 오른 것처럼 김상곤 역시 재야에서 풍부한 정치경험을 쌓고 위원장 자리에 앉게 된 것으로 볼 수 있다. 30년 가까운 시간동안 한 길을 걷는 일은 아무나 할 수 있는 게 아니다. 아무래도 제도권 속에서 벌어지게 될 실전에서는 다소간 약점을 노출할 수 있겠지만, 결코 녹록하게 볼 사람은 아니다.

현실정치의 벽은 높았다. 그러나…

김상곤은 2009부터 2014년까지 제14대 · 15대 경기도 교육감을 지냈다. 교육감으로 있으면서 의미 있는 성과를 냈다.

"혁신학교를 알기 쉽게 말씀드리면, 창의적인 교육을 통해 행복한 재학생, 자신감 있는 졸업생을 기르는 학교라고 할 수 있습니다. 대학입시 교육, 줄 세우기 교육을 벗어나서 학생들 한 명 한 명의 개성과 소양에 따라 여러 분야에서 똑똑한 아이들을 키웁니다."

"MB 자사고 몰락, 김상곤 혁신학교가 옳았다." – 〈이상 김상곤 공식 사이트〉

2009년에 13개교에 불과했던 혁신학교는 2014년 3월 현재 282개교로

늘어났다. 혁신학교는 김상곤의 대표적인 업적이라 할 수 있다. 무상급식 시행
역시 빼놓을 수 없는 성과라 할 수 있다.

"무상급식에 대한 논란도 많았지만 이제는 시간문제입니다. 이미 절대
다수의 국민들이 지지합니다. 좋아하는 정당이 어디든지 관계없이 찬성하는 사
람이 두, 세 배나 많습니다. 정당을 가리지 않고 많은 지방자치단체장 후보들
이 무상급식을 공약하고 있습니다. 초등학생과 중학생 모두가 무상급식의 행복
을 누릴 수 있는 날은 생각보다 아주 가깝게 다가와 있습니다."
  – 〈김상곤 공식 사이트〉

경기도는 2009년 9월부터 이듬해 3월까지 약 6개월 동안 무상급식 시
행 학교 수를 84개교에서 460개 교로 늘렸다. 김상곤은 2014년까지 무상급
식을 지속적으로 확대하겠다고 약속했다. 그러나 경기교육위원회의 위원 7명
이 초등학교 무상급식 예산을 50%나 삭감해 버렸다. 비판이 쏟아지자 이들은
"경제적으로 어려운 도내 학생들이 골고루 무상급식 혜택을 받을 수 있도록 삭
감했다."는 궤변을 늘어놓기도 했다. 이외에 김상곤은 전국 최초로 추진했던
'학생인권조례'를 통과시켰다. 학생인권조례에는 '체벌 금지, 강제 야간자율학
습 금지, 두발 길이 규제 금지, 학생 동의 아래 소지품 검사, 대체과목 없는 종
교 과목 수강 강요 금지, 휴대전화 소지 허용, 무상급식ㆍ직영급식을 위해 교
육감이 노력할 것, 학생인권심의위원회 및 학생인권옹호관 신설' 등의 내용이
담겨 있다. – 〈김상곤 공식 사이트〉

이처럼 교육감으로서 탁월한 능력을 발휘하던 김상곤은 자신의 활동반경
을 정치권 전반으로 넓힐 계획을 하고 이를 실행에 옮기기에 이른다. 드디어 제
대로 된 실전을 치를 준비를 하는 것이다.

"아이들이 살아갈 '더불어 행복한 공화국'을 만들기 위해 새로운 길로 출발한다.…비록 험한 길이지만 이 길이 우리 시대가 저에게 요구하는 엄중한 명령이라면 기꺼이 걸어가겠다.…사회가 함께 변하지 않으면 교육을 통한 민생의 안정도, 공동체의 행복도 굳건할 수 없다.…민주당과 새정치연합이 스스로 기득권을 내려놓고 가치통합에 기초하여 새로운 정치지형을 만들어냄으로써 국민의 가슴에 희망의 불씨를 지펴내고 있다. 저 또한 절박한 시대적 부름 앞에 저의 부족한 능력이나마 기꺼이 보태고자 한다."－〈2014. 3. 4. 한겨레신문〉

김상곤은 경기교육감의 임기를 채우지 않고 사퇴하여 경기도지사에 출마하겠다고 선언했다. 당시 당내에는 김진표라는 거물이 경선 상대로 버티고 있었고, 김상곤의 민주화운동 이력을 아는 사람들은 그가 제도권 정당으로 들어가선 안 된다며 출마를 반대하기도 했다. 새누리당에서는 김상곤을 두고 '기회주의자'라고 비난했으며, 야권 지지자 중 상당수도 교육감 선거에 다시 나서야 한다고 주장했다. 여러모로 김상곤에게는 불리했다.

"오늘 후보로 선출되신 김진표 후보님께 축하의 말씀을 드립니다.…이번 지방선거는 새정치민주연합이 박근혜 정권을 심판하는 선거가 되어야 합니다. 저 또한 이러한 역할을 위해 남은 선거기간 동안 최선을 다하겠습니다.…새정치민주연합은 처절한 정치혁신을 통해 다시 태어나서 지방선거 후 앞으로 다가올 재보궐 선거와 총선, 그리고 대선에까지 반드시 승리를 만들어야 합니다.…저는 이러한 정치혁신과 새정치민주연합의 승리를 위하여 밀알 같은 힘이나마 보태고 새로운 대한민국이 될 수 있도록 끝까지 노력할 것입니다."
－〈김상곤 공식 사이트〉

자기 자리를 모두 잃고도 김상곤은 품위를 잃지 않았다. 오랜 동안 재야와 학계에서 활동하면서 쌓인 경륜이 있었기 때문이었다. 어찌되었건 김상곤은 처음 제대로 치러본 실전에서 현실정치의 높은 벽을 절감해야 했다. 교육감 직을 훌륭히 수행해 내었음에도 불구하고 김상곤에게 그 이상의 도전은 허락되지 않았다. 유권자들은 교육감을 '정치인'으로 보지 않았고, 민주화 운동의 외길을 걸어온 김상곤의 이력에도 큰 매력을 느끼지 못하거나 주목하지 않았던 것이 실패의 원인 중 하나가 아닐까 한다.

이런 가운데 김상곤은 다시 한 번 현실정치의 높은 벽을 넘기 위한 도전을 시작했다. 교육감 직보다 어렵고, 경기도지사 경선보다 힘든 '제1야당의 구조를 바꾸는 일'이었다.

"의원님들에게 호소합니다. 새정치민주연합은 의원님들의 것이 아닙니다. 앞서 간 선배들이 피와 땀으로 일군 새정치민주연합입니다. 국민과 당원의 힘으로 지탱하는 국민과 당원의 새정치민주연합입니다. 국회의원이 가진 것이 있다면 그것은 국민과 당원에게 빌려 쓰는 것일 뿐입니다.…지금 우리 당에서 벌어지고 있는 싸움에는 의로움이 없습니다. 국민과 당원의 목소리도 없습니다. 미래에 대한 희망도 없습니다. 희생으로 쌓아 올린 새정치민주연합에 그저 기득권의 북소리만 높을 뿐입니다. 멈춰주십시오. 제발 멈춰주십시오. 역사에 부끄러움을 남기지 말아 주십시오. 함께 혁신의 길로 가 주십시오."

— 〈2015. 6. 18. 당권재민혁신위원회 페이스북〉

김상곤은 2016년 총선 불출마 선언을 하고, 이른바 '친노', '비노', '정세균계', '김근태계', '손학규계', '박지원계' 등 다양한 이름으로 불리는 계파를 해체하겠다고 나섰다.

김상곤과 혁신위원회 그리고 제1야당의 앞날은?

김상곤의 교육감 재직시절의 업적과 그에 따른 국민의 높은 신망을 평가절하할 수는 없다. 김상곤은 오랜 시간 정치수업을 쌓았고, 교육감직을 수행하면서 자신이 수립한 계획은 실천에 옮기는 능력을 보여주었으며, 인품도 훌륭하다. 위원장 역할을 훌륭히 해낼 수 있는 바탕은 충분히 갖추었다고 본다.

그러나 김상곤과 혁신위, 제1야당의 앞날을 낙관할 수만은 없어 보인다. 이들을 둘러싼 주변의 상황이 너무 좋지 않기 때문이다. 당대표도 당을 완전히 장악하지 못한 상태인데 어찌 보면 그의 지원을 받는 김상곤이 제대로 힘을 낼 수 있을지 의문이다. 상당 기간 지속되어 오던 계파정치가 단 몇 개월 만에 사라질 수 있을 거라고 보지는 않는다. 이와 관련하여 새정치민주연합의 김용익 의원은 다음과 같이 말했다.

"지난번 당직 인선에서도 패권주의가 아닌 탕평주의 원칙이 적용됐다. 그러나 계파 구조 때문에 이 '탕평주의'가 계파별 안배에 그치고 말았다.…앞으로의 당무 집행에서는 '능력별 탕평주의'가 이루어져야 하고 이를 바탕으로 당의 위기를 극복해야 한다.…'친노'에게 폐쇄성이 존재하는 것은 부인하기 어렵다.…그러나 이것이 '친노' 의원들이 의도한 바는 아니라고 보인다. 우리 당의 역사적, 문화적 배경으로 문재인 대표에 대한 거리감의 격차가 자연스럽게 발생하고 있는 것." – 〈2015. 5. 22. 뉴시스〉

김용익 의원의 발언은 비교적 온건하지만, '친노'한테는 폐쇄성이 있고, 그 수장인 문재인과 당의 색깔이 잘 맞지 않는 문제가 있다며 우회적으로 '친노'를 비판하는 것으로 보인다. 박지원 의원(현 국민의당 원내대표)은 노골적으로 혁신위를 향해 엄포를 놨다.

"엊그제 이종걸 원내대표와 전직 원내대표들이 오찬간담회를 했는데, 거기서 이 원내대표가 혁신위의 이름을 '친노 패권주의 타파위원회'로 하려고 했다고 말하더라.…조국 교수가 창조적 파괴라는 말을 썼는데, 좋은 말 …문제인 대표와 혁신위가 잘못하면 당내 신당 창당파가 '창조적 파괴'라는 말을 쓸 수도 있고, 나도 신당파에 가담할 수 있다." 〈2015. 6. 12. MK 뉴스〉

어쨌든 이런 발언이 나오는 배경에는 '친노'와 '혁신위'에 대한 불신이 자리하고 있다는 점을 간과할 수 없겠다.

이런 가운데 호남에서 태풍의 눈으로 떠오르고 있는 천정배 의원의 존재를 무시할 수 없다.

"정치 세력화는 호남의 전·현직 의원만으로는 가능하지도, 바람직하지도 않다.…창당을 결정한다면 당연히 전국적 수권(受權) 정당을 목표로 한다.…분명한 것은 지금의 새정치연합으로는 정권 교체가 불가능하다는 것."
〈2015. 7. 3. 조선닷컴〉

조진이 강적 제갈공명과 어렵게 싸우면서 내부의 사마의까지 견제해야 했던 것처럼, 김상곤에게는 어쩌면 그보다 더 험한 조건에서 강한 상대와 싸워야 한다는 부담이 있다. 결국 공천문제로 각 계파 간 충돌이 불가피할 것인데 이것을 어떻게 해결해야 할 것인가. 공천문제를 해결해서 당의 전열을 정비한다고 해도, 천정배 세력과 경쟁을 해야 한다. 그걸로 끝이 아니다. 진짜 상대는 새누리당이다.

"지금 한국정치와 새정치연합에 필요한 건 '본립도생(本立道生, 근본이 서야 도가 생긴다)'이다.…이 네 글자는 정당이 만들어야할 기본, 제대로 만드는 게 필요한 시점을 말한다.…지금 당 상황은 녹록치 않다. 당원들과 국민들로부터 외면 받고, 마음에 들지 않게 된 지금의 상황을 어떻게 바꿔야 하는지가 우리 앞에 놓인 과제 ⋯ 2008년부터 6차례 혁신위가 있어 왔지만 당원과 국민들로부터 배척당하고 이제는 분당이나 신당까지 얘기가 나오는 상황 ⋯이것을 극복하지 않으면 당의 미래 뿐 아니라 한국정치가 염려되는 상황이 올 것."

　　　　－〈2015. 7. 3. 경향신문〉

　　맞는 말이다. 앞으로 김상곤과 혁신위 그리고 새정치민주연합은 어떤 길을 걸어가게 될 것인가. 우선 김상곤은 결의에 차 있다. 앞서 보았듯 경륜이 있고 추진력도 있으며 인품도 훌륭하다. 혁신위원장 일을 충분히 잘 해 낼 수 있는 사람이다. 그러나 역시 제대로 된 정치의 실전경험이 부족한 것이 약점이라 할 수 있겠다. 당대표가 조조처럼 강단 있는 사람이 아닌 문재인이라는 점도 김상곤의 힘을 약화시키는 요소가 될 수도 있다. 이에 비해 내외의 적은 매우 강하다. 현재로서는 김상곤을 떠나보낸 뒤에 그의 빈자리를 느끼게 될 가능성이 높다고 본다.

　　2015년 12월 14일 칼라밍에 게재한 글임을 밝힙니다.

제갈공명의 후계자

13 진선미는 비의다

비의 – 제갈공명의 후계자

費褘

    비의는 촉한의 대장군까지 올라간 전략가면서 뛰어난 문관이다. 내정에 일가견이 있는 사람이었고, 섣불리 전쟁을 하려 하지 않았다. 매사에 신중했고, 담대하면서도 공정한 성품을 지니고 있었다. 무엇이든 철저히 준비를 하는 태도를 지니고 있었기에 제갈공명은 자신의 뒤를 이을 사람으로 비의를 추천했다.

    더불어민주당 진선미 의원은 국정원 대선개입 사건을 폭로하면서 대중에게 알려졌으나, 자극적인 언사로 대중에게 인기를 얻으려는 정치인이 아니다. 진선미는 보이지 않은 곳에서 자신의 역할을 꾸준히 하고, 성과를 내도 크게 자랑하지 않는다. 늘 자신을 낮추고, 돌아보는 사람이며, 매사에 신중을 기한다. 비의처럼 서두르지 않으면서 점진적인 사회 변혁을 추구하는 정치인이다. 이런 까닭에 진선미는 비례대표 출신이면서도 강동(갑) 지역구에 출마하여 당선되는 기염을 토했다. 진선미는 우리나라 정치의 큰 자산이라고 할 수 있겠다.

    227년, 제갈공명은 지금까지 명문으로 일컬어지는 「출사표(出師表)」를 쓰고 북쪽의 위나라를 치러간다.

    "선제(先帝, 유비)께서 창업하신지 반도 되지 못하였는데 도중에

돌아가셨고, 지금 천하는 셋으로 나뉘어졌으되 익주는 피폐해 졌으니
이는 진실로 나라의 존망이 걸린 위급한 때라고 하겠습니다."

제갈공명은 자신이 익주를 비웠을 경우, 자기 대신 대소사를 챙길 사람
들을 일일이 거명하면서 충성심을 드러낸다.

"시중, 시랑 벼슬을 하고 있는 곽유지, 비의(費禕), 동윤 등은 모두
어질고 진실하며, 뜻이 충실하고 순수하여 선제께서 이들을 여러 사람들
중에서 선발하여 폐하께 남겨주셨으니, 제가 생각건대 궁중의 일은
크고 작음을 막론하고 이들에게 물은 뒤에 시행하시면, 반드시
부족한 부분을 보충하고, 널리 이익이 되는 일이 있을 것입니다."

전투와 권모술수가 난무하는『삼국지』에서 비의와 같은 문관은 크게 주
목받지 못하는 게 사실이다.『삼국지』에 깊은 관심이 있는 독자들이 아는 인물
이라 하겠다. 그러나 탄탄한 내정이 바탕이 되어야 선생노 가능하나는 점에서
비의는 없어서는 안 되는 사람이었다. 출사표에 이름이 나오는 것만 봐도 비의
는 보통사람이 아니었음을 미루어 짐작할 수 있다.

234년, 제갈공명은 위나라 공격에 성공하지 못하고 진중에서 죽는다.
제갈공명의 병이 위중하다는 소식을 들은 황제는 이복이라는 사람을 사자로 보
냈다. 이 때 제갈공명의 목숨은 경각에 달려있었다. 이복이 말했다.

"승상의 백년 후의 일을 누구한테 맡기면 되겠습니까.
폐하께서 묻고 오라 하셨습니다."

"제가 죽은 뒤에 큰일을 맡길 만한 사람은 장완 장군이라고 생각합니다."

"그 다음으로는 누가 좋겠습니까?"

"비의가 뒤를 이을 만합니다."

천하의 큰 인재 제갈공명이 자신의 후계자로 지목한 비의, 어떤 사람이었을까.

차분하면서도 담대한 성품, 공정한 태도를 지닌 사람

비의는 어린 시절, 아버지를 잃고 집안 어른의 집에서 자랐다. 원래 형주 지역에 속하는 강하 사람으로 촉 지역으로 유학을 가 있었는데, 유비가 이 지역을 점령하자 이곳에 머물면서 벼슬살이를 시작했다. 「출사표」에 나오는 동윤과 함께 명성이 있었다.

허정이라는 사람이 아들을 잃었는데 동윤은 비의하고 장지까지 가게 됐다. 동윤은 아버지의 수레를 빌렸는데, 수레가 좁아서 타기 어려웠다. 어쨌든 둘이 수레를 타고 장지에 가니 그 곳엔 제갈공명을 비롯한 조정의 인사들이 와 있었다. 동윤은 좁은 수레에 탄 걸 부끄러워했지만, 비의는 얼굴빛을 바꾸지 않고 태연자약했다. 이런 모습이 제갈공명한테 각인이 되었던 것일까? 제갈공명은 비의를 특별히 아끼기 시작했다.

225년, 제갈공명은 남쪽의 맹획 세력을 평정하고 돌아온다. 조정의 대신들이 이들을 맞이하러 갔는데, 제갈공명은 비의를 보자 자신의 수레에 함께 타도록 했다. 이 때 비의는 지위가 높지 않았고, 나이도 어렸다. 이 일이 있은 뒤로 모두들 비의를 눈여겨보기 시작했다. 이처럼 비의는 제갈공명과 떼어 놓고 말할 수 없는 사람이다. 제갈공명은 비의의 어떤 점을 높이 평가했을까?

제갈공명은 남쪽을 공격하고 돌아오던 길에 비의를 손권한테 보내어 동맹을 성사시키도록 명령했다. 비의는 명을 받들고 손권한테로 갔다. 손권은 일부러 비의한테 농담을 하거나, 비웃기도 하면서 비의를 시험했다. 동시에 제갈각과 같은 변설가를 시켜 비의를 공격하게 했다. 그러나 비의는 상대방이 어떻게 나오든 괘념치 않고 바른말을 하면서 시종 품위 있는 자세를 잃지 않았다. 끝내 비의를 굴복시키지 못한 손권은 비의에게 찬사를 보냈다.

"당신은 천하의 미덕을 갖췄으므로 반드시 촉나라의 큰 신하가
될 것입니다. 우리나라에 자주 오시지 못할까 걱정입니다."

비의는 손권과 촉나라의 동맹을 성사시키고 돌아왔다. 제갈공명의 눈은 정확했다. 보통의 경우 사람들은 자신을 돌봐준 사람의 잘못에 관대한 편이다. 인지상정이라 하겠는데, 비의는 그렇지 않았다. 제갈공명은 첫 번째 위나라 공격에 실패하자, 책임을 지고 자신의 벼슬을 깎겠다고 했다. 황제인 유선은 대신들을 소집했다.

"일승일패는 병가의 상사인데 승상이 어찌 이런 말을 하는가."

벼슬을 깎지 않겠다는 말이다. 모두들 수긍하는 가운데 비의가 나선다.

"저는 '나라를 다스리는 사람은 반드시 법을 잘 지켜야 한다.'고
들었습니다. 만약 법이 제대로 행해지지 않는다면 어떻게 백성을
복종시킬 수 있겠습니까. 승상이 이번 패전에 대해 책임을 지고
벼슬을 깎는 일은 당연히 해야 할 옳은 일이라 생각합니다."

황제는 비의의 바른 의견을 받아들일 수밖에 없었다. 제갈공명의 벼슬을

우장군(右將軍)으로 깎는다는 조서를 내렸다. 비의는 이 조서를 받들고 제갈공명을 찾아갔다. 이처럼 비의는 욕심이 없고, 공정한 사람이었다.

조화와 안정을 꾀했던 명 참모

제갈공명이 죽은 후부터 촉나라는 쇠락의 길로 접어 들었다. 비의는 제갈공명이 죽은 뒤에 후군사(後軍師)가 되었다가 대장군까지 승진했다. 문관계통의 일에만 능했던 것이 아니라 군대의 일에도 일가견이 있었다. 비의는 세상을 떠날 때까지 주로 촉나라를 방어하는 데 전력을 기울였다. 촉나라만의 국력으로는 위나라를 칠 수 없다고 생각했기 때문이다. 그리고 자신의 능력은 결코 제갈공명에 미치지 못한다는 사실도 알고 있었다.

249년, 위나라에서 항복해 온 명장 강유는 황제에게 위나라로 출병하게 해달라고 청했다. 비의가 만류했다.

"얼마 전 장완과 동윤이 차례로 세상을 떠나서 내정을 담당할 사람이
없습니다. 장군께서는 때를 기다렸다가 출병하십시오.
가볍게 움직일 때가 아닌 것 같습니다."

강유가 대거리한다.

"그렇지 않습니다. 인생은 마치 봄날의 꿈과 같은데 덧없이 세월만
보내다가 언제 중원을 차지할 수 있겠습니까!"

"손자병법에 '적을 알고 나를 알면 백 번 싸워도 위태롭지 않다'고
했습니다. 우리는 모두 돌아가신 승상만 못합니다. 승상께서도 하지
못하고 돌아가셨는데 하물며 우리들이겠습니까."

어찌 보면 무척 약한 소리인 것 같지만, 냉정하게 자신과 국가의 현실을 파악했다고 볼 수도 있겠다. 결국 강유는 출병했지만, 이기지 못하고 돌아왔다. 비의가 살아 있는 동안 강유는 대규모 출병을 하지 못했다. 비의가 번번이 말렸기 때문이었다. 비의가 죽자 비로소 강유는 대군을 출동시킬 수 있었다. 비의는 강한 군사력은 탄탄한 내정에서 나온다고 믿었고, 그 소신대로 살다간 사람이었다.

비의는 매사에 엄격했지만, 인화(人和)를 중시했다. 제갈공명이 두 번째로 위나라를 공격했다가 실패하고 철군을 할 때, 이엄이라는 장수가 제갈공명을 무고한 일이 있었다. 황제 유선은 이엄의 무고에 슬며시 마음이 흔들렸다. 자초지종을 알게 된 제갈공명은 크게 화를 내며, 이엄을 죽이려 했다. 비의가 말렸다.

"이엄은 선제(先帝, 유비)께서 뒷일을 부탁한 사람입니다.
너그러이 용서해주시는 게 나을 것 같습니다."

이엄을 죽이게 되면, 황제가 처음에 마음이 흔들렸던 일까지 책망하는 셈이 된다는 말이다. 머리회전이 잘 되는 제갈공명은 비의의 말에 따랐다.

제갈공명이 죽을 무렵 촉나라 최고의 장수는 위연이었다. 위연은 자부심이 강해서 제갈공명의 작전에도 이의를 제기했고, 특히 양의라는 장군과 늘 반목했다. 결국 배반을 해서 죽임을 당하지만, 제갈공명이나 비의한테는 위연의 무예가 필요했다. 이래서 비의는 늘 위연을 우대했고, 양의와 다툴 때는 둘 사이에서 바른말로 깨우쳐주고 훈계했다고 한다. 제갈공명이 마음 놓고 싸움을 하게 된 바탕에는 비의의 노력이 있었다.

253년, 비의는 조정에서 열리는 연회에 참석했다. 이 자리에는 위나라에서 항복해 온 곽순이라는 사람이 있었다. 이 사람은 거짓으로 항복해 온 거였는데, 비의는 이 곽순의 칼에 목숨을 잃고 말았다. 허무한 일이라 하지 않을 수 없다. 제갈공명의 후계자로서 내정과 군사 두 방면 모두에 일가견이 있었던 비의는 이렇게 생을 마감했다.

제갈공명이 세상을 떠나면서 촉나라는 쇠락하고 있었으므로, 이 흐름을 비의 혼자서 막을 수는 없는 일이었다. 그러나 비의가 있어서 촉나라는 쇠락을 조금이나마 늦출 수 있었다. 제갈공명 사후 촉나라를 부지하는 큰 기둥이었던 것이다. 비의가 죽자 촉나라는 강유의 활약에도 불구하고 얼마 못 가서 멸망하고 만다.

정사『삼국지』를 쓴 진수는 이렇게 말한다.

"장완은 정직하고 엄숙하며, 위엄이 있고,
비의는 너그럽고 널리 사랑했다. 이들은 모두 제갈공명이 정한
법도를 따랐으며, 고치지 않았다.
그러므로 변방 지역에 근심이 없고 나라가 화평하며 통일되었다."

시중에 나오는『삼국지』에 비의를 '비위'로 표기하는 경우도 있습니다.
비의가 될 때는 '禕'를 쓰고, 비위가 될 때는 '褘'를 씁니다.
왼쪽의 부수 글자가 전자는 '示(시)'이고 후자는 '衣(의)'입니다.
정사『삼국지』의 원문을 확인해 보니 '비의'가 맞는 표기입니다.

진선미 더불어민주당 의원
만인이 인정하는 사람

"진선미 의원의 경우 새누리당 보좌진들로부터 모두 의정활동 평가 A등급을 받았으며, 안전행정위원회 출입 담당 더300 기자들로부터도 모두 A등급을 받아 만점으로 평가됐다. 카운터 파트의 실무진과 상임위 담당 기자들로부터 만장일치로 호평을 받은 것이다." 〈2015. 11. 20. 로이슈〉

더불어민주당 진선미(陳善美) 의원은 지난 2013년 5월 국정원의 대선개입 의혹을 제기하면서 일반에게 알려지기 시작했다. 진선미는 같은 당의 김현과 함께 이 사건에 대한 국정조사 특별위원회 위원이 되었지만, 새누리당의 공격이 시작됐다. 국정원 여직원이 스스로를 가둔 이른바 '셀프감금'의 현장에 있었고, 국정원의 대선개입 정황에 대해 누구보다 잘 알고 있는 사람이었으므로 새누리당 처지에서는 진선미를 그냥 놔둘 수 없었다. 새누리당은 진선미와 김현이 사퇴하지 않으면 국정조사에 참여하지 않겠다고 행패를 부렸다.

새누리당이야 반대쪽에 있으니 그렇다 치고, 민주당의 대응은 유약함을 넘어 실망스러운 수준이었다. 이렇다 할 저항도 하지 않았음은 물론, 이들을 지켜주어도 모자랄 판국에 그대로 방치했으며, 우회적으로 사퇴를 종용하기까지 했다. 역사상 가장 무능한 야당대표라고 불러도 손색이 없는 김한길이 그 중심에 서 있었다. 김한길은 국정원 대선개입을 규탄하는 집회장소인 서울광장에 커다란 텐트를 쳐 놓고, 그 안에서 한가롭게 독서를 즐겼던 인물이다. 외부의 공격과 내부의 방치 덕분에 진선미는 결국 자진사퇴를 했고, 국정조사 역시 흐지부지 끝나 버렸다.

이렇듯 진선미는 국정원 대선개입 사건 때문에 유명해졌고, 그러하기에 진선미를 우선 '강단 있는 투사'로 보는 시각이 있기도 하다. 그러나 진선미의 본래 모습은 이와는 거리가 조금 있다고 본다. 싸우지 않는 사람은 아니지만, 선봉에서 이슈를 이끌면서 싸우는 스타일은 아니다. 서두에 나온 것처럼 자신의 임무에 충실하면서 정치를 '가꿔 나가는' 스타일이라고 보는 게 나을 듯싶다. 투사 스타일이었다면 '새누리당' 보좌진한테서 A등급을 받기 어려웠을 것이다.

"변호사 출신 진선미 의원은 일선 경찰관 커뮤니티인 '폴네띠앙'으로부터 평소 경찰에 대한 깊은 관심과 이해를 인정받아 감사패를 받았다. … 진선미 의원의 19대 국회 의정활동과 서울 경찰 CPTED 연구회 위원활동, 경찰 직장협의회 추진 등의 활동을 높이 평가했다. … 계약해지 통보를 받은 의경 부대 영양사들의 무기계약직 전환문제 해결, 서울 강동경찰서 암사지구대 근무환경 개선 등 남다른 경찰사랑과 치안서비스 개선에 기여한 점 등을 감사패 수여의 이유로 꼽았다." – 〈2015. 12. 21. 로이슈. 기사 일부 수정〉

치안을 책임지는 경찰로부터도 호평을 받았다. 내용을 살펴보면 진선미의 관심사가 어디에 있는지 짐작할 수 있다. 진선미는 경찰의 활동에 바탕이 되는 '내정'을 중시했다.

"강동갑에서 활동 중인 진선미 의원(안전행정위원회 · 여성가족위원회 · 국회운영위원회)이 2년 연속 NGO모니터단 선정 국감 우수의원으로 뽑혔다.

진선미 의원은 이종걸 원내대표를 제외하고 유일하게 3개 상임위를 보임하고 있다. 진 의원은 15년 국정감사에서 3개의 상임위에 모두 개근하며 종횡무진 활약을 보였다."- 〈2015. 12. 8. 구민신문. 기사 일부 수정〉

제갈공명이 효율적인 싸움을 할 수 있도록 내정을 충실히 했던 비의처럼 진선미 역시 이 사회가 제대로 돌아가도록 자신의 역량을 쏟고 있음을 알 수 있다. 이 사회의 제갈공명들이 진선미를 인정하는 이유라고 하겠다.

언제나 약자의 편에 서서

"제가 중학교 3학년일 때, 아버지가 돌아가셨거든요. 지금까지 살아계셨다면, 87세 정도 되실 텐데 워낙 힘겨워 하셨어요. 한국전쟁 당시 평양사범 1학년이었는데, 국군이 올라왔을 때 정훈장교로 합류해서 남쪽으로 내려오셨대요."- 〈2015. 12. 9. 시사위크〉

진선미는 1967년 전북 순창에서 4남 1녀 중 막내로 태어났다. 고향을 떠나 타지에 살았던 비의와는 달리 진선미는 순창에서 고등학교를 마쳤다. 부친이 돌아가셨으므로 집안 살림이 넉넉하지 않기 때문이다. 어머니가 탁구장을 운영하며 5남매를 키웠다고 한다. 이래서 진선미는 학업성적이 우수했으나 큰 도시로 나가지 못했다.

"… 그래서 전주로 못가고 그냥 순창에 남게 된 거거든요. 근데 그때 선생님, 너무나 훌륭한 선생님을 만났고. 그리고 변호사 시작할 때 이석태 변호사님이란 분을 통해서 문이 열렸고. 그 과정에서 만났던 친구들이 임태훈, 또 그 친구 때문에 동성애자 성소수자에 대한 눈을 뜨게 됐고. 그 인연으로 하리수 씨가 찾아와서 성명권이라는 저작권에 대한 관심과 엔터테인먼트에 대한 관심을 자연스럽게 갖게 됐고요. 그러면서 또 태훈이가 병역거부를 한 거죠. 동성

애자이면서 병역거부를 하게 되니까 그 병역거부 소송을 또…"
– 〈2012. 10. 16. 딴지일보〉

그러나 하늘은 재능 있는 사람을 그냥 두지 않는 법이다. 진선미는 1984년 성균관대학교 법학과에 입학했고, 서른 살이 되던 1996년에 사법시험에 합격했다. 이후 판사나 검사를 선택하지 않고 곧바로 변호사가 되었다. 게다가 우연인지 필연인지 진선미는 인권변호사의 길을 걷게 되었다. 집안 형편이 좋지 못했지만, 큰 굴곡 없이 대학에 갔고, 대학에 가서도 이른바 '운동권' 생활도 하지 않은 사람이 선택한 길 치고는 조금은 의외라는 생각이 든다.

"네. 저는 그런 생각이 들었어요. 어느 순간 마다 내가 인생에서… 어릴 때도 너 커서 뭐가 될래? 이러면 현모양처, 이랬다가 선생님, 이랬다가, 뭐 그런 식으로 굉장히 유치찬란한 삶을 살았기 때문에, 뭔가 계획되고 만들고 의지적으로 그런 건 아니었어요. 그리고 법대는 왜 갔나? 이것도 생각해보면 장학금이… (웃음) 또 의외로 사회 과목을 잘 했다. 그리고 그렇게 삶에서 중요한 변화가 있을 때면 그때 사람이 있었어요." – 〈2012. 10. 16. 딴지일보〉

자신은 의지와 관계없이 '사람'의 만남을 통해서 인생의 전환점을 맞이했다고 말하지만, 단순히 그렇게 봐선 안 될 것 같다.

"작은 시골에서 여학생이 느낀 환경적 차별은 굉장히 컸다. 급한 일이 있어서 아침에 일찍 택시를 탄 적이 있는데, 기사분이 '첫 손님이 여자면 그날 장사는 끝났다. 재수가 없다'며 출발하고 도착할 때 까지 욕을 했다. 그 말에 모멸감을 느끼면서도 그 자리에서는 자존심 때문에 울지 않았지만, 택시에서 내려 펑펑 울었다. 그때 상황은 꿈에서도 나타나 괴롭혔다. 상황이 이렇다보니, 시골에서는 차별에 정면으로 대응하기보다 그런 상황에 놓이지 않으려고 미리 조심했다. 등록금을 제때 못 내거나 공부를 못한다는 이유만으로도 맞던 시절이었다. 사실 황당한 거다. 그때 저항하지는 못했지만, 대신 울분이 쌓였다. 그나마 공부를 잘하는 편이어서 덜 맞았지만, 가난한 시골 여학생이 겪은 차별은 컸고 고통스러웠다." – 〈2014. 11. 26. 프레시안〉

진선미는 이런 일을 겪으면서 '울분'을 쌓아 두었다. 이 울분이 성소수자, 양심적 병역 거부자 등 '사회적 약자'에 대한 변호로 이어졌다고 하겠다. 실제로 진선미가 현 더불어민주당의 비례대표가 될 수 있었던 가장 큰 이유 중 하나는 '호주제'가 '폐지'되는 게 큰 기여를 했다는 사실이다. 진선미는 2000년, 변호사이던 시절 호주제 위헌 소송을 냈고, 결국 2005년, 호주제 폐지를 골자로 하는 민법 개정안이 국회를 통과 하는데 결정적인 역할을 했다. 호주제 폐지는 진선미의 이름을 빼고 말할 수 없다.

이처럼 진선미는 단시간에 눈에 보이는 성과에 급급하기 보다는 오랜 기간을 거치면서 굳어버린 사회의 통념을 천천히 바꿔 결과적으로 '건강한 사회'가 되는 데 기여하는 것에 초점을 둔 사람이라고 할 수 있겠다.

멀리보고 천천히 걸어가는 정치인

위나라와 같은 새누리당에 맞서서 이기려면 야권이 힘을 모아야 하는데 현재 상황으로 봐서는 분열된 상태에서 총선을 치르게 될 것 같다. 완벽히 1대 1 구도를 만든다고 하더라도 승패를 예측하기도 쉽지 않다. 우선 더불어민주당은 올해 총선에서 고전을 면치 못할 것으로 예측을 하고 있다. 현재 더불어민주당의 상황은 제갈공명이 죽은 뒤의 촉나라보다도 더욱 좋지 않기 때문이다.

"정치는 본 (本)이라고 생각한다. 본(本)은 '뿌리'를 의미하기도 하고, 영어는 '탄생', 불어는 '좋은'이라는 뜻이기도 하다. 정치인으로서 삶 속에서 가지고 지켜야 할 기조라고 생각한다. 정치는 부족한 자원을 가장 합리적으로 우선 순위를 정해 배분하는 것인데,… 적정하게 분배되지 못한 것에 대해서는 단연코 문제제기 하고, 분노하며, 그것에 대해 투쟁할 줄도 알아야 한다.… 정치의 근본에 대한 재성찰, 그리고 새롭진 않더라도 사람들이 수용 가능한 정치를 하고 싶고 '감성 정치'의 필요성을 느끼고 있다." – 〈2014. 11. 26. 프레시안〉

비의의 '내정'과 등치할 수 있는 '사회 제도의 점진적 변혁'을 꾀하는 진선미와 같은 사람이 어떤 식으로 이 난국을 헤쳐 나갈 것인가. 이런 상황에서 진선미는 서울 강동(갑)에서 출마를 준비하고 있다. 초선에 비례대표라는 핸디캡을 안고 어떻게 싸워서 어떤 결과를 이끌어 낼지 귀추가 주목된다.

"강동(갑) 지역은 서울 시내와 강남권의 배후 주거지역으로 발전해왔다. 그래서 강동하면, 아이 기르기 좋고 살기 좋은 지역으로 누구나 알고 있다. 구리, 하남, 남양주 등 경기 동부권 지역의 개발이 늘어나면서 이제는 수도권 동부지역의 허브이자 새로운 중심지로 거듭나고 있다. 지하철 5 · 8 · 9호선 연장, 고덕 · 강일 지역의 첨단업무단지와 대형유통시설 등 경제시설 발전, 노후 아파트 재개발이 이러한 맥락 하에 맞물려 진행되고 있다. 자연과 이웃이 어우러지는 살기 좋은 강동, 첨단산업의 핵심도시로서의 강동, 수도권 동부의 교육문화의 중심도시 강동으로 만들기 위한 구체적 청사진을 만들기 위해 열심히 연구하고 있다." – 〈2015. 12. 9. 시사위크〉

이 지역엔 강동구 구청장을 지낸 새누리당의 신동우가 버티고 있다. 강동(갑)의 유권자들이 이처럼 멀리 바라보고 차분히 걸어가는 진선미를 어떻게 보고 있을지 알 수 없다. 강동(갑) 유권자들은 제갈공명이 될 것인가. 곽순이 될 것인가.

2016년 1월 12일 투데이신문에 게재한 글임을 밝힙니다.

14 강자한테 강한 사람

박원석은 서성이다

서성 – 내 소신을 꺾지 마시오!

서성은 맹장 기질을 지닌 사람이지만, 나이가 들면서 전략가로서의 능력을 보여주기도 했다. 문무를 겸비한 장수라고 하겠다. 아울러 자신이 옳다고 생각하면 주군 앞에서도 당당히 소신을 밝히는 사람이기도 했다. 서성은 늘 아군이 불리할 때 능력을 발휘했고, 적군의 세가 강해도 결코 겁먹지 않았다.

정의당 박원석 전 의원은 서성과 같은 기량을 지닌 사람이다. 소수 정당 소속으로서 거대 양당의 기득권에 맞서 당당히 싸웠다. 맹장보다는 전략가 기질이 강한 사람이지만, 자신보다 강한 상대를 만났을 땐 즉시 맹장의 기개를 드러낸다. 아쉽게도 20대 총선에서 민주당 후보에 밀려 낙선했지만, 언제라도 다시 국회에 들어올 만한 능력과 자질을 지닌 사람이라 할 수 있겠다.

225년 가을, 위나라 황제 조비는 손권의 오나라를 치기 위해 대군을 일으켰다. 오나라에 비상이 걸렸다.

"조비가 용선(龍船)을 타고 직접 삼십만 대군을 거느리고 회수를 거쳐 광릉을 접수하고 우리나라로 내려오고 있습니다!"

236

손권이 말했다.

"이 싸움은 육손이 아니면 감당할 수 없겠소."

참모인 고옹이 대답했다.

"육손은 형주를 지키고 있습니다. 움직여선 안 됩니다."

"나도 압니다만, 어쩌란 말입니까. 당장 쓸만한 사람이 없잖소."

이 때 한 사람이 소리치며 나선다. 장군 서성이다.

"재주는 부족합니다만, 제가 위나라 군대를 막아 보겠습니다.
만약 조비가 장강(長江)을 건너온다면 사로잡을 것이고,
오지 않는다면 대신 위나라 군대 절반 이상을 죽여서 다시는
그들이 우리나라를 넘보지 못하게 하겠습니다!"

서성은 오나라 최고의 명참모 육손을 대신해서 자신있게 나선 것이다.
우리나라에는 나도 있다 이거다. 손권은 매우 기뻐했다.

"장군이 강남을 지켜 준다면 내가 무엇을 염려하겠습니까!"

서성은 도독이 되어 군대를 사열한 후 전군에 명령을 내렸다.

"대장과 장교들은 북과 징, 깃발과 창을 풍부하게 준비해서
강 주변 언덕을 굳게 지켜라."

손권 앞에서는 당장 싸울 것처럼 큰 소리를 쳐 놓고는 정작 도독이 되자 방어태세를 갖추고 싸우지 말라고 한다. 대번에 반박이 날아들었다.

"위나라 군대를 쳐부수고 조비를 사로잡으려면 강을 건너야 하는데
어째서 기다리라고 하는 것입니까?"

손권의 조카인 손소였다. 패기 있고 용맹하다고 이름난 장수다. 서성은 손소를 타일렀다.

"조비의 군대는 수가 많고, 명장들이 선봉에 서 있다.
함부로 강을 건너 싸우면 안 된다. 저들이 모두 북쪽 언덕에 모인 후에
쳐부술 계획을 세워 놓았으니 염려하지 말게."

"저한테 삼천 명의 병사가 있고, 저는 광릉 지리도 잘 압니다.
저를 북쪽으로 보내 주십시오. 목숨을 걸고 조비와 싸우겠습니다.
이기지 못하면 군법에 따라 처벌을 받겠습니다."

"안 된다."

"보내 주십시오!"

"안 된다!"

"반드시 조비를 잡아 오겠습니다! 보내 주십시오!"

손소가 자신의 명에 따르지 않자, 서성은 머리끝까지 화가 났다. 버럭 소

리 질렀다.

"네가 명령에 따르지 않으니 내가 다른 장수들을 어떻게 통솔하겠느냐!
여봐라! 당장 손소의 목을 베어라!"

이 광경을 본 손소의 부하는 쏜살같이 손권에게 달려가서 보고했다. 손
권은 깜짝 놀라서 직접 말을 몰고 서성의 진영으로 달려갔다. 손권이 크게 소리
쳤다.

"처형을 멈춰라! 군사들은 칼을 거둬라!"

손소는 죽다가 살아났는데도 정신을 못 차리고 손권한테 징징댄다. 서성
을 헐뜯으면서 싸우러 나가겠다고 우긴다. 손권은 손소의 말을 무시하고 서성
을 만나러 갔다. 서성이 말했다.

"대왕께서는 저에게 도독의 직책을 맡기셨습니다. 손소가 군법을
지키지 않아 사형에 처하라고 했는데 대왕께서 왜 놓아주셨습니까?"

"저 아이가 혈기만 믿고 군법을 어겼으니 벌을 받아야 합니다.
그러나 저를 봐서 한 번 용서해 주시오."

"법은 제가 만든 것이 아니고, 대왕께서 만드신 것도 아닙니다.
나라 사람이라면 모두 지켜야 하는 것입니다. 왕의 조카라고 해서
면해 준다면 앞으로 어떻게 군대를 지휘할 수 있겠습니까?"

손권은 왕의 체면을 버리고 서성한테 매달렸다. 서성은 어쩔 수 없이 손

소를 놓아 주었다.

소수의 병력으로 대군과 싸워 이기다

서성은 젊은 시절 참전한 몇 번의 전투에서는 혈기가 앞서서 늘 싸우자는 주장을 폈지만, 경험이 쌓이면서 상대를 기다리기도 하고, 계책도 쓰면서 노련한 면을 보여주기도 했다.

225년, 자신이 도독이 되어 나선 싸움에서 이런 서성의 기량이 빛을 발했다. 서성은 강 언덕에 허수아비를 잔뜩 세워 놓고 깃발과 창을 꽂아 놓아서 조비의 군대가 감히 강을 건너지 못하게 만들었다. 이렇게 며칠을 보내다가 바람이 강하게 부는 날 밤에 조비의 군대를 화공(火攻)으로 기습했다.

조비의 용선(龍船)은 불에 탔고, 군대는 거의 전멸 당했다. 특히 이 전투에서 위나라의 명장 장료가 화살에 맞았고, 끝내 일어나지 못했다. 서성은 '위나라 군대의 절반을 죽이겠다.'는 약속을 보란 듯이 지켰다.

조조는 죽기 전 손권을 치기 위해 합비로 내려왔다. 전세는 아군에 매우 불리했고, 서성의 군대는 어떻게든 적은 병력으로 대군의 진출을 막아야 했다. 아군은 배를 타고 있었는데 조조의 대군이 강변으로 쏟아져 나오기 시작했다. 아군은 수백 명에 불과했지만, 적 병력은 오만이 넘었다. 모두들 두려워 떨면서 감히 나서지 못한다. 서성이 소리 질렀다.

"두려워 할 것 없다! 맡은 바 임무를 다하면 그 뿐이다!"

서성은 병사를 거느리고 배에서 내려 적진으로 뛰어 들었다. 열심히 싸웠지만 끝내 서성의 부대는 포위되고 말았다. 다행히 명장 주태의 구원을 받아 살아 돌아왔다. 이 싸움에서 비록 승리를 거두진 못했지만, 서성은 소수의 병력으로 적의 대군을 훌륭히 막아냈다.

서성은 아군의 전력이 적군에 비해 열세일 때 용감하게 싸워 공을 이룬 적이 많다. 서성은 장군이 되기 전, 첫 출전에서 이백 명의 병사를 거느리고 천 명이 넘는 적을 상대해서 이겼다. 조비와의 싸움이나 합비에서 조조와 대치할 때도 소수의 병력으로 대군과 잘 싸웠다.

한 번은 조조의 장수 조휴가 거느린 대군이 공격해 들어왔다. 소식을 들은 서성은 병력을 이끌고 출동했다. 그러나 배를 타고 가는 사이 폭풍을 만나 아군 병력이 많이 죽거나 다쳤다. 서성은 살아남은 병력을 수습했고, 양 군은 장강(長江)을 사이에 두고 대치를 하게 됐다. 조휴는 적군 병력이 적은 걸 보고 공격해 들어왔지만, 끝내 서성을 이기지 못하고 돌아갔다.

221년, 손권은 오나라가 아직은 위나라의 상대가 되지 않는다고 판단해서 조비한테 사신을 보내서 위나라를 섬기겠다는 뜻을 밝혔다. 전략적으로 한 발 물러나겠다는 심산이었다. 위나라 황제 조비는 그걸 알고도 받아들였다. 자신들도 오나라를 치려면 전쟁준비가 필요하기 때문이었다.

위나라의 사신은 형정이라는 사람이었다. 형정은 장강을 건너 오나라로 들어갔다. 높은 나라의 사신이므로 목에 힘을 주고 수레를 타고 거만하게 성 안으로 들어갔다. 이 모양을 본 손권의 참모 장소는 형정을 꾸짖었다.

"어디서 감히 이토록 거만하게 구는가.
이 강남 천지에 네 놈 목을 벨 칼이 없는 줄 아는가!"

형정은 깜짝 놀라서 수레에서 내려 손권과 인사를 한 뒤 다시 수레에 올라 손권과 나란히 성 안으로 들어간다. 이 때 수레 뒤를 따르고 있던 서성이 큰 소리를 치며 대성통곡을 한다.

> "우리가 주인을 위해 목숨을 걸고 조조와 유비를 죽이지 못하고,
> 오늘 우리 주인한테 남이 내리는 벼슬을 받게 했으니 세상에 이런 치욕이
> 또 어디 있단 말인가!"

형정은 서성의 말을 듣고 흠칫했다.

'강동 사람들의 기개가 이 정도니 남의 밑에 오래 있을 리가 없겠구나.'

강자한테 강했던 사람

육손은 제갈공명, 사마의와 함께 일컬어지는 명참모다. 모두들 육손이 나서야 한다고 할 때 자신이 가겠다고 나섰으니 서성은 매우 자부심이 강하고 용감한 사람이라 할 수 있다. 나름대로의 부담을 안고 나선 싸움에서 당당히 승리했고, 소수의 병력으로 다수의 적군을 상대하면서 대등하게 싸우거나 이겼으니 지략도 상당 수준에 올라있었다고 평가할 수 있겠다.

왕의 조카인 손소한테 군법을 시행하려고 덤비는 모습에서는 원칙을 중시하는 리더의 면모가 드러나고, 자신의 주군인 손권한테 '법은 당신의 것이 아니다.'고 하는 대목에서는 서성의 강직한 성품을 엿볼 수 있다. '왕이 곧 법'인 시대에서 오히려 왕에게 어깃장을 놓은 수 있는 기개는 아무나 가질 수 있는 건 아니다.

주군한테도 할 말을 다 하는 사람이 적한테는 어떠했을 지는 보지 않아도

알 수 있다. 위나라의 사신이 오자 손권마저 고개를 숙였는데도, 일부러 사신한테 들리도록 큰 소리로 울면서 '조조를 죽이지 못한 것'을 한스러워 한다. 이처럼 서성은 강자한테 강한 사람이었다.

박원석 정의당 전 의원
나의 길을 가리라

정의당 박원석 전 의원은 2008년, 촛불항쟁 '광우병 국민대책회의' 공동 상황실장을 맡은 적이 있다.

"87년 6월 항쟁을 통해서 군사 독재를 무너뜨릴 때도 수십만, 수백만의 시민들이 거리로 쏟아져 나왔습니다. 그게 불법이고, 그게 실정법의 죄를 받아야 하는 것이라면 6월 항쟁 자체가 지금 역사적으로 평가 받지 못할 것입니다. 지금 그런 주장을 하고 있는 것입니다. 그것은 국민들의 정말 저항권의 행사였고 그 저항권을 국민들이 행사하도록 만든 정부에 책임이 있다는 것이 역사적인 평가입니다. 저는 이후에 이명박 정부가 그런 역사적인 평가를 이대로 간다면 받을 수밖에 없다고 생각합니다." - 〈2008. 5. 28. 노컷뉴스〉

결국 박원석을 포함한 백만의 시민은 '명박산성'을 넘지 못했다. 이 일은 시민운동가 박원석이 정치인으로 탈바꿈하는 계기가 되었다.

"중요한 것은 운동이 결정하는 것이 아니라 정치가 결정한다는 점이다. 운동은 문제를 불러일으킬 뿐, 다음 단계로 넘어가도록 하는 것은 정치였다. 운동만으로는 사회갈등을 매듭짓고, 마침표를 찍는 역할은 할 수 없었다. 시민

운동을 통해 한국 사회의 공적 의제를 다뤘던 책임 있는 사람과 집단이 정치적
으로 보다 적극적인 역할을 해야 한다는 생각을 하게 됐다.”—〈2012. 3. 20. 프레시안〉

　　박원석은 1994년 ‘참여연대’ 창립발기인이면서 상근활동가로서 시민운
동을 시작했다. 함께 활동했던 사람은 현 서울시장인 박원순이다. 이 때 박원
순을 비롯한 많은 동료들은 ’제1야당’인 민주통합당으로 가버렸는데, 박원석은
‘진보정당’을 자신의 첫 정치 근거지로 삼았다.

　　“지난 몇 번의 총·대선을 거치면서 시민운동의 정치참여는 대개 민주당
으로 쏠려 온 것이 사실이다. 현실적 집권 가능성이나 제도 정치 참여의 가능성
이 더 넓다보니 그렇다고 이해할 수 있다.…결국 저 정당이 가진 기득권과 맞
서 정면으로 싸우고 기득권을 해소하기 위한 도전을 하기보다, 그에 편승해 가
려고 한 것이 가져온 결과다.…시민정치의 자기 성찰도 필요하지만 동시에 진
보정당 또한 정체된 경향이 있는 것이 사실이다. 적극적으로 자기 자신을 열고
확장해 외연을 넓히는 노력들을 한다고는 했겠으나 소극적이었다. 그런 점에서
시민운동에서 일정한 대표성을 가진 내 선택이 이후 시민운동으로 하여금 다른
선택을 할 가능성을 열어놓는 의미가 있다고 자평한다.”—〈2012. 3. 20. 프레시안〉

　　거대세력에 맞서기 위해 그에 상응하는 조직의 일원이 되는 것이 어찌 보
면 편한 길이 될 수 있겠지만, 박원석은 그렇게 하지 않았다. 박원순 등이 민주
당을 ‘육손’으로 봤다면 박원석은 ‘육손이 아니라도 이길 수 있다’고 말한 셈이
다. 자신은 시민운동에서 ‘대표성’을 지니고 있는 사람이라는 자부심을 지니고
소수의 병력으로 거대세력과 싸워보겠다고 당당히 외친 것이다.

　　“육손만 장수인가? 나도 장수다.”

결과적으로 박원석의 도전은 일단 성공했다. 2012년에 있었던 제19대 총선에서 통합진보당은 10.3%의 득표율을 기록하면서 비례대표 6번까지 당선시켰다. 공교롭게도 박원석의 순번이 6번이었다. 통합진보당은 지역구에서 7명, 비례대표 6명을 보유하게 됐다.

그러나 이후 통합진보당은 큰 고초를 겪게 되었다. 비례대표 선정을 위한 당내 투표에서 부정이 있었다는 의혹이 제기되었고, 검찰은 통합진보당의 중앙당사와 서버업체를 압수수색하겠다고 밝혔다. 결국 이 사건이 빌미가 되어 통합진보당은 분당사태를 맞이하게 되었다.

"이석기 당선자는 왜 안 왔는지 모르겠다. 그런데 그 분은 그날만이 아니라 늘 뵙기 어렵다. 워낙 언론의 표적이 돼 있기 때문에 부담스러운 면도 있겠지만 문제는 당이 위기에 처했을 때, 특히 자신과 연관된 문제로 위기에 처했는데 분명 함께해야 할 분이 안 보이는 상황은 납득이 안 된다. 신비주의처럼 취사선택해서 언론에만 나올 게 아니라 본인 스스로 진보운동의 지도자라면 대중정치에 적합한 태도를 보여야 한다. 본인이 진보운동 자체인 양하면서 자신이 무너지면 진보운동 전체가 무너지는 것처럼 자가당착과 과대망상에 빠져서는 곤란하다." - 〈2012. 5. 24. 오마이뉴스〉

이 사태는 현재까지 많은 논란거리가 되고 있다. 이에 대해 내 견해를 밝히고 싶지는 않다. 동료한테 잘못이 있다고 판단하면 주저 없이 자신의 의견을 피력하는 박원석의 모습에 주목할 뿐이다. 여기에서 멈추지 않았다. 박원석은 '진보진영'의 동료들에게 쓴 소리를 마다하지 않았다.

"진보가 성찰을 멈추면 죽는 거다. 그런데 우리는 지금 성찰이 멈춘 진보를 목격하고 있다. 그저 자신이 옳다고 믿고 일생을 걸고 싸운 사람들. 그러나 자신이 옳다고 믿는 가치가 세상으로부터 지탄받고 의심받는다면 모든 걸 내려놓고 성찰해야 한다. 그런데도 나는 진보니까 옳다? 굉장히 위험한 태도다."

— 〈2012. 5. 24. 오마이뉴스〉

서성이 손소를 끝내 죽이지 않은 것처럼 박원석은 여전히 진보진영에 머물러 있다. 단순히 '정의당 소속 국회의원'이기 때문만은 아닐 것이라고 믿는다.

5석으로 160석과 맞서다

"시민운동 스무해를 접고, 정치를 하겠다고 결심했을 때에 제 마음은 공평하고, 상식이 통하는 사회를 만들고자 하는 것이었습니다. 모두에게 보이지 않는 '기회의 사다리'가 있는 양 포장하는 자본주의에 속아 경쟁의 도가니에서 하루하루를 보내는 사람들에게 희망의 정치를 선사하고 싶었습니다."

— 〈2013. 2. 4. 국회보〉

기개 넘치는 말이지만, 2015년, 정의당한테는 다섯 석밖에 없다. 이 숫자로는 제대로 된 정치를 하기 쉽지 않다. 새정치민주연합과 '연합'을 하지 않으면 눈에 보이는 성과를 거두기가 어려운 게 현실이다. 게다가 박원석은 현직 국회의원이지만, 양당 체제가 굳건한 작금의 현실로 인해 국민들에게 '비교적' 널리 알려진 사람도 아니다. 이중고를 겪고 있는 셈이다.

"돈을 많이 버는 기업들이 세금은 오히려 적게 낸다는 점, 최저한세가 적용되지 않는 공제감면이 대기업에 집중되어 있는 점, 법인세 감세혜택의 65%가 대기업 몫이었다는 점 등 감세효과를 실증적으로 분석하여 발표하였습니다. 부실한 고액체납자 관리, MB 종부세 감세의 가장 큰 수혜지역이 강남 3구라는 점, MB정부 출범 이후 부유층의 증여세 신고율 급격히 낮아진 점 등도 밝혀냈습니다." — 〈2013. 2. 4. 국회보〉

그럼에도 불구하고 박원석은 자신에게 주어진 책무에 최선을 다해 임하고 있다. 국회의원의 주요 책무인 입법 활동도 열심히 해서 '보증인 보호를 위한 특별법', '주택담보대출의 규제에 관한 법률안', '채무자 회생 및 파산에 관한 법률' 개정안, '독점규제 및 공정거래에 관한 법률' 개정안 등 많은 법안을 제출하거나 발의했다.

박원석은 진보정당 소속 의원답게 보수진영을 대표하는 거대 여당을 견제하는데도 고군분투하는 모습을 보여주었다.

"황교안 후보의 위선과 거짓의 가면이 드러나고 있습니다. 제가 서울지방변호사회를 통해 자료를 받아본 결과 황교안 후보는 변호사로 있는 동안 법무법인 태평양 소속으로 단 3건의 사건만 지방변호사회를 경유한 것으로 확인됐습니다. 현행 변호사법 29조는 반드시 소속 지방변호사회를 경유해 법원, 검찰 등 공공기관에 선임계를 낼 수 있도록 돼 있습니다. 지난 2013년 국회 인사청문회 당시 '수임한 101건 모두 선임계를 냈다'고 위증을 한 것입니다. 사실로 확인되면 황교안 후보자는 더 이상 총리 후보로서의 자격도 없으며, 즉각 사퇴해야 할 것입니다." – 〈2015. 6. 5. 박원석 페이스북〉

박원석은 황교안 총리 후보자의 인사청문위원을 맡았다. 제1야당이 제 역할을 하지 못하는 가운데 다섯 석을 가진 소수 정당이 무엇을 할 수 있었겠나. 박원석 혼자 감당하기에는 벅찬 싸움이었다. 그렇다고 해서 가만히 앉아 있을 수만은 없는 일이다. 박원석은 국정최고 책임자인 대통령에게까지 창끝을 겨눴다.

"법률안 거부는 고유권한 행사니 그렇다 치자. 국회를 싸잡아서 퍼붓는 악의와 저주에 찬 비난과 독설은 뭔가? 눈곱만큼의 양심도 없고, 최소한의 주제파악도 못하는 후안무치함에 역겨움이 목구멍까지 치밀어 오른다. 세월호 침몰하던 순간 7시간이나 사라졌다가 나타나 '구명조끼가 있는데 왜 못 구하느냐.'는 잠꼬대 같은 말로 국민들 속을 뒤집어 놓고, 가뭄과 전염병으로 국민의 시름이 끊일 새 없는 이 난국에 시장 돌아다니며 홍보사진 찍고, 이미 다 말라죽은 논에 물대포나 쏴 재끼고, 써 준 거 읽을 때 외에는 도무지 초등학생만큼도 조리 없고, 알아들을 수도 없는 말만 해대는 사람이 국민의 대표기관인 국회를 향해 '내 말 안 들으면 선거에서 다 떨어뜨려야 한다.'고 독기를 세우는 적반하장의 정신상태가 기가 찰 따름이다. 그 아버지에 그 딸이라더니 계엄 선포해 국회를 해산이라도 하겠다고 나올 기세다. 아니면 모두가 본인에게 복종하길 바라고, 여왕이라도 되고 싶은 건가?" -〈2015. 6. 25. 박원석 페이스북〉

다섯 석밖에 없는 미니 정당 소속이라지만, 이런 정도의 기개를 보니 적어도 지금보다는 나아지지 않을까 하는 기대를 하게 만든다.

'남의 밑에 오래 있을 리가 없겠구나!'

이겨야 하고, 이길 것이다

박원석은 소수 정당 소속 이며, 지역구가 없는 비례대표라는 한계로 인해 무언가 큰 현실적 업적을 남기지는 못하고 있지만, 진보정당 사람답게 '없이 사는 사람', 다시 말해 '소수'의 목소리를 대변하기 위해 최선을 다하는 사람임에는 틀림없다고 하겠다. 그러면서 끊임없이 자신과 소속정당이 가진 한계를 극복하려 노력하고 있다.

2016년, 박원석은 더 큰 도전에 나선다. 자신의 고향인 수원에서 비례대표 딱지를 떼고 지역구 의원이 되겠다고 선언했다.

"새누리당, 새정치민주연합 양당 정치만으로는 안 된다는 국민들의 바람이 있다고 생각합니다. 진보정당이 국민들의 삶을 현장에서부터 진정성 있게 해결한다는 믿음을 얻는 것이 중요하다고 생각하고요."— 〈2015. 6. 17. 경기방송〉

과연 이 도전이 성공으로 끝날 것인가? 아니면 소수 정당의 한계를 다시 한 번 절감하며 실패할 것인가. 양당구도, 특히 새정치민주연합에 대한 야권지지자들의 불만이 높아진 상황이므로 해볼만 한 것 같기는 하다. 박원석은 우선 새정치민주연합을 넘어서야 한다. '썩어도 준치'인 새정치민주연합 후보와 더욱 강력한 새누리당 후보까지 이겨낼 수 있을까? 박원석은 말한다.

"다음 총선에서 3자 구도는 공멸이자 필패라지만 그런 공학적 계산은 나중이다. 지금은 누가 이 시대의 과제, 진보를 향한 바닥의 열망을 일희일비하지 않고 일관되게 대변할 것인가, 진정성과 실천으로 보일 것인가가 먼저이며 그것이 곧 '혁신'이다. 그런 혁신의 경쟁 그리고 협력을 새정치민주연합 또는 그 내부의 혁신세력께 제안드린다. 낡고 감동이 없는 야권정치의 진화, 그에 기초한 새로운 연대로 '다른 통합'의 가능성을 만들어보자."— 〈2014. 8. 10. 프레시안〉

박원석은 이십년 동안 시민운동을 했고, 이를 자산으로 삼아 현실정치에 뛰어 들었다. 편한 길을 피해서 소신에 따라 움직인 결과로 국회의원이 되는데 성공했다. 현재까지 박원석의 이력과 행보를 놓고 보면, 이 사람에게는 드높은 이상이 있고, 한 길을 꾸준히 가는 뚝심도 지니고 있으며, 강한 상대를 만나도 주눅 들지 않는 기개가 있다는 사실이 드러난다. 강자한테 강한 사람이다. 새정치민주연합에 이만한 사람이 있는가?

2016년 1월 25일 칼라밍에 게재한 글임을 밝힙니다.

15 적진에서 빛을 발하다!

김영춘은 장료다

장료 – 조조의 부하가 되다

더불어민주당 김영춘 의원은 자신의 근거지인 서울을 떠나 여당의 강세 지역인 부산에 출마하여 당선되는 개가를 올렸다. 뚝심 있는 사람이라 하겠다. 이 점에 착안하여 비록 강력한 군벌인 조조의 부하였으나 열세인 상황에서 능력을 발휘하여 승리한 장수 장료(169(?)~222)에 비유해 보았다.

장료는 조조 수하의 명장으로 알려져 있다. 『삼국지』에선 여포의 부하로 독자들한테 첫 선을 보이는데, 실제론 장료의 첫 주군은 병주자사 정원이었다. 정원은 장료의 재능을 알아보고 부하로 삼았다. 이후에 수도로 와선 대장군 하진의 부하가 되었다. 하진은 장료를 하북 지역으로 보내 병사를 모집하도록 했다. 장료는 명령에 따라 천 명의 병사를 모아서 수도로 돌아갔는데, 그 사이에 하진은 십상시(十常侍)의 난리를 만나 죽어 버렸다. 하진이 죽자 동탁이 잠시 정권을 잡았는데, 장료는 천 명의 병사와 함께 동탁에게 투신했다. 이후 동탁이 여포의 손에 죽자 장료는 여포의 부하가 되었다.

여포는 정원의 수하로 있다가 동탁이 뇌물로 유혹을 하자 정원을 죽이고 동탁의 부하가 됐다. 나중에는 동탁까지 죽였으며, 오갈 데 없는 자신을 받아준 유비를 쫓아내고 서주지역에서 독립했다. 장료가 왜 이런 사람의 밑에 있게 되었는지는 모르겠으나, 어찌되었건 여포는 장료를 신임했다고 한다.

198년, 조조는 유비와 연합해서 여포를 공격했다. 양군은 지루한 공방을 주고받았지만, 결국 싸움은 조조의 승리로 끝났다. 조조는 여포의 참모 진궁을 처형했고, 이어서 여포를 죽이려 했다. 여포는 조조한테 목숨을 구걸했다.

"조조 장군께서 대장이 되시고 제가 부장(副將)이 된다면 손쉽게 천하를 얻을 수 있을 것입니다. 저를 살려 주십시오."

조조는 살짝 마음이 흔들렸다. 빙긋 웃으며 옆에 있던 유비한테 말한다.

"어쩌면 좋을까요?"

"조조 장군께서는 정원과 동탁의 일을 잊으셨습니까?"

여포가 정원과 동탁을 죽인 것처럼 조조 당신한테도 배신을 할 거라는 말이다. 이렇게 보면 유비도 냉정한 구석이 있다. 여포는 유비의 말을 듣자 길길이 날뛴다.

"썅! 이 귀 큰 놈의 새끼가 아주 믿지 못할 새끼로구나!"

이 때 조조 앞으로 끌려 들어오던 장료는 이 모양을 보고 속이 뒤집혔다. 여포한테 소리 질렀다.

"야! 이 자식아. 사내답게 죽어라. 무엇이 두렵냐!"

253

이 말을 들은 여포는 고개를 숙인 채 말을 못한다. 여포는 끌려 나가서 교수형에 처해졌다. 이제 조조와 장료가 마주 했다. 조조가 말했다.

"이 사람이 장료인가? 처음 보는데?"

장료가 오만하게 대답한다.

"복양성 안에서 만난 적이 있는데 자네가 나를 몰라보는가?"

"아, 하하, 그렇구나. 거기서 만났었구나."

"분하고 원통하구나!"

"뭐가?"

"그 때 나라의 역적인 너를 불살라 죽이지 못한 게 분하다!"

"뭣이? 싸움에 진 주제에 감히 나한테 욕을 해?"

조조는 칼을 들고 장료를 베어버리려 했다. 이 때 유비가 뛰어들어 조조의 팔을 잡고, 관우는 조조 앞에 무릎을 꿇었다. 관우가 말했다.

"저는 장료가 의로운 선비인 것을 알고 있습니다. 목숨을 살려 주십시오."

조조는 관우의 말을 듣고는 직접 장료의 결박을 풀어 주고 새 옷을 주어 입게 한 뒤에 상좌에 앉기를 권했다. 장료는 이들의 의기에 감동해서 세 사람에게 큰 절을 올린다. 이렇게 일류장수 장료는 진정한 주인을 만나게 됐다.

나는 장료다!

장료는 조조의 부하가 되면서부터 자신이 가진 기량을 맘껏 발휘하기 시작했다. 200년, 조조와 원소의 운명을 가른 '관도대전'이 벌어졌다. 장료는 이때 원소군의 식량창고가 있던 오소라는 곳을 습격해서 큰 공을 세웠다. 원소군은 여기에서 엄청난 타격을 입고 사실상 싸움에서 패배하게 됐다. 이후 원소의 아들 원담과 원상을 공격하여 큰 공을 세웠다. 이외에도 장료는 크고 작은 싸움에 참전하여 자신의 명성을 천하에 떨쳤다.

장료의 진가가 발휘된 싸움은 215년에 벌어진 '합비전투'다. 이 때 조조는 서쪽의 한중지역을 공격하기 위해 원정을 나가 있었다. 장료를 비롯한 조조의 장수 이전, 악진 등은 합비를 지키며 손권과 대치하고 있었는데, 손권은 조조의 주력이 원정을 나간 틈을 타서 십만 대군을 거느리고 직접 공격해 들어왔다. 첫 싸움에서 손권군은 합비와 인접한 지역인 완성을 점령했다. 장료는 이곳을 탈환하지 못하고, 합비를 지키는 한편, 조조한테 사람을 보내 전황을 보고 했다. 얼마 후에 조조한테서 궤짝 한 개가 도착했다. 궤짝의 겉에는 이렇게 적혀 있다.

'적이 오면 뜯어보아라.'

손권의 십만 대군이 고작 칠천 명의 병력이 지키고 있는 합비로 밀려 들었다. 장료는 궤짝을 뜯었다. 그 안에는 조조가 보낸 편지가 들어 있었다.

"만약 손권이 직접 왔다면 장료 장군, 이전 장군이 나가 싸우고,
악진 장군은 성을 지키며, 설제는 싸움에 가담하지 마라."

아니 이게 뭔가. 십만 대군이 왔는데 나가서 싸우라니. 장료가 말했다.

"승상(조조를 가리킴)께선 우리 주력이 원정을 갔으니 우리가 구원병을
기다리고 있으면 저들이 우리를 격파할 것이라고 생각하신 겁니다.
그러니 기다리지 말고 우리가 먼저 기습을 해서 저들의 기세를 꺾은 다음
합비성을 지키라고 하신 겁니다."

이전은 장료와 사이가 좋지 않아서 묵묵히 말을 하지 않고, 악진은 둘 사
이에서 눈치를 보면서 한마디 한다.

"적병의 수는 많고 우리는 적으니 싸우기 어렵지 않을까요?
지키는 것이 낫다고 봅니다마는…."

이 말을 들은 장료는 소리를 버럭 지른다.

"성패는 이 싸움 한 번에 달려 있습니다!
두 분은 승상의 말씀을 의심하시는 겁니까!"

이어서 장료는 병졸한테 큰 소리로 명령을 내린다.

"내 갑옷, 투구와 말을 준비하라!"

이 모양을 본 이전은 의기가 발동했다. 칼을 집어 들고 일어선다.

"장군께서 이렇게 하시는데, 제가 어찌 사적인 감정을 앞세워
공적인 일을 잊을 수 있겠습니까! 장군의 명령에 따르겠습니다!"

장료는 칠천의 군사 중에 용맹한 병사 800명을 선발한 다음 술과 고기를 내려 주고는 다음날 있을 큰 싸움에 대비했다. 다음날이 되었다. 손권의 선봉부대와 악진의 부대가 먼저 만났다. 악진은 일부러 지는 척하면서 후퇴를 했고, 손권의 선봉부대는 이것도 모르고 깊숙이 따라 들어온다. 손권은 선봉부대가 이겼다는 소식을 듣고는 기세등등하게 돌진해 들어간다. 이 때였다. 좌우에서 장료와 이전의 정예병이 손권의 본진을 향해 뛰어 들었다.

장료는 적진을 헤집고 다니면서 적병 수십 명을 베고, 장수 두 명을 베어 버렸다. 장료의 목표는 저기 보이는 손권의 깃발이다. 그 곳에 손권이 있다. 장료는 적의 포위 속을 뚫고 다니면서 큰 소리로 외쳤다.

"나는 장료다!"

뜻밖의 기습을 당한 손권은 어찌할 줄을 몰랐다. 급히 군대를 물려 후퇴하기 시작했다. 그러나 장료의 병력은 소수였다. 오래 싸울 수 없었다. 수많은 적병을 베고 후퇴하여 성을 굳게 지키기 시작했다. 이후 조조의 대군이 합비성으로 도착했고, 손권은 합비를 손에 넣지 못하고 퇴각했다. 장료는 이렇게 손권을 물리치고 합비를 지켜냈다.

과감성과 침착함을 겸비한 장수

이보다 앞서 장료는 손권의 선봉부대와 싸워 이겼다. 손권의 일류장수 태사자는 보복을 하기 위해 계략을 꾸몄다. 자신의 부하 중에 장료군의 말 먹이는 사람과 형제인 사람이 있는데, 둘을 이용해 성에 불을 지르게 하고, 성이 혼란스러워 지면 이를 틈타 성을 함락할 계획을 세웠다.

이 때 장료는 첫 싸움에서 이기고 돌아와 병사들에게 술과 밥을 배불리

먹인 다음 이렇게 명령을 내린다.

"이겼다고 하지만 적을 가볍게 봐서는 안 된다.
특별히 오늘은 갑옷을 벗지 말고 대기하도록 해라."

모든 장수들은 장료의 명령을 듣고 의문을 품는다.

"우리는 오늘 이겼고, 저들은 멀리 후퇴했는데 왜 편히 쉬게 하지 않고,
군사들까지 갑옷을 벗지 말라 하시는 겁니까?"

"장수는 이겼다고 기뻐해서도 안 되고, 졌다고 실망해서도 안 된다.
항상 응전태세를 갖춰야 하는 법이다. 이것이 대장의 도리다.
우리가 방심하는 사이 손권 군이 공격해 온다면 어떡할 건가?
그러므로 승리를 거둔 오늘 밤을 더욱 조심해야 하는 것이다."

아닌 게 아니라 그렇게 됐다. 장료의 말 먹이는 사람이 성에 불을 질렀다. 모두들 당황했지만 장료는 태연했다.

"반드시 몇 사람이 장난을 해서 군심을 어지럽히려고 선동을
하는 것이다. 가볍게 움직이지 마라. 망동하는 병사는 목을 베겠다!"

장료는 병사를 출동시켜 두 사람을 잡은 다음, 문초를 해서 태사자의 계략까지 알아내고는 죽여 버렸다. 태사자는 이런 줄도 모르고 성으로 들어왔다가 화살에 맞아 부상을 입고 후퇴했다. 결국 그 상처를 이기지 못하고 죽었다.

살펴보았듯 장료는 의기가 충만하고, 용맹성이 있는 데다가 침착성까지

지니고 있는 사람이었다. 장료가 조조 진영을 대표하는 장수, 또는『삼국지』에 등장하는 장수 중 일류로 평가되는 까닭을 알 수 있게 해주는 일화라고 하겠다.

장료는 이후 조비를 따라 손권의 오나라 공격에 참가했다가 오나라 장수 정봉이 쏜 화살에 맞아 전사했다.(『정사 삼국지』에는 병으로 죽은 것으로 기록되어 있다.) 비록 전사했지만, 장료는 적은 병력으로 대군과 싸워 이겼고, 참전한 전투를 승리로 이끈 명장이었다. 한편, 여러 명의 주인을 섬겼던 사실을 흠으로 잡을 수 있겠지만, 당시에는 허울뿐이었다고 할지라도 군벌들은 한나라 황실의 신하였으므로, 정작 장료는 이를 대수롭지 않게 생각했을 지도 모를 일이다. 이 사실을 두고 장료를 폄하하기는 어렵지 않을까 한다.

김영춘 더불어민주당 의원
다시 민주진영으로

　　김영춘은 1988년, 김영삼이 통일민주당 총재이던 시절 총재의 비서가되면서 정계에 입문했다. 이후 야당의 길을 걸어오던 김영삼이 김종필, 노태우와 '야합'을 할 때는 잠시 정계를 떠나 대학원에서 석사과정을 밟고 있었다. 이후 김영삼이 대통령에 당선되고, '문민정부'가 출범하자 김영춘은 1993년, 청와대 대통령 비서실 정무비서관이 되었다. 옛날 말로 치면 김영춘의 첫 주군은'김영삼'이라고 할 수 있겠다.

　　이후 1996년, 제15대 총선에서 신한국당 소속으로 서울 광진(갑) 지역구에 출마하여 낙선했고, 2000년, 제16대 총선에선 한나라당 소속으로 같은지역구에 출마하여 당선됐다. 원래 김영춘은 정계에 발을 들이기 전 고려대학교 총학생회장을 지내면서 학생운동을 주도한 사람이었으나, 어찌되었건 현재김영삼의 민주화에 기여한 업적을 인정하더라도, 동탁 같고 여포 같은 무리가모여 있는 신한국당과 한나라당 소속 사람이었음에는 틀림없다.

　　"(한나라당은) 도로 민정당입니다. 제가 총재님을 따라서 김영삼 개혁정권을 만들어 왔던 것이 도로 민정당하러 온 거 아닙니다. 그리고 이미 김영삼정권 말기부터 이 민정계들이 이회창 후보 탄생하는 과정에서 김영삼 이념 두

드려 패고, 그렇게 당신을 해친 정당인데, 뭘 그렇게 미련을 갖습니까?"

장료가 여포를 꾸짖으며 조조의 장수가 된 것처럼 김영춘은 자신의 주군인 김영삼의 만류에도 불구하고, 임기 중인 2003년에 탈당을 해 버렸다. 그러고는 열린우리당 창당에 힘을 보탰다.

"제가 노무현 대통령을 위해서 간 건 아니지 않습니까, 저는 이 도로 민정당을 도저히 받아들일 수가 없기 때문에 다시 옛날 그 야당의 뿌리, 개혁적인 정치를 위해서 이 나라 지역주의 정치구도를 깨보고 싶은 겁니다. 이 판을 깨야겠습니다." —⟨이상 2012. 4. 3. 딴지일보⟩

이렇게 김영춘은 다시 민주진영으로 돌아왔다. 이듬해 김영춘은 같은 지역구에서 한나라당 당적을 버리고 열린우리당 소속으로 17대 총선에 출마했다.

"제가 정치적으로 죽더라도 목을 내 걸고 이 나라의 이 썩은 정치, 이 거짓말 하는 정치, 나라와 국민을 앞세우기 보다는 자기 자신의 재선, 삼선이나 자신이 속한 당의 이익만을 먼저 앞세우는 그런 정치와 싸워야 되겠다. 그 정치를 우선 깨버리고 새롭게 만들어가야 되겠다. 그런 생각으로 그 길을 향해서 우리 모두 마음과 마음을 열고 팔과 팔을 엮고 손에 손을 잡고 함께 나아갑시다."

⟨2003. 11. 29. '열린우리당 광진(갑) 지구당 창당대회', YouTube⟩

당시 열린우리당의 기세가 강했다고 하더라도 이렇듯 당적을 바꾸고 출마하여 승리하는 게 쉬운 일은 아니었을 것으로 짐작한다. 어찌되었건 김영춘의 진심이 통했는지, 아니면 김영춘의 가능성을 높이 평가했는지 알 수 없지만, 서울 광진(갑) 유권자들은 김영춘을 철새라고 부르지 않고 품어주었다. 이후 김영춘은 제18대 총선에서는 열린우리당 실패의 책임을 통감하고 출마하지 않았다. 장료의 일갈이 귓전에 맴도는 것 같다. 장료 같은 결기를 지닌 김영춘은 스스로 책임을 졌다.

부산 부활의 선봉장이 되다

이후 김영춘은 열린우리당에서 탈당하여 창조한국당에 입당했다. 김영춘은 2007년, 제17대 대통령 선거에서는 창조한국당 문국현 후보의 총괄선대본부장직을 수행했다. 김영춘 나름대로 소신에 따라 행동했겠지만, 어찌되었건 옛날 말로 치면 주군을 또 바꾼 셈이다. 문국현은 5.7%의 초라한 득표율을 보이면서 낙선했고, 김영춘도 함께 좌절을 맛보았다.

2010년, 손학규가 민주당의 당대표가 되면서 김영춘에게 손을 내밀었다. 김영춘은 민주당의 최고위원이 되었고, 2012년, 19대 총선에서 민주통합당 소속으로 고향인 부산에 출마했다. 여기에서 한 가지 의문이 든다. 김영춘은 왜 자신을 두 번이나 당선시켜준 서울 광진(갑) 지역구를 버리고 부산으로 내려갔던가. 자신의 고향이 부산이라서?

"(전략) 결국 삼당합당 문제로 돌아가는데, 그것 때문에 지금 부산이 20년 동안 한나라당한테 구속돼있는 셈 아닙니까? … 부산은 그렇지 못하고 있다는 거죠. … 부산 경남의 완전한 한나라당화, 한나라당 일당독점 지배 상태가 된 겁니다. 제가 김영삼 총재 비서를 했기 때문에, 나중에 삼당합당을 하고 난 뒤에 김영삼 정권의 탄생에 제가 일조를 했기 때문에, 그렇다면 제가 결자해지, 제가 YS는 아니지만 그 부하였던 사람으로서, 총애를 받았던 사람으로서 김영삼 총재는 전혀 동의하지 않으시지만 저는 내가 결자해지를 하지 않으면 안 되겠구나, 하고 생각을 했던 겁니다." - 〈2012. 4. 3. 딴지일보〉

장료가 적진에서 '나는 장료다.'를 외쳤던 것처럼 김영춘은 적진이 되어

버린 부산에서 '내가 결자해지를 하겠다.'고 나섰던 것이다. 그러나 부산진(갑) 유권자들은 김영춘을 선택하지 않았다. 그래도 김영춘은 멈추지 않았다. 2014년, 제6대 지방선거에선 부산시장에 도전했으나 무소속의 오거돈에게 후보 자리를 양보했다. 그리고 2016년, 20대 총선에서 다시 부산진(갑) 지역구에 출마했다.

"부산은 야당보다는 여당 지지 규모가 세 배 이상은 되는 것 같다. 60%의 벽을 쳐다보는 막막함이 컸다. 처음엔 힘이 들었다. 일부 야당 지지자 사이에서는 YS와 한나라당 출신이었다는 것과 열린우리당 시절 (노무현 전 대통령에 대한) 공개적 비판도 서슴지 않아 이에 대한 반감도 있었다.… 하지만 요즘은 거의 없어졌다. 여당 지지층에게는 우리 동네 사람이구나라는 확인을 하고 있다. 지역주의 극복을 위해 점점 뿌리를 내리고 있다는 느낌을 갖는다. 받아들여지고 있구나.… 그러나 여전히 지역의 벽은 공고하다.… 부산은 어떤 바람이 불어도 쉽게 무너지지 않는 벽이 형성되어 있다. 나는 그것을 깨려 하고 있다."
　　　　－〈2016. 3. 14. 민중의 소리〉

그러나 역시 부산은 적진이었다. 20대 총선이 치러지기 전 여론조사에서 새누리당의 나성린은 57.3%의 지지율을 기록했고, 김영춘은 고작 25.7% 밖에 얻지 못했다. 〈2016. 3. 23. 부산일보〉 장료와 같은 김영춘은 손권의 대군과 힘겨운 싸움을 벌여야 한다. 30% 이상의 격차, 제 아무리 조사는 조사일 뿐이라지만, 이 엄청난 격차를 어떻게 극복해야 할 것인가.

"총선 투표일까지 '3일 벌떼작전'으로 부산야당의 전멸을 막아달라.…선거운동 마지막 날인 12일 선거구내 주요 지점에서 '벌떼작전' 참여를 호소하는 캠페인을 벌여 나가겠다.… 동네 거리여론이 우세하나, 속을 드러내지 않는 새누리당 고정표가 많을 것이다. 새누리당 조직의 총가동이 예상되니 결과를 쉽

게 예측할 수 없다.” – 〈2016. 4. 11. 뉴스1〉

　큰 싸움을 앞두고 상대의 조직이 움직이기 전에 아군의 정예병을 추려서 기습을 가한 후에 적군의 예기를 꺾는 작전으로 이해한다. 이 작전이 주효한 것일까. 김영춘은 49%의 득표율을 기록하며 새누리당의 나성린을 3% 차이로 따돌리고 극적으로 당선됐다.

　“저의 당선은 시민 여러분의 승리입니다. 새누리당 일당 독점 20년을 끝내고 견제와 균형의 부산정치를 새로 시작하라는 시민의 준엄한 명령입니다. 우리 부산의 보통서민들이, 힘들게 살아가는 서민들이, 우리의 열심히 일하는 서민들이 오늘보다 내일이 더 나을 거라는 희망과 믿음을 갖고 살 수 있도록 만들겠습니다. 부산진구 주민들이 어디 가서도 우리 지역 국회의원은 김영춘이라고 자랑할 수 있는 그런 국회의원이 되겠습니다.”
　　　– 〈2016. 4. 14. 부산일보. 기사 일부 수정〉

　장료가 800명의 병사로 손권의 진영을 헤집어 놓은 것처럼 김영춘은 적진으로 뛰어 들어 귀중한 승리를 얻어냈다. 김영춘은 더불어민주당의 부산광역시당 위원장이기도 하다. 이렇게 김영춘은 ‘부산 부활의 선봉장’이 되었다. 김영춘 외에 전재수, 최인호, 박재호, 김해영 등도 더불어민주당 소속으로 부산에서 당선되었다.

대권 도전이 ‘결자해지’는 아니다

　“(대권에) 전혀 생각 없는 건 아닙니다. 다만 급하게 서두를 필요는 없죠. 조급하게 해서 뭐가 되겠냐는 생각이 있습니다.… 부산 출신 대통령은 부산 발전에 엄청난 역할을 할 수 있죠. 대통령을 서둘러 하겠다는 생각은 없고 정치 개혁을 위해, 이 나라가 선진 일류 국가로 가는 길에 의미 있는 역할을 한다면 국민적 지지가 쌓일 거고 그 힘으로 대선에 도전한다는 목적을 세워야 합니다."
— 〈2016. 4. 25. 오마이뉴스〉

김영춘은 적지에서 대장 역할을 충실히 수행했고, 스스로 밝힌 것처럼 '결자해지'를 할 수 있는 바탕을 마련했다. 앞으로 정말 부산이 예전처럼 민주진영의 근거지가 될 수 있도록 최선을 다하기를 바라고, 그렇게 해 줄 것으로 믿는다. 스스로 말한 것처럼 '대권'에 조급하게 다가서는 것보다는 부산을 부활시키는 역할에 충실해야 하겠다.

정치인이라면 누구나 한 번쯤 대권을 꿈꾼다. 그러나 단 한 명한테만 허락되는 그 자리는 꿈꾸는 것만으로 얻을 수 없다. 이런 면에서 정치인 김영춘이 앞으로 극복해야 할 것에 대해 이야기 해보고 싶다.

김영춘은 어떤 계파에 속해 본적이 없고, 특정인을 주군으로 삼은 적도 없다고 말한다. 김영삼은 논외로 하더라도 문국현이든 자신을 불러들인 손학규든 이들을 김영춘의 주군이라고 말하기 어렵다. 설령 그랬다 하더라도 김영춘은 이미 그들의 범위에서 벗어나 있기 때문이다. 그러나 한나라당에서 열린우리당으로, 열린우리당에서 창조한국당으로, 창조한국당에서 민주당으로 당적을 바꾼 '행위 자체'는 김영춘의 소신이 어떠하든 간에 야권 지지자들에게 확신을 심어주기에 부족한 점이라고 본다. 부산 지역의 맹주가 되었다고 해서 이를 등에 업고 대권 도전에 나서기보다 우선 부산의 민심을 다지고, 민주당을 포함한 야권 지지자에게 '떠날 사람'이 아니라는 확신을 주어야 하겠다.

"정치인은 당연히 만들고 싶은 나라의 비전이 있다. 제가 책임지고 실행하고 싶은 욕망이 있다. 대통령으로서 나라를 경영하고 싶은 거다. 그런 꿈이야, 당연히 저한테도 있다. (목소리를 높이며) 제 자부심인지 자만심인지 몰라도, 다른 사람보다 더 잘할 것 같다. 하하, 경험이나 훈련도 많이 됐다. 하지만 정치를 시작하면서 '무엇이 되기 위한 정치는 하지 않겠다.'고 마음먹었다. 김 영삼 전 대통령의 총재비서로 정치에 입문해서 30년 동안 이 생활을 해왔다."

– 〈2016. 5. 2. 일요신문〉

진정으로 자신이 '삼당합당'으로 인한 '부산의 한나라당화'를 끝내고자 하는 의지가 있다면 거기에 집중해야 할 것으로 본다. 그 말을 하지 않았으면 모를까 말을 꺼냈으면 우선 자신이 한 말을 하나하나 실천하는 모습을 보여주어야 하겠다. '다른 사람보다 잘 할 것 같다.'는 생각이 '나 아니면 안 된다.'는 독선으로 옮아가지 않기를 바란다.

자신의 수많은 경험과 훈련은 알고 보면 국민의 지지를 얻어 정치를 하면서 겪은 실패와도 연관이 있다. 그렇다면 자신의 실험을 통한 실패를 눈감아 주고 또 한 번 지지해 준 유권자한테 자신감 또는 자부심을 내세우는 것은 바람직하지 않다고 본다. 30년 간 경험을 쌓았다지만, 김영춘은 여러 주군을 거쳐 조조진영에 자리를 잡고 나서야 재능을 꽃피운 장료처럼 이제 시작하는 정치인이라고 생각한다. 아직은 갑옷을 벗을 때가 아니다. 갑옷을 벗는 순간, 노장 정봉의 화살이 날아들 것으로 짐작한다. 그 '정봉의 화살'은 누가 쏘는 것이 아니다. '나 아니면 안 된다.'는 생각이 '정봉의 화살'인 것이다.

2016년 7월 14일 투데이신문에 게재한 글임을 밝힙니다.

16 성남 중원 하늘을 누비게 될 강철나비

은수미는 순유다

순유 – 필요할 때 유용한 계책을 낸 참모

荀攸

순유는 조조 진영의 참모다. 알다시피 조조 진영에는 훌륭한 인재가 무척 많았다. 순유 역시 뛰어난 사람이었지만, 여타 참모에 가려져 널리 알려진 사람은 아니다. 매사에 신중해서 말을 아끼는 그의 성품 탓도 있다. 그러나 일단 꺼낸 말은 모두 사리에 맞아서 조조가 신뢰하는 참모였다.

은수미는 책략가 스타일은 아니지만, 젊은 시절부터 차근차근 공부해서 국내 최고의 노동 전문가가 된 사람이고, 세상을 보는 시야도 넓은 사람이다. 강연을 자주 하다 보니 말은 많이 하는 편이지만, 치밀하게 연구하는 자세를 지니고 있어서 그의 말에는 실수가 거의 없다. 20대 총선에서 아쉽게 낙선했지만 반드시 국회에서 다시 보게 될 사람임에 틀림이 없을 것으로 짐작한다.

순유는 조조가 동탁한테 패하고 청주지역으로 물러나 의용군을 모집하고, 인재를 초빙할 때 아재비인 순욱과 함께 조조의 진영에 가담했다. 순유는 곽가, 순욱, 정욱, 사마의처럼 큰 활약을 하진 못했지만, 이들 못지않은 기량이 있었고, 내놓는 의견은 대부분 쓸만했다.

198년 9월, 조조는 여포를 공격하러 나섰다. 여포는 싸움만 잘하고 지모가 없는 장수였지만, 그의 부하인 진궁은 유능한 참모였다. 이 둘이 합심해서 대항을 하니 조조는 쉽게 이길 수가 없었다. 여포는 성을 지키며 싸움을 지구전으로 몰고 갔다. 원정을 나온 조조군은 서서히 지쳐갔고, 한 달이 지나도록 성을 함락하지 못했다.

> "성을 오랜 동안 포위했는데도 이기지 못하고 시간만 보내고 있으니 낭패다. 포위를 풀고 돌아가서 잠시 쉬려하는데 여러분의 생각은 어떠한가?"

순유가 급하게 나선다.

> "안 됩니다. 여포는 여러 번 졌기 때문에 기운이 떨어져 있습니다. 군대의 주인은 장수인데 장수의 기운이 떨어지면 병사들은 전의를 상실하게 됩니다. 그리고 진궁이 유능하다고 하지만 여포가 이 사람 말을 듣지 않고 있으니, 때를 놓치지 말고 쳐야 합니다."

그러고 나서 곽가와 함께 성에 강물을 흘려보내 침수를 시켜야 한다고 구체적인 공략 방법을 제시했다. 조조는 순유와 곽가의 의견에 따랐고, 결과는 대성공이었다. 여포 군은 수공(水攻)을 당해 큰 타격을 입었고, 끝내 조조한테 패했다. 여포와 진궁은 모두 처형당했다.

200년 4월, 원소는 자신이 보유한 일류장수 안량을 보내 백마(白馬)라는 곳을 공격하게 하고, 자신은 황하를 건너 조조 진영을 공격하려 했다.

> "현재 아군 병력이 원소에 비해 적어서 정면 승부를 해서는 이기기 어렵습니다. 적의 병력을 분산시켜야 합니다. 아군이 먼저 황하를

건너 원소의 배후를 칠 것처럼 하면, 원소는 반드시 자신의 병력을
나누어 응전태세를 갖출 것입니다. 이렇게 한 뒤에 가볍게 무장한 아군을
백마로 보내 기습을 하면 됩니다."

그러니까 소수의 병력을 거짓으로 세워 놓고 대치하는 사이에 아군 주력
을 백마로 보내 기습을 해야 한다는 말이다. 강을 사이에 두고 대치하고 있는
원소군이나 백마를 공격하러 간 안량은 이 작전을 전혀 눈치 채지 못했다. 이러
는 사이 조조군은 안량의 부대를 습격해서 이겼다.

뒤늦게 자신이 속았다는 걸 알게 된 원소는 기병을 보내 조조군을 공격해
왔다. 패했지만, 원소군의 병력은 여전히 조조군에 비해 많았다. 조조는 진을
치고 원소군을 지켜보다가 이렇게 명령했다.

"말안장을 풀고 말을 놓아 주어라!"

이 때 조조 진영으로 군수물자가 수송되고 있었는데 장수들은 적군의 기
병이 많으니 후퇴해야 한다고 주장했다. 게다가 상대의 대장은 원소의 일류장
수 문추였다. 그런데도 조조는 아무 말도 하지 않고 적의 기병이 다가오기를 기
다렸다. 장수들이 동요하자 순유가 버럭 소리를 질렀다.

"지금 적을 유인하고 있는데 어떻게 철수한단 말이오!"

문추의 기병대는 조조 진영에 말이 풀어져 있고, 군수물자가 널려 있는
것을 보자 그걸 차지하기 위해 대열을 이탈해서 무질서하게 달려오기 시작했다.

"모두 말에 올라라! 공격!"

조조군은 문추를 죽였다. 두 번의 싸움에서 원소는 일류장수 두 명을 잃었다.

203년, 원소가 죽자 그의 아들 원담과 원상이 후계자의 자리를 놓고 싸웠다. 원담은 전세가 불리해지자 조조한테 사신을 보내 구원을 요청했다. 신하들은 이 제안을 받아들이지 말고 우선 형주의 강자 유표를 공격해야 한다고 주장했다. 순유는 반대의견을 냈다.

"나라의 형세가 이러한데도 유표는 싸움에 나서지 않고 있습니다.
유표한테는 정복욕이 없다는 반증입니다. 그러나 원씨 일가는 넓은
영토를 지니고 있고, 병력도 많은데다 그들 아래에 인재도 많습니다.
만약 원담과 원상이 화목해 진다면 이기기 어렵습니다.
이들의 혼란을 틈타 공격을 해야 합니다."

조조는 순유의 의견을 받아들여 먼저 원상을 공격해서 없애버렸다. 이후 원담이 조조한테 반기를 들자 순유가 군대를 이끌고 가서 원담의 목을 베었다. 이처럼 순유는 필요할 때 실행에 옮길 수 있는 계책을 내놓는 사람이었다.

강직함과 담대함으로 세상을 살다

이 뿐만이 아니다. 손권의 참모 주유가 죽자 순유는 조조한테 손권을 공격하라고 권유했다. 그 전에 아군의 배후를 공격할 가능성이 높은 서량태수 마등을 수도로 유인해서 죽이라는 의견을 냈다. 마등은 조조의 유인책에 걸려서 결국 죽고 말았다.

순유는 어찌 보면 무척 냉정한 마음을 지닌 전략가라고 할 수 있겠는데, 조조 진영에 투신하기 전 순유는 이름난 '문관'이었다. 『삼국지』 이야기 초기에

잠깐 등장했다 사라진 '하진'이라는 사람이 있다. 원래 출신이 미천한 사람이었는데 여동생이 태후가 되는 바람에 대장군으로 벼락출세를 한 사람이다. 하진은 대장군이 되자 자신의 세력을 키우기 위해 나라 안의 '명사' 20명을 초빙해서 벼슬을 줬다. 순유는 이 20명에 속해서 '황문시랑(黃門侍郞)'이라는 문관 벼슬을 하게 됐다. 황제의 비서 정도로 알아두면 되겠다.

이후 하진이 죽고, 동탁이 정권을 잡았다. 동탁은 황제를 폐위하고 자기 멋대로 권력을 휘둘렀다. 순유는 의분을 느껴 동탁을 죽이기로 마음먹었다. 순유는 뜻을 같이 하는 동료들에게 말했다.

"동탁은 옛날의 폭군보다도 무도해서 나라 사람들이 모두 원망하고
있습니다. 지금은 강한 군대를 믿고 설치지만, 알고 보면 한 명의 사내에
불과합니다. 우리가 직접 동탁을 죽여 백성을 위로하고 그런 다음
주요 거점을 점거하여 황제를 보좌해야 합니다."

힘없는 문관이면서 무척 비현실적인 이야기를 한 셈이다. 온 조정이 동탁의 사람들로 가득 차 있는 상황에서 이 일은 애초부터 성공하기 어려웠다. 순유는 거사를 해 보기도 전에 체포되어 감옥에 갇히고 말았다. 이 때 함께 잡힌 동료는 두려움에 휩싸인 나머지 자살해 버렸지만, 순유는 조금의 흔들림도 없이 침착하게 행동했다.

순유는 차분히 감옥생활을 하고 있었다. 그러던 중 동탁이 여포의 손에 죽자 얼마 뒤에 석방되었다. 순유는 자신의 벼슬을 버리고 고향으로 돌아갔다. 이후 조정에서 높은 벼슬을 제시하며 불렀지만 거절하고 나가지 않았다. 그러던 차에 조조한테서 편지가 왔다.

"지금 천하가 혼란스러우므로 식견 있는 선비가 어느 때보다
필요합니다. 너무 오래 형세 관망만 하고 있는 건 아닙니까?"

순유는 이렇게 해서 조조의 부하가 되었다. 조조는 순유의 명성을 알고
있었으므로 처음엔 한 지역을 맡겼다가 중앙으로 불러 들였다.

순유는 동탁과 같은 폭군한테도 겁을 먹지 않은 사람이었다. 나아가 무
모하게 그를 죽이려 하기도 했다. 기개가 있었고 강직한 사람이라 할 수 있겠
다. 순유는 죽을 때까지 이런 마음자세를 버리지 않았다.

216년, 조조는 위왕(魏王) 자리에 올랐다. 모든 신하들이 조조의 즉위를
추진했지만, 순유는 단호하게 반대의견을 냈다.

"안 됩니다. 주군께서는 위공(魏公)에 오르셨고, 큰 특권을 누리고
계십니다. 이미 가장 높은 자리에 오르신 겁니다. 그런데 다시 왕위에
오르게 한다는 것은 참람한 행동이라 할 것입니다.
이런 불합리한 일이 있어선 안 될 것입니다."

조조는 크게 성을 냈다. 마음이 상해서 위왕이 되는 일을 미루고 말았다.
순유는 조조가 화를 냈다는 소식을 듣고 병이 들어 자리에 누워 버렸다. 열흘도
못 가서 끝내 세상을 떠났다.

외유내강의 전형

순유는 전장의 형세를 잘 봤을 뿐 아니라 세상 돌아가는 일에도 수준 이
상의 식견을 지니고 있는 사람이었다. 남들이 유표를 공격하자고 했을 때, 유
표의 움직임을 보고 반대한 일에서 순유의 식견을 짐작해 볼 수 있겠다. 그 때

273

그 때 적절한 계책을 냈던 일은 '순발력'이 있었기 때문이기도 하겠지만, 그보다는 몇 수 앞을 내다보고 치밀한 계획을 수립했다고 보는 것이 좀 더 온당하지 않을까 한다. 조조는 순유를 이렇게 평했다.

> "겉은 둔해 보이지만, 속은 지혜롭다. 겁이 많아 보이지만 실제로는
> 용감하다. 자신의 장점을 드러내려 하지 않고, 공을 내세우지 않는다.
> 이 사람의 지혜에는 도달할 수 있겠지만, 둔한 척하는 지혜에는
> 도달하기 어렵다."

외유내강의 기질을 지닌 사람이라 하겠다. '내강'에는 권력에 굴하지 않는 마음, 정의를 추구하는 자세가 들어 있다. 거기에 오랜 시간 공부를 통해 쌓인 식견이 있었다는 점도 눈여겨 봐야 하겠다. 순유와 친했던 종요라는 문관은 이렇게 말했다.

> "나는 늘 무언가를 할 때 되풀이해서 생각한 뒤에 스스로 바꿀 만한
> 것이 없다고 말한다. 그런데 순유한테 물어보면 다른 사람들의 생각을
> 뛰어넘는 것을 발견하게 된다."

은수미 더불어민주당 전 의원
정치 초년병의 일갈

　　은수미는 2012년 제19대 총선에서 민주통합당 비례대표로 당선되면서 정치에 입문했다. 알다시피 비례대표는 각계각층의 인재로 구성되어 있다. 은수미는 '노동문제'에 관한 최고의 지식을 소유하고 있는 사람이며, 이 점을 인정받아 비례대표 3순위라는 특급대우를 받았다. 은수미 개인으로선 꽤 좋은 출발이었지만, 반대로 당의 사정은 좋지 못했다. 그해 12월 19일에 문재인이 대선에서 패배한 일을 시작으로 이후 있었던 크고 작은 선거에서 당시 민주당은 모조리 패했다.

　　"나는 민주당 선거 패배의 원인을 자기 당 후보에 대한 전략이 없었던 것으로 보았다. 예를 들어, 국가보안법으로 감옥에 갔던 사람을 후보로 내세우면 그 후보가 '종북 좌빨'로 공격받는 것은 자연스럽다. 이를 넘어설 전략이 필요하다. 마찬가지로 문재인 당시 대선 후보를 선택하면 '친노 수장'이라고 공격받을 터. 이것을 넘어설 전략이 있어야 하는데, 그런 전략은커녕 경선 과정을 '친노-비노'로 치르고 대선 후보가 된 이후에는 '노무현 대 박정희'였다. 나는 이런 전략 부재를 비판했던 것이다." 〈2013. 3. 20. 프레시안〉

　　같은 당 소속 후보가 대선에서 패했으니 패배의 원인을 냉정하게 짚어

275

보는 일은 반드시 필요하다. 은수미의 이 말에 대해 갑론을박이 있을 줄 안다. 그러나 안에 있었던 사람의 말이므로 주의를 기울여 볼 필요는 있겠다. 게다가 2017년 대선을 앞둔 오늘, 은수미의 이 말은 '대선패배의 원인 분석'에 그친다고 볼 수도 없다. '친노-비노' 구도를 극복하지 못하면 그 때도 이것이 '패배원인'이 될 확률이 높기 때문이다.

할 수 있는 이야기를 했지만, 은수미는 저 말 때문에 얼마 간 곤욕을 치르기도 했다. 언론에서 은수미가 문재인을 계파 정치의 두목 정도로 취급했다는 식으로 본의를 왜곡했기 때문이다. 문재인 주변의 사람들은 은수미에게 서운한 감정을 드러냈다.

"어떻게 은수미 의원이 이런 평가를 할 수 있습니까."

이에 대한 문재인의 대답은 짧지만 명확했다.

"맥락을 보십시오."

문재인의 속마음은 아무도 알 수 없지만, 최소한 표면적으로는 은수미의 의견에 오해가 없거나, 이를 수긍했을 수도 있으리라 짐작할 수 있다. 문재인한테 조조와 같이 '듣는 귀'가 있다는 것은 다행스러운 일이라 하겠다. 그러나 '친노-비노'는 어쨌든 현실이 되어 버린 문제이고, 문재인은 반드시 이 문제를 해결해야 할 것이다. 은수미의 직언을 한 마디 더 들어보자.

"야당이 정책 능력이 없는 것은 아니다. … 당이 그 능력을 모아내질 못하는 것이 문제다. … 여당은 이기는 법을 확실히 알고 자원도 많다. 또 권위적 방식으로 진행해도 상관이 없다. … 야당이 이기는 법은 내가 이기는 게 아니라 국민이 이기는 법을 알아내면 된다. 대다수 서민인 국민이 이기는 법을 우리가 파악하면 되는데, 대체로 여당의 방법을 따라가기 때문에 백전백패인 것이다."

— 〈2014. 9. 2. 국민TV 뉴스, '이용마의 한국정치'〉

자신이 속한 당에 대한 평가를 매우 냉정하게 하고 있음을 알 수 있다. 야당은 '국민', 그 중에서도 '서민'이 원하는 것이 무엇인지를 알아야 함에도 현재 야당은 이에 대한 고민이 없이 기득권을 가진 여당을 따라한다는 말이다. 겉으로는 순해 보이는 말이지만, 내용을 보면 그렇지 않다.

좋다. 은수미의 비판이 모두 옳다고 치자. 그럼 은수미한테는 이처럼 강한 비판 뒤에 상투적으로 요구되는 '대안'은 있는가. 대안이 있다면 또 구체적으로 무엇을 '실천'했는가.

"서민을 표방하면서 서민의 지지를 받지 못하는 문제를 넘어서기 위해서 노동특위가 필요하다고 생각했고 이를 통해 민주당이 노동문제를 우리의 문제로 끌어안도록 나름 열심히 노력했다. 그래서 노동특위를 만들고 27명 정도의 의원들과 결합해서 함께 현장도 다니고 문제 해결을 위해 노력하는 활동도 했지만 딱 거기까지였다." — 〈2013. 3. 20. 프레시안〉

여러 정치 현안 중에 노동문제는 그 중 하나일 뿐이라고 볼 수 있겠지만, 요즘처럼 먹고 살기 어려워하는 사람들이 많은 현실 속에서 이 문제를 가볍게 넘겨 버릴 수는 없다. 은수미는 당이 사는 길은 서민들의 '먹고 사는 문제'를 해결하는데 있다고 역설한다. 이것이 은수미의 대안이라 할 수 있겠다.

"365일 동안 320개의 현장을 주말도 없이 찾아다니며 중재하고, 항의하고, 의제화 하는 정치인. 서민의 고통과 눈물이 있는 곳이라면 언제나 가장 먼저 달려가 함께 울고 함께 웃고, 함께 뒹굴면서 결국에는 해결책을 찾아내는 정치인. 언론에서는 그녀를 발로 뛰는 국회의원, 비정규직의 수호천사라고 이름을 붙여주었습니다." — 〈국회의원 은수미 2015 의정보고서〉

이런 정도라면 노동문제가 발생하는 거의 모든 곳에 은수미의 그림자가 드리워져 있다고 할 만하다.

"쌍용차 문제를 다룰 때 천막에서 농성을 같이 할 수도 있지만, 국정조사를 하고 청문회를 통해 증인을 부르고 이것을 국민들에게 알리는 일을 할 수 있게 되었다. 운동의 요구를 의회로 가지고 와 정치적으로 재해석하고 관철시키는 것이다. 새누리당 의원들과 기업들하고 논쟁을 하기도 하고 노동자들과도 논쟁을 하기도 했다. 이 모든 과정을 의회가 중심이 되어서 조정하고 조율하고 해봤던 것이다. 그리고 노동을 대선과제로서의 최상의 사회적 쟁점으로 만들어내었다는 것이 참 뿌듯했다. 그래서 대선 후보들이 쌍용차 문제를 언급할 때 짜릿했다." — 〈2013. 3. 20. 프레시안〉

활동이 제한적일 수밖에 없는 비례대표, 그것도 초선이라는 한계가 있음에도 불구하고 은수미는 자신이 내세운 대안을 최선을 다해 실천하고 있다고 하겠다. 이에 대해 높은 점수를 줄 수 있다고 본다.

모범생, 운동권이 되다

2012년, 국회의원이 되기 전까지 은수미는 일반에게 알려진 사람이 아니었다. 일반적으로 비례대표는 '당의 지지율'을 높이기 위해 이름값이 있는 사람을 영입하는데 은수미는 명성과는 거리가 멀었다. 이런 사람인데 민주당에서는 은수미한테 비례대표 3순위를 부여했다. 파격적이라 할 만하다. 민주당 지도부는 왜 이런 선택을 했을까.

은수미는 국회의원이 되기 전 2005년에서 2012년까지 약 7년간 정부출연연구기관인 '한국노동연구원'에서 부연구위원으로 재직했다. 정치와는 거리를 둔 '학자'였고, 게다가 국록을 먹는 '공무원'이었다. 은수미는『을을 위한 행진곡 1, 2』(2013, 공저), 『날아라 노동: 꼭꼭 숨겨진 나와 당신의 권리』(2012) 를 포함 14권의 저서와 다수의 논문을 쓴 저술가이기도 하다.

"대선을 준비하는 사람들이 제게 강의를 부탁하기 시작했습니다. 그렇게 만나본 사람들이 김문수 전 지사, 남경필 현 지사, 정동영, 손학규, 문재인 이런 분들이었어요. 이름을 알만한 사람은 다 만나고 다닌 거죠.… 정동영 전 장관을 만나러 갔더니 희망포럼인가 해서 의원들이 이십 명 이상 앉아 계시고, 그런 장면은 처음 봤어요. 이름을 기억하지 못할 정도로 많이 왔어요.…결국 2011년도에 정치계에서 이름이 난 노동 및 복지 전문가가 된 거에요. 경제와 복지 파트를 얘기할 수 있는 여성전문가인데 굉장히 똑소리 나는 사람이라고 인식이 되기 시작한 거죠."

명실상부 국내 최고의 노동전문가로 이름을 얻게 된 것이다. 은수미 자신은 정치에 뜻이 없었지만, 정치권에서 이런 인재를 그냥 둘 리가 없었다.

"조국 교수와 문재인 대표의 추천으로 비례를 받았다는 얘기는 전혀 사실과 다릅니다. 제게 제안을 하신 분은 김연명 교수님이에요.… 제가 노동 문제를 연구한다고 뛰어다닐 때부터 이걸 하게 되면 결국 정치를 하게 될 거라는 사실을 제 주변 사람들은 다 알고 있었던 거예요. 저만 모르고."

〈이상 2015. 3. 10. 딴지일보〉

은수미는 체구가 작은데다가 가냘픈 몸매를 지니고 있다. 겉만 봐선 같은 편한테 냉정하게 직언을 서슴지 않는 사람처럼 보이지 않는다. 실제로 어린 시절엔 모범생이었고, 유복한 환경에서 자랐으므로 무척 온순했다고 한다. 이런 사람인데 뜻밖에 '강철나비'라는 강한 느낌이 풍기는 별명을 지니고 있다. 온순한 모범생을 강철나비로 만들어 준 것은 바로 '학생운동'이었다.

은수미는 1989년 백태웅, 박노해 등이 결성한 '남한 사회주의 노동자동맹(사노맹)'의 중앙위원 및 정책실장을 맡았다. 이른바 '거물급'이었던 것이다. 노태우 정권 타도 · 민주주의 정권 수립 · 노동자 정당 건설 등이 이들의 목표였지만, 이들한테는 그 목표에 맞는 힘이 없었다.

"말을 굉장히 강경하고 살벌하게 했지만 내용은 별거 없습니다. 말을 너무 강경하게 했던 것은 그래야 언론이 받아 써주고 그래야 사회가 우리의 말을 듣는 척이라도 하니까 그럴 수밖에 없었죠.…그저 무단결근했다고 때리지 말자는 거예요. 당시에는 급여는 그냥 주는 대로 받는 거예요. 그러나 급여를 결정하는 데에 나도 참여할 수 있도록 해달라는 거예요. 협상이라도 할 수 있는 사회를 만들어 달라는 거예요. 지금도 그렇지 않나요? 최저임금 만 원을 받게 해 달라는 것이잖아요.… 단지 그것을 그렇게 강경한 표현으로 얘기했던 것뿐이에요."

1992년, 은수미는 사노맹을 '반국가단체'로 규정한 정부에 의해 결국 검거돼서 6년의 실형을 선고받고 옥살이를 했다.

"국가에서 우리를 건드리지 않고 그냥 내버려 뒀다면 정말로 우리는 대한민국의 깃털도 건드리지 못했을 거예요. 그러나 국가는 우리를 반국가 반체제 세력으로 잡아들여 전시하고 체제의 안정을 꾀하기 위해 이용했습니다. 우리도 모르는 사건을 구성해 준 거죠." ─〈이상 2015. 3. 10. 딴지일보〉

의협심 하나만 있는 문관 순유가 독재자 동탁에게 덤비려 했던 것처럼 은수미 역시 기개만으로 정권과 맞서다가 제대로 싸워보지도 못하고 꺾인 셈이다. 은수미는 이 때 많은 고초를 겪었다. 안기부 요원에게 구타와 물고문을 당했고, 성고문 위협까지 받았다고 한다. 안기부에서 조사를 받을 때 폐렴과 장염을, 심장이 뛸 때 피가 조금씩 새는 병인 '심장판막 일탈증'을 앓았다고 한다. 이후 강릉교도소에 있을 땐 결핵에 걸리기도 했다. 정치인 은수미는 이런 과정을 겪으며 허물을 벗고 '강철나비'로 성장했던 것이다. 내가 물었다.

"그렇게 치열하게 운동했던 분인데 왜 계속 그 길을 가지 않았습니까?"

"저는 할 만큼 했다고 생각했어요."

"할 만큼 했다? 무엇을요?"

"그 시절 운동의 목표는 '독재정권타도'였어요. 그 목표를 이루는 데
얼마큼 역할을 했으니까 나머지는 후배들의 몫으로 남기고,
저는 공부를 계속 하겠다고 마음먹었어요."

은수미는 출소하던 해인 1997년, 서울대 사회학과에 재입학을 해서 이듬해에 졸업을 했다.

"지금 나한테 답안지를 받아간 은수미라는 사람을 아는가? 자네들 선배였고, 아주 극렬한 운동권이었다가 감옥 갔다가 돌아왔다. 그런데 이 친구는 돌아와서 어떻게 이렇게 공부를 하는지, 정말 죽어라 공부를 했는지, 이번에 최고점이다." – 〈2015. 3. 10. 딴지일보〉

은수미는 이후 대학원에 진학해서 2005년 모교에서 사회학 박사학위를

취득했다.

강철나비, 성남 중원하늘을 날다.

은수미는 유복한 환경에서 곱게 자란 모범생이었지만, 어린 시절 가난한 친구들의 삶을 보면서 사회의 불평등에 대해 관심을 가지게 되었고, 그런 관심을 학생운동에 투사하여 젊은 시절을 보냈다. 그 과정에서 많은 고초를 겪었지만, 그것이 연약한 은수미를 '강철나비'로 만드는 데 큰 역할을 했다. 은수미는 강직하며, 정직하다. 은수미는 굉장히 깊이 생각하되, 일단 말을 내면 막힘이 없이 정확하다. 다년간의 연구와 저술활동으로 다져진 내공에 힘입어 은수미는 진영을 아우르는 국내 최고의 '노동문제 전문가'가 되었으며, 정치인이 된 후로는 자신의 이론과 소신을 현실 정치에 접목하는 데 최선을 다하고 있다. 의정활동을 열심히 해서 3년 연속 국정감사 우수의원에 선정되기도 했다. 절친한 친구인 서울대 조국 교수는 은수미를 이렇게 평가한다.

"저는 은수미를 30년 넘게 알아온 친구입니다.… 은수미는 국회에서 서민의 대변자 역할을 톡톡히 했습니다. 담뱃값 인상을 반대하고, 서민 증세 폭탄, 연말 정산을 반대하고, 전세값 폭등의 주범인 부동산 3법도 반대했습니다. 여야를 통틀어 이 세 가지를 모두 반대한 국회의원은 은수미가 유일합니다.… 은수미를 중원의 자식으로 받아주십시오. 은수미는 중원의 자부심이 되어 보답할 것입니다." – 〈은수미 공식 블로그〉

강철나비는 날 준비가 되어 있다. 중원의 유권자들이 현명한 선택을 해주리라 믿는다. 하후돈(이재명)도 은수미의 입성을 기다리고 있을 것이다.

2016년 1월 18일 칼라밍에 게재한 글임을 밝힙니다.

노숙 – "황제의 자리에 오르십시오"

魯肅

노숙은 오나라의 대장이다. 소설『삼국지』에서는 제갈공명과 주유에게 핀잔이나 받는 우유부단한 사람으로 등장하지만, 그런 가운데에서도 그가 가진 '천하통일의 이상'까지 깎아내리지는 못했다. 노숙은 원대한 꿈을 지녔으되 점진적으로 일을 추진하는 사람이었고, 조조의 강성함에 맞서기 위해서는 유비와 손을 잡아야 한다고 생각했던 합리적인 사람이었다.

진보진영의 젊은 리더 정의당 미래정치센터 전 소장 조성주 역시 노숙처럼 큰 꿈을 지니고 있으나 점진적인 방법으로 정치 개혁을 이루어야 한다고 주장하는 사람이다. 진보진영에 있는 정치인이 이런 시각을 드러낸 것 자체로도 매우 신선하다고 할 수 있겠다. 그는 보수진영을 '대결'의 상대로 보기보다 '대화'의 상대로 여기고 있다.

200년, 강동의 호랑이 손책이 죽고 동생인 손권이 형의 뒤를 잇게 되었다. 손권은 형의 유언대로 주유한테 자신을 보좌해 달라고 부탁했다. 주유는 겸양했다.

"저는 재주가 부족한 사람입니다. 중한 임무를 맡기 어렵습니다.

대신 한 사람을 추천하여 장군을 돕도록 하겠습니다."

"어떤 사람입니까?"

"성은 노, 이름은 숙이라는 사람입니다. 배포가 크고, 지모를 갖췄습니다. 집안이 넉넉해서 늘 가난한 사람들한테 재물을 나누어 줍니다. 이 사람은 마음이 크고 강개하며, 말 달리고 칼 쓰기를 좋아합니다."

스물아홉 살 노숙은 이렇게 손권의 휘하에 들어오게 됐다. 손권은 노숙과 함께 하루 종일 시국 이야기를 나눈다. 손권은 노숙의 식견에 감탄을 해서 밤이 늦도록 술을 마시다가 급기야 나란히 누워서 대화를 이어간다. 손권이 묻는다.

"지금 한나라 황실은 위태하고 천하는 혼란한데 외로운 제가 아버지와 형을 이어받아서 책임이 너무 무겁습니다. 그래도 한 번 옛 사람을 본받아 천하의 패권을 잡고 싶은데, 공께서는 저를 어떤 방향으로 인도하시겠습니까?"

노숙이 대답했다.

"저는 한나라 황실을 다시 일으킬 수 없고, 조조를 쉽게 제거할 수도 없다고 생각합니다. 장군께서는 강동에서 틈을 살피셔야 할 것입니다. 지금 북쪽에는 일이 많으니, 우선 황조와 유표를 공격하여 장강(長江)을 경계선 삼아 지킨 뒤에, 황제 자리에 올라 천하통일을 도모하셔야 하겠습니다."

이 때 손권의 나이는 겨우 열아홉이었다. 십년 연상인 노숙의 원대한 포부를 듣자 이불을 박차고 일어나 인사를 한다. 이처럼 노숙은 낡은 세력을 교체

285

하여 혼란한 세상을 바로잡는데 자신의 힘을 기울이고자 하는 사람이었다. '황제 자리에 오르라'는 말은 곧바로 '반역'과 연결된다. 천하의 영웅 조조와 같은 사람도 드러내 놓고 이런 말을 하진 못했는데, 노숙은 세력 기반도 다져지지 않은 어린 주인한테 스스럼없이 반역을 해야 한다고 말했다. 대단한 기개가 아닐 수 없다.

노숙은 혼란한 세상에서 재물은 큰 소용이 없다고 생각해서 가진 재산을 팔고 가난한 사람을 구제했으며, 선비들과 교유했다. 힘있는 청년들을 모아 그들을 먹이고 입혀 주면서 활쏘기와 말 타기를 가르쳤다. 친척 어른들은 모두 이런 노숙을 '미쳤다'고 손가락질했으나 대부분의 고향 사람들은 모두 노숙을 좋아했다.

중원에 군벌들이 난립하고, 도적이 들끓자 노숙은 고향을 버리고 새로운 곳으로 가기로 마음먹었다. 자신을 따르는 젊은이들한테 말했다.

"이곳에는 자손을 남길 땅이 없다. 내 듣기로 강동지역은 들판이
기름지고, 백성들은 부유하며, 병사들이 강해 난리를 피할 수
있다고 한다. 우리 함께 낙원으로 떠나자."

노숙은 약한 사람을 앞세워 보내고 자신과 강한 사람은 뒤를 따르게 했다. 얼마 가지 못해 관군의 기병부대가 추격해 왔다. 노숙은 부하들과 싸우며 관군한테 소리 질렀다.

"당신들도 시대의 흐름을 알아야 한다! 지금 나라가 혼란하여 우리를
잡아 가도 상을 받지 못할 것이고, 잡더라도 우리를 처벌할 수 없을
것인데 왜 간섭하는가!"

관군은 노숙의 거센 저항에 부딪혀 더 이상 추격하지 못했다. 노숙 일행은 강을 건너가서 손책을 뵈었고, 손책은 이런 노숙을 높이 평가하며 예의주시했다. 그러던 중 손권의 부름을 받아 그의 신하가 되었던 것이다.

거대세력에 맞서기 위한 방법

이처럼 포부가 크고, 용감한 노숙이었지만, 정작 자신이 실전을 치르게 되자 충돌을 피하고 협상을 통해 갈등을 해결하려 노력했다. 208년, 조조는 유표의 아들 유종에게 항복을 받아 형주지역을 차지했다. 이런 움직임을 파악한 노숙은 약한 세력이긴 하지만 아군에 힘이 되어 줄 수 있는 유비와 연합해서 조조에 맞서야 한다고 생각했다. 자청해서 유비를 찾아가겠다고 한다. 마침 손권의 진영에는 제갈공명의 형인 제갈근이 가담하고 있었으므로, 노숙은 이를 이용해 유비와 화친을 맺었다. 결과론적인 이야기지만, 노숙은 조조에게 큰 패배를 안겨주는 '적벽대전'을 준비했던 것이다.

조조는 손권을 공격하기 위해 군사를 일으켰다. '적벽대전'이 시작되는 것이다. 손권의 참모들은 강력한 육군에 형주의 수군까지 보유한 조조에게 항복해야 한다고 했다. 노숙은 참모들의 말을 들을 뿐 아무 말도 하지 않았다. 회의를 마친 손권이 별실로 가자 노숙은 말없이 뒤를 따른다. 손권이 물었다.

"당신의 생각은 어떠하오?"

노숙이 정색하며 대답한다.

"참모들은 장군을 그르치고 있습니다. 그들은 장군께 항복을 하라 하지만, 항복하시면 안 됩니다."

"어째서 그렇습니까?"

"저 같은 사람이 조조한테 항복을 하면 조조는 저한테 고향의 자사(刺史)
나 군수 자리를 줄 것입니다. 저한테는 금의환향(錦衣還鄕)이라고
할 만합니다. 그러나 장군께서 항복하신다면 가실 길이 어디 있겠습니까.
사람들은 모두 자신을 위해 말을 하는 법입니다.
그들의 말을 듣지 마시고, 큰 계획을 세우셔야 합니다!"

손권은 노숙의 말에 힘을 얻어 전쟁 준비를 했다. 결국 손권은 유비의 세
력과 연합해서 적벽대전에서 크게 이겼다. 이 때 유비는 주력이 아닌 지원군 정
도로 참가했다. 이래서 형주지역을 손권이 갖기로 약속을 한 상황이었다. 그런
데 유비는 약속을 어기고 형주지역을 점령해 버렸다. 화가 난 주유는 유비를 공
격하려 했다. 노숙은 주유를 만류했다.

"안 됩니다. 우리 군은 조조와 싸워서 이겼지만, 완벽히 이기진
못했습니다. 또 합비 지역도 함락하지 못했는데, 유비와 싸운다면
그 틈을 타서 조조가 다시 공격해 온다면 위험해집니다.
게다가 유비는 조조와 옛 정이 있는 사이인데 둘이 힘을 합해 우리를
친다면 어쩌실 겁니까."

"우리는 많은 병사를 잃었고, 무수한 양식과 재물을 썼는데도 이 꼴이
되었는데 어떻게 분하지 않을 수 있겠습니까."

"주유 도독께서는 잠시만 참으십시오. 제가 유비를 만나서 좋은 말로
한 번 따져 보겠습니다. 그래도 듣지 않으면 그 때가서 군대를 움직여도
늦지 않습니다."

노숙은 유비의 참모 제갈공명을 찾아가서 형주를 돌려달라고 했지만, 제갈공명은 이렇게 궤변을 늘어놓는다.

"형주는 원래 유표의 땅이고, 우리 주인(유비)은 유표의 아우입니다.
유표가 죽었다고 하지만, 맏아들 유기가 살아 있습니다.
우리 주인은 조카를 도와 자기 땅을 찾으려 하고 있는 겁니다."

이어서 제갈공명은 혹시 유기가 죽기라도 하면 형주를 다시 돌려줄 것처럼 이야기했다. 노숙이 유기를 보니 병이 깊어 오래 못갈 것 같다. 제갈공명한테 유기가 죽으면 땅을 돌려받기로 약속을 했다. 그러나 이후 유기가 죽었는데도 유비는 형주를 돌려주지 않았다. 노숙은 다시 유비를 찾아갔지만, 유비는 땅을 돌려주지 않고, 서천지역을 점령한 뒤에 돌려주겠다고 약속을 한다. 노숙은 어쩔 수 없이 다시 돌아왔고, 화가 난 주유는 유비를 공격했지만, 성공하지 못하고 죽었다. 죽기 전, 주유는 손권한테 유서를 썼다.

"노숙은 충성하고 곧은 사람입니다. 일에 정성을 다하는 사람이니
저를 대신하여 임무를 맡길 만합니다."

노숙은 주유의 뒤를 이어 도독이 되었다. 이 때 그의 나이 서른아홉이었다. 유비는 관우를 보내 형주를 지키게 했고, 노숙은 육구라는 곳에 군을 주둔시키고 관우와 맞섰다. 자연스레 양 군은 자주 충돌했는데, 노숙은 늘 우호적인 태도로 일처리를 했다.

이후 유비는 서천지역을 차지하고도 형주를 돌려주지 않았다. 손권 진영에서는 제갈공명의 형인 제갈근을 보내 형주를 돌려달라고 했으나, 유비는 형주에 속한 세 고을만 돌려주겠다고 약속하고는 제갈근을 돌려보냈다. 그런데

정작 형주를 지키고 있는 관우는 '전선의 장수는 왕의 명령을 듣지 않는다.'고 하면서 세 고을을 돌려주지 않았다.

노숙은 군대를 이끌고 관우의 진영으로 향했다. 그러나 노숙은 섣불리 공격을 하지 않고, 우선 관우와 협상을 시도했다. 양 진영의 군대를 백 걸음 뒤로 물리고, 장군끼리 단도만 갖고 만나기로 했다. 노숙은 관우를 꾸짖었다.

"우리 주공은 갈 곳 없는 당신들에게 땅을 빌려주었소. 그런데도
당신들은 서천지역을 얻었으면서도 형주를 돌려주지 않았고,
지금 세 고을을 돌려주라고 명령을 했는데도 돌려주지 않고 있소!"

관우는 '이건 나라의 일이다.'고 하고는 떠나버렸다. 결국 노숙은 관우를 공격하지 않았다.

이상만 고집하지 않았던 사람

노숙은 낡은 한나라를 무너뜨리고, 열아홉 살 자기의 주인을 황제로 세워 천하를 통일하려는 꿈을 지닌 사람이었다. 그러나 천하통일로 가는 길은 험난하기만 했다. 우선 자기 세력의 기반을 잡아야 했고, 무엇보다 강력한 경쟁 상대인 조조를 넘어서야 했다.

노숙은 손권 혼자서 조조를 상대하기 어렵다고 판단했다. 이래서 결코 같은 길을 갈 수 없는 유비와 손을 잡았고, 그들의 세력 확장을 도와주었다. 소설 『삼국지』에서는 노숙이 형주지역의 일에서 제갈공명한테 매번 속아 넘어가며, 전쟁보다는 타협을 꾀하는 어리숙하고 약한 인물로 묘사되지만, 주군더러 황제가 되라고 하며, 조조한테 결사항전을 하라고 권유하는 걸 보면 결코 그런 사람이 아니었음을 알 수 있다.

극복해야 할 거대 세력이 있었으므로 유비가 형주를 돌려주지 않아도 어떻게든 참으면서 협상을 시도하면서 충돌을 피하고자 했다. 주유가 노숙을 자신의 후임으로 추천한 데에는 이러한 노숙의 장점이 있었기 때문이라고 할 수 있겠다. 손권 역시 노숙을 매우 존경했다. 손권은 노숙이 온다는 말을 들으면 말에서 내려서 기다렸다. 이는 매우 극진한 대우였다. 손권이 말했다.

"노숙 장군, 내가 말에서 내려 장군을 맞이한 것은 장군을 존경하기 때문입니다. 이 정도면 당신한테 영광스러운 일이 될 수 있겠소?"

"그 정도로는 충분하지 않습니다."

손권 이하 모든 장수들이 놀라는 가운데 노숙이 천천히 말한다.

"주공의 위엄과 덕이 천하에 떨쳐서 온 나라를 통일하고, 주공이 황제의 자리에 올라 신하인 저 노숙의 이름이 역사에 남는 것, 이것이 저에게 가장 영광스러운 일입니다."

이처럼 노숙의 꿈은 원대했다. 무용과 지략을 겸비했지만, 꿈을 이루는 방법으로 무용만을 고집하지 않았다. 급진적인 사고방식을 가지고 있었지만, 점진적으로 꿈을 이루려 했고, 냉정하게 현실 인식을 할 줄 아는 사람이었다고 할 수 있겠다. 사적인 욕심보다 대의를 우선으로 여기는 사람이기도 했다. 비록 그 꿈을 이루지 못하고 마흔여섯에 병으로 죽고 말지만, 살아 있는 동안 차근차근 꿈을 이루기 위해 노력했고, 얼마간 실현하기도 했던 유능한 사람이었다고 할 수 있겠다.

조성주 정의당 미래정치센터소장(전)
새로운 시선으로 다른 미래를 개척합시다

2015년 6월, 진보정당인 정의당 당대표 선거에 낯선 젊은이 한 명이 입후보했다. 주지하듯 정의당은 현재 다섯 석을 지닌 작은 정당이지만, 그래도 대중한테 이름 석 자가 알려진 심상정, 노회찬, 유시민, 진중권을 보유한 저력 있는 정당인데, 그들에 맞서 상대적으로 명성이 낮은 사람이 출사표를 던졌다. 정치에 관심을 둔 이들 중 대부분은 이 사람한테 눈길을 주지 않았다.

"지금 우리에게 부족한 것은 민주화운동과 노동운동 같은 앞선 세대의 경험이 아닙니다. 이미 그 경험은 충분합니다. 민주화 이후의 민주주의, 노동운동 밖의 노동에 대한 경험과 대안 부족이야말로 지금 진보정치에게 가장 절박한 문제가 아닙니까? … 정의당은 박근혜 대통령과 싸우는 정당이 아닙니다. 정의당은 새누리당이나 새정치민주연합과 싸우는 정당이 아닙니다. 그것은 결코 우리 정당의 본질적 목표가 될 수 없습니다. 정의당은 미래와 싸워야 합니다. 오늘의 이 폭력적이고 불평등한 체제가 강요하는 미래를 바꾸는 것이야 말로 우리의 목표입니다. 새로운 시선으로 다른 미래를 개척합시다."

– 〈2015. 6. 20. 당대표 출마선언문 '두려움 없이 광장 밖으로 과감히 나아갑시다.' 중〉

대중, 특히 야권지지자들은 거대여당과 제1야당의 투쟁에 피로감을 느끼고, 제1야당의 계파투쟁에 실망하며, 진보진영이 모든 정파에 날을 세우면서 투쟁하려는 자세에 거부감을 느끼고 있는 게 현실이다. 그간 이 사회가 진보하는데 큰 기여를 한 '운동'의 가치를 인정하면서도, 이제는 '운동만으로 안 된다'거나 '운동방식을 바꿔야 한다'고 말하는 사람들도 많아졌다.

이 사람의 '출마선언문'은 이러한 대중의 생각과 사회의 현실변화에 대한 인식을 토대로 이루어졌다고 본다. 이 선언은 진보진영은 물론 야권지지자들에게 크면서도 긍정적인 반응을 이끌어 냈다. 당초 큰 지지를 얻지 못할 것이라는 예상을 깨고 정의당 당대표 선거에서 17.1%라는 적지 않은 득표율을 기록했다. 상대가 '스타정치인'인 심상정, 노회찬이었다는 점, 자신의 당내 활동 경력이 짧은 신인이었던 점을 감안한다면 수치상 만족할만한 성적은 아니라 할지라도 나름대로 의미 있는 성과를 얻지 않았는가 한다. 1978년생, 만 37세의 정의당 미래정치센터 소장 조성주(趙誠柱)는 이처럼 신선한 바람을 일으키며 대중 앞에 나타났다.

정의당의 입장에선 스타정치인이 있다는 사실은 분명 강점이라고 하겠지만, 한편으로 이들을 넘어서거나 또는 뒤를 이을 만한 정치인이 나타나고 있지 않다는 현실 또한 간과할 수 없다. 내부에 훌륭한 인재들이 있는 지의 여부는 차치하고, 표면적으로는 이 강점이 오히려 당의 성장을 가로막는 요인 중 하나가 될 수도 있으리라고 본다.

조성주의 당대표 선거에서의 선전은 이런 점에서 조성주 개인은 물론 당으로 봐서도 상당히 긍정적이며, 야권지지자들이 정의당의 미래를 기대하도록 만든 효과를 얻지 않았는가 한다.

"20대 총선에서 50명의 청년 후보 출마를 시작으로, 2018년 지방선거에서 100명의 청년후보들이 당선될 수 있도록 지금부터 준비해 가겠습니다."

— 〈2015. 6. 20. 당대표 출마선언문 '두려움 없이 광장 밖으로 과감히 나아갑시다.' 중〉

당선되지 못했으므로 이 일은 실현되지 못했다. 그러나 진보정당에 대한 대중의 인식에 균열을 내기 시작했다는 점, 진보정당의 새로운 운영 방향을 제시했다는 점은 높이 평가할 수 있지 않을까 한다. 노숙이 원대한 이상을 품고 기존의 낡은 체제를 거부하면서 젊은이를 규합했던 모습과 유사하다고 하겠다.

"정책적으로 유능하고, 시민들에게 책임을 지며, 당원에게는 자부심을 주고, 일을 하고 싶어 사람들이 몰려드는 강하고 좋은 정당을 만들어야 합니다.⋯ 우리는 정의당을 대한민국에서 가장 좋은 정당, 가장 힘있는 정당을 만들어 갈 것입니다."

— 〈2015. 6. 20. 당대표 출마선언문 '두려움 없이 광장 밖으로 과감히 나아갑시다.' 중〉

세력 기반을 다져야 하는 열아홉 어린 군주 손권에게 '황제가 되어 천하를 통일하라'고 했던 노숙처럼 조성주 역시 기반이 약한 다섯 석 작은 정당 정의당을 대한민국에서 '가장 힘있는 정당'으로 만들겠다는 포부를 드러내었다.

우리의 진짜 적은 정당이 아니다

조성주는 앞서 '정의당은 새누리당이나 새정치민주연합과 싸우는 정당이 아니다. 그것은 결코 우리 정당의 본질적 목표가 될 수 없다.'고 했다. 그렇다면 조성주는 이들과 싸우지 않고 어떻게 정의당 혹은 진보정당을 육성해 나갈 것인가.

"누군가를 심판하고, 심판자를 또 심판하는 것만으로 우리는 정치를 이룰 수 없습니다.⋯ 증오를 동원하는 것이 아니라 구체적 불만을 조직하고 대표

해야 합니다. 대한민국의 분야별 OECD 순위가 얼마나 하위인지 반복하는 것이 아니라, 그 상황을 바꿀 희망의 근거를 제시해야 합니다. 이제 더 나은 삶을 위한 방법이 무엇인지 논쟁합시다."

— 〈2016. 2. 2. 정의당 비례대표 출마선언문 '변화를 위한 용기 있는 선택' 중〉

그간 선거 때마다 반복되어 온 '심판론'을 극복하자는 것이다. 조성주의 말대로 누군가를 심판하려면 필연적으로 '증오심' 또는 '복수심'이 따라온다. 조성주는 우선 이 마음을 버리고, 조금은 모호하다고 볼 수 있는 수치에 얽매이기보다는 좀 더 '구체적인 불만'을 제시하고, 이 어려움을 극복할 수 있는 방법을 찾아보자고 한다. 그렇다면 조성주가 생각하는 '구체적인 불만'은 무엇인가.

"당장의 등록금과 생계를 걱정하는 친구들과 함께 싸우는 것이 더 중요했습니다.… 노동조합운동의 바깥에서 최저임금도 받지 못하고 일회용 티슈처럼 쓰고 버려지는 청년들의 절망과 분노를 마주해야 했습니다.… 한 달에 50만 원도 채 벌지 못하고, 아르바이트 임금도 챙겨주지 못해 자책하는 젊은 편의점 사장들은 제 친구의 또 다른 모습이었습니다."

— 〈2015. 6. 20. 당대표 출마선언문 '두려움 없이 광장 밖으로 과감히 나아갑시다.' 중〉

굳이 부연설명을 하지 않아도 될 만큼 구체적이고 현실적인 불만이라 할 수 있겠다. 그럼 이제 이 불만을 해결할 수 있는 방법을 찾아 실천하는 일이 남는다. 조성주는 이 방법을 '논쟁'을 통해 찾아보자고 했다. 우선 조성주가 생각하는 방법이 무엇인지 알아봐야 하겠다.

"이제까지 진보정당은 한국사회를 많이 바꿔 놓았다. 무상의료, 무상교육, 무상급식 등을 요구한 진보정당이 한국사회를 왼쪽으로 전염시켰다.… 20대 국회에선 그동안 가지 않았던 길도 고민해야 한다. 용기 있는 타협, 현실적인 고민이 필요하다. 샌더스는 민주적 사회주의자, 사민주의자이면서 지극히 현실주의자다. 100% 신념과 일치하지 않아도 공화당과도 타협한 적이 있다. 20대 국회 원내에선 진보정치, 정의당은 현실주의적 길을 고민해야 한다."

— 〈2016. 3. 2. 레디앙〉

아슬아슬한 외줄타기를 보는 것 같은 느낌이 든다. 조성주는 구체적인 불만의 해결을 위해서라면 '신념이 100% 일치하지 않는 새누리당과도 타협할 수 있다'고 말하고 있는 것이다.

"우리의 진짜 적은 '새누리당', '더불어민주당', '국민의당'이 아닙니다. 우리가 물리쳐야 할 적의 이름은 고유명사로 불렸던 적이 없습니다. 그것은 불평등, 절망, 냉소와 같이 사회를 무너뜨리고 있는 모든 것들입니다."

— 〈2016. 2. 2. 정의당 비례대표 출마선언문 '변화를 위한 용기 있는 선택' 중〉

이에 대한 야권지지자들의 견해는 엇갈릴 게 분명하다. 조성주가 말한 대로 '논쟁'이 필요한 사안이 아닌가 한다. 어찌되었건 조성주는 기존 진보정당 소속의 정치인과는 다른 모습을 보여주고 있다. 조성주의 말과 글에는 '유연함'이 스며있고, 이것이 오롯이 이 사람의 행동으로 드러나는 것으로 본다.

현재 진보정당의 이름난 정치인들은 대부분 '운동'을 경험한 뒤 정치에 발을 들인 경우가 대부분임에 반해 조성주는 운동보다는 실무경험을 쌓은 뒤 정계에 입문했다. 조성주는 2006년 민주노동당 최순영 의원 보좌관을, 2008년 민주노동당 홍희덕 의원 보좌관을 지냈다. 2010년 청년유니온 정책기획팀 팀장을 지냈고, 2013년부터 2015년까지 서울시 노동전문관으로 일했다. 이와 같은 이력으로 인해 조성주는 일반적인 진보정치인과는 다른 소견과 유연함을 지니게 되지 않는가 한다.

"저는 공격적인 언어나 센 말이 아닌 공감의 언어로 진보도 승부 볼 수 있다고 생각하는 데 다행히 호응이 좋습니다." – 〈2016. 2. 21. 고발뉴스〉

현실정치의 벽을 어떻게 넘을 것인가

조성주는 진보정당인 정의당에 소속된 '정치인'으로서 세력이 약한 정의당을 대한민국에서 가장 힘센 정당으로 육성하려는 꿈을 지니고 있는 사람이다. 이 꿈을 이루기 위한 조성주의 생각은 앞에서 간략하게나마 살펴보았다. 조성주의 소신은 매우 뚜렷하고, 이를 실천하기 위한 방법도 많은 이들의 공감을 얻을 만큼 합리적이라고 할 수 있다고 본다. 2016년 현재, 조성주를 두고 진보정당의 미래를 책임질 '에이스'로 평가하며 기대를 걸고 있는 이들이 적지 않다는 사실이 이를 증명한다고 하겠다. 조성주의 성장은 현재 진행형이므로 앞으로의 행보에 주목할 가치가 있다고 본다.

"저 야권연대 부정적이지 않습니다.··· 제가 부정적인 것은 내용 없는 연대, 무조건 새누리당의 과반을 저지하기 위해 정책이나 가치도 없이 연대하는 것은 소극적인 것으로 생각해요. 더 적극적 연대, 더민주가 어떤 정책을 할 것이고 새누리당 과반을 저지해서 무엇을 할 것이라는 내용에 대한 합의가 없는 연대이기 때문에 소극적이고 문제가 있었죠.··· '야권이 과반을 했을 때 사람들의 삶이 뭐가 바뀌는데'라는 질문에도 저희는 답해야 한다는 거예요.··· '연대하면 정말 이런 게 바뀌겠구나'란 것에 대한 시민들의 기대감을 높여야 연대의 성과도 더 커지겠죠.··· 제1야당이 옳아서가 아니라 새누리당을 막기 위해 제1야당을 지지했단 말이에요. 그러다 보니 제1야당이 더 약해졌습니다. 열심히 안해도 표를 받기 때문이죠.··· 제 비판은 내용 없는 연대예요."
– 〈2016. 2. 21. 고발뉴스〉

일리가 있다. 옳은 말이다. 이 말에 이의를 제기할 야권지지자들은 많지 않을 줄 짐작한다. 그럼에도 불구하고 여전히 문제는 남는다. 위축된 진보정당이 대중의 폭넓은 지지를 얻기 위해 해야 할 '현실적인 일'은 무엇인가. 당장 거대여당이 정국의 주도권을 잡고 있으며, 앞으로도 큰 변화가 없는 한 그러한 상황이 지속될 것인데, 이를 타개할 만한 '현실적인 방법'은 무엇인가. 아쉽게도 조성주한테도 구체적인 '대안'이 있는 것 같지는 않다.

이런 면에서 현재까지 조성주는 표면적으로 '정치인'보다는 '평론가'의 모습이 좀 더 부각되고 있지 않은가 한다. 실전 경험이 없기 때문이겠지만, '이렇게 생각한다.'가 아니라 '이렇게 하겠다.'고 말해야 할 필요가 있겠다. 앞으로 정치를 하면서 대중한테 대안을 제시하고 이를 실천해 가는 모습을 보여주기를 기대한다.

노숙이 그러했던 것처럼 조성주의 앞에도 넘어야 할 산이 많다. 우선 자신이 원내에 진입해야 하고, 이후 약한 정의당을 육성해야 하며, 동시에 제1야당과 거대여당을 넘어서야 자신의 원대한 꿈을 이룰 수 있다. 노숙은 성공하지 못하고 병들어 죽었다. 그러나 조성주는 건강을 지키며 오랫동안 정치를 할 수 있을 것이고, 끝내 진보진영의 차세대 리더가 되어줄 것으로 짐작한다. '될성부른 나무는 떡잎부터 알아본다.'고 했다. 출발이 좋다.

2016년 3월 7일 투데이신문에 게재한 글임을 밝힙니다.

야권의 오호대장이 될

김광진은 마초다

마초 – 너의 날고기를 잘근잘근 씹어주마!

馬超

마초는 행적에서 드러난 조급함과 무자비함 때문에 『삼국지』 마니아들에게 비판의 대상이 되는 사람이다. 그러나 한편으로 조조에 맞서 싸우는 과정에서 보여준 용맹성과 끝내 유비의 사람이 되었다는 사실 때문에 많은 이들의 사랑을 받는 사람이기도 하다.

더불어민주당 김광진 전 의원의 캐릭터는 원래 오나라의 소년장수 능통이었다. (김재욱, 『삼국지인물전』, 2014. 휴먼큐브.) 그러나 김광진이 의원으로 보여준 활약상은 능통을 넘어섰다고 판단했고, 그에 필적할만한 활약을 보인 마초가 적당하다고 봤다. 아울러 마초가 유비 진영으로 가는 것을 '성공'의 끝으로 보고, 김광진의 고향인 순천의 유권자들이 '유비'가 되어주기를 바라는 마음을 담아 이 글을 썼다. 아쉽게도 김광진은 당내 경선에서 패배하고 말았다. 그러나 마초와 같은 기량을 지니고 있으므로 반드시 다시 돌아올 것으로 짐작한다.

199년, 조조는 서쪽의 군벌 서량태수 마등을 허창으로 불러들여 죽여 버렸다. 이 과정에서 마등의 아들 마철이 화살에 맞아 죽었고, 마휴는 아버지와 함께 처형당했다. 조카인 마대만 가까스로 탈출했다.

서량에 남아 있던 맏아들 마초는 군사를 일으켜 아버지의 원수를 갚고자
했다.

조조가 소리친다.

"너는 한나라 황실 명장의 자손인데 왜 조정을 배신하느냐!"

마초(馬超)는 눈을 부릅뜨고 이를 부드득 간다.

"네 이놈! 늙은 역적 놈아! 너는 황제를 속이고 천하 사람을 희롱하는
놈이다. 네 놈의 목을 베지 않을 수 없을 뿐더러 사사로이는
나의 아버지를 해쳤으니, 네 놈은 한 하늘 아래 살 수 없는 원수다!
너를 산 채로 잡아서 너의 날고기를 잘근잘근 씹어주마!"

갑옷 위에 하얀 상복을 입고, 은빛 투구를 쓰고, 긴 창을 지닌 마초는 조
조의 진영을 헤집고 다니기 시작한다. 마초는 조조가 있는 쪽으로 달려 들었
다. 조조 진영에서 우금이 달려 나와 맞선다. 마초는 강했다. 우금은 채 열 합
도 겨루지 못하고 패해 달아난다. 이 모양을 본 조조의 일류장수 장합이 마초한
테 덤벼들었다. 장합 역시 스무 합을 겨룬 뒤에 패해서 도망간다. 이번에는 이
통이라는 장수가 마초한테 달려든다. 순식간에 마초의 창이 이통의 심장을 꿰
뚫는다.

"공격!"

서량의 정예병이 기가 꺾인 조조군을 밀어붙인다. 조조는 급히 도망을
가기 시작한다. 체면이고 뭐고 차릴 겨를이 없었다. 외투를 벗고 수염까지 자

르고 달아난다. 어느새 마초가 조조의 바로 뒤까지 따라붙었다. 마초는 창을 들고 조조를 찌른다. 조조는 자기 앞에 있던 나무 뒤로 피한다. 간발의 차이로 마초의 창은 나무를 푹 찔렀다. 조조는 다시 말을 달리고, 마초는 그 뒤를 바짝 쫓는다.

"마초는 우리 승상을 해치지 마라! 조홍이 여기 있다!"

조홍은 마초의 상대가 되지 못했다. 사십여 합을 겨루자 조홍의 힘이 떨어지기 시작한다. 이 때 저쪽에서 조조의 일류장수 하후돈이 합세했다. 용맹무쌍한 마초였지만, 조조의 장수 몇 명과 싸우면서 이미 지쳐있었다. 어쩔 수 없이 말 머리를 돌려 후퇴한다. 스물네 살의 젊은 장수 마초, 아버지의 원수를 갚고, 조조를 죽이지 못했지만, 조조를 사지에 몰아넣었고, 혼자서 조조의 장수 다섯 명과 훌륭히 싸웠다.

잘 싸우고도 이기지 못하다

조조군은 마초의 서량병에게 몇 차례 패했다. 이번엔 조조의 일류 장수 허저가 나선다. 마초의 창과 허저의 칼이 상대의 급소를 노리며 춤을 춘다. 둘은 당대 최고의 맹장이다. 쉽게 승부가 나지 않는다. 백여 합이 넘도록 승부를 내지 못한다. 둘은 싸울수록 힘이 났지만, 타고 있던 말이 지쳐 버렸다. 말을 갈아타고 나와서 또 백여 합을 겨룬다. 여전히 승부가 나지 않는다.

허저는 성질이 급하고 무모했다. 갑옷과 투구를 벗고 알몸으로 마초한테 대든다. 허저가 칼을 휘두르자 마초는 슬쩍 피하면서 창으로 허저를 찌른다. 허저는 들어오는 창을 손으로 잡아 버렸다. 창이 부러지자, 둘은 주먹으로 치고받기 시작한다. 이 모양을 본 조조는 허저가 혹시 다칠까봐 걱정이 됐다.

"하후연과 조홍은 나가서 허저를 도와라!"

둘이 뛰어나가자, 마초 편에서는 방덕과 마대가 철기병을 거느리고 달려든다. 역시 힘과 힘의 대결에선 조조군이 서량병을 이겨내지 못했다. 조조군은 크게 패해 달아난다. 난전 중에 허저는 화살에 맞았다. 조조는 도저히 힘으로는 이들을 상대하기 어려울 것으로 판단해서 진을 치고 싸우지 않았다. 그러면서 조조는 마초와 그를 도우는 한수를 이간질했다. 어처구니없게도 마초는 잘 싸우고도 조조의 이간책에 녹아 싸움에 지고 농서지역으로 달아났다.

201년, 마초는 이민족인 강족(羌族)을 회유하여 자신의 군대로 삼았다. 그런 다음 농서지역의 여러 고을을 손에 넣었으나, 결국 하후연의 벽을 넘지 못하고 크게 패했다. 이런 가운데 마초의 가족이 몰살당했다. 분을 못이긴 마초는 후퇴하면서 눈에 띄는 사람을 모조리 죽였다. 이들 중에는 백성도 있었고, 적군의 가족들도 있었다. 마초는 사촌동생 마대와 함께 한중지역의 실력자 장노한테로 도망갔다.

한편, 유비는 서천지역 점령을 눈앞에 두고 있었다. 서천의 주인 유장은 장노한테 구원병을 보내달라고 요청했다. 서천이 함락되면 다음은 한중 차례이므로 장노는 유장의 요청을 수락해야 했으나, 두 집안은 대대로 원수였다. 장노는 유장의 요청을 거절했다. 일이 급하게 되자 유장 측에서는 장노의 참모 양송을 구워삶았다. 양송은『삼국지』에서 가장 뇌물을 좋아하는 사람이다. 장노는 양송의 감언이설에 녹아서 즉시 마초를 보내 유비와 싸우도록 했다.

유비군과 마초군이 충돌한다. 유비는 성 위에서 마초를 내려다본다. 마초는 사자투구를 쓰고, 짐승의 가죽으로 띠를 두르고, 은빛 갑옷 위에 흰 도포를 입고 있다. 풍채가 좋고, 재기가 넘쳐흐른다. 유비는 감탄했다.

"'비단과 같은 마초'라고 하더니 과연 그렇구나!"

옆에 있던 장비가 말한다.

"나가서 싸우겠습니다!"

유비는 마초의 기세가 강한 것을 보고 장비를 제지한다.

"아냐, 아냐. 우선 저 예기를 피해야 하네."

반나절 이상을 보내고서야 유비는 장비더러 나가서 싸우게 했다.

"네 놈이 마초냐! 너는 천하 맹장 장비를 아느냐 모르느냐!
안다면 어서 두 손을 묶어 항복하라!"

"하하하! 돼지백정 장비로구나! 나는 명문가의 후예다!
너 같은 놈을 알 이유가 있는가!"

장비는 장팔점강창을 비껴들고 마초한테 덤벼들었다. 마초의 무예는 화려했다. 장비의 공격을 창끝으로 툭툭 쳐낸다. 그러면서 가끔씩 역습도 펼친다. 양 편 병사들의 귀에는 두 장수의 말이 내뿜는 숨소리와 창에서 나는 금속성만 들린다. 둘은 백여 합을 싸우고도 승부를 내지 못했다.

둘은 말을 갈아타고 나와 다시 싸운다. 장비는 투구를 벗어던지고 수건으로 머리를 질끈 묶고는 달려 나간다. 둘은 또 백여 합을 싸웠다. 역시 승부가 나지 않는다. 오후부터 시작한 싸움은 황혼녘이 되도록 계속 됐다. 급기야 둘은 양 편 병사의 횃불을 의지해 싸움을 계속 한다. 그렇게 이십여 합을 싸웠다. 마초는 꾀를 냈다. 말을 돌려 달아나기 시작한다.

"이 놈 마초야! 어딜 도망가느냐!"

장비는 말을 달려 마초를 바짝 뒤쫓는다. 둘의 거리가 점점 짧아진다. 이때 마초는 말을 돌리면서 장비의 얼굴을 향해 철퇴를 던진다. 장비는 깜짝 놀라며 급히 피한다. 철퇴는 장비의 귓전을 스친다. 전세가 역전됐다. 이번엔 마초가 장비를 쫓아간다. 장비는 몸을 돌려 마초를 향해 화살을 쏜다. 마초는 순간적으로 몸을 비틀면서 화살을 피한다. 이 모양을 본 유비가 큰 소리로 외친다.

"나는 오늘날까지 인의(仁義)로 사람을 대했으며, 속임수로 싸워본
적이 없습니다. 마초 장군께서는 군대를 물리시오.
우리도 장군을 추격하지 않겠소이다!"

지쳤다. 마초는 못이기는 척 하면서 자신의 진영으로 돌아갔다.

오호대장이 되다

유비는 마초의 용맹을 확인하자 자기 사람으로 만들고 싶었다. 제갈공명은 장노의 참모 양송한테 뇌물을 써서 마초와 장노의 사이가 벌어지도록 만들었다. 양송의 참소를 들은 장노는 군대를 보내 마초의 퇴로를 끊어버렸다. 마초는 오지도 가지도 못하는 상황에 직면하게 되어 버렸다. 유비는 사람을 보내 마초를 설득했다.

"유비 장군은 예전에 장군의 아버지이신 마등 장군과 함께 역적 조조를
토벌하라는 황제의 밀명을 받은 분이십니다. 마초 장군께서 유비 장군께

가신다면 마등 장군의 원수를 갚고, 공명을 이룰 수 있을 것입니다."

마초는 항복하기로 뜻을 굳히고 유비를 찾아갔다.

"저 마초는 이제야 밝은 주인을 만나게 되었습니다.
마치 구름과 안개를 헤치고 푸른 하늘을 우러러 보는 듯합니다."

조조의 간담을 서늘하게 했고, 유비의 일류장수를 압도했던 마초는 이렇게 유비의 사람이 되었다. 마초는 유비의 선봉이 되어 유장이 지키고 있는 성도성에 이르렀다. 유장은 마초의 기에 눌려 싸우지도 못하고 항복했다. 이후 219년, 유비는 한중지역까지 점령하고 한중왕에 올랐다. 마초는 조자룡, 황충, 관우, 장비와 함께 유비 진영을 대표하는 '오호대장(五虎大將, 다섯 명의 용감한 장수)'에 봉해졌다.

마초는 그로부터 3년 뒤인 222년에 병으로 죽는다. 마흔일곱이라는 젊은 나이였다. 죽지 않더라면 더 많은 활약을 펼쳤을 것이 분명한데 무척 아쉽다. 마초는 후한 광무제 시기의 명장인 복파장군(伏波將軍) 마원(馬援, 25~57)의 후손이다. 명문가의 후예라 할 수 있겠다. 그러나 그의 거점인 서량은 중원과 거리가 멀었고, 서북쪽에 위치해 있어 세력 확장에 어려움이 있었다. 그나마 조조와의 싸움에서 지는 바람에 본거지를 잃어 버렸다.

마초는 출중한 무예를 지녔고, 조조한테는 '여포와 같다.'는 평을 듣기도 했지만, 무예의 날카로움에 비해 지략이 따라주지 못했다. 성격 역시 조급한 사람이었던 것으로 보인다. 이는 맹장들이 지닌 일반적인 특징이기는 하고, 조조와 제갈공명이라는 매우 강한 지략가와 상대를 했기 때문이기는 하나, 두 번 모두 잘 싸우고도 패했다는 점에서 아쉬움이 남는 대목이라 하겠다. 특히 가족을 잃었다고는 하지만, 후퇴하면서 백성을 도륙냈던 일에서 마초의 강한 성정을 엿볼 수 있겠다.

그럼에도 불구하고 마초의 삶은 해피엔딩이 아니었을까 한다. 스물넷이라는 젊은 나이에 전장의 중심으로 뛰어들어 강적들과 싸우며 많은 것을 잃었지만, 한 시대를 주름잡던 두 영웅 모두에게 기량을 인정받았고, 끝내는 유비와 같은 주인을 만나 지금까지 '오호대장', '서량의 비단 같은 마초'라고 불리며 후세 사람들의 입에 회자되고 있지 않은가.

김광진 더불어민주당 전 의원
있는 법과 규정부터 잘 지키십시오!

　　2016년 2월, 19대 국회 임기 중 마지막 국회 대정부질문이 있었다. 이 자리엔 대통령 다음으로 높은 자리에 있는 황교안 국무총리가 참석했다. 이처럼 큰 거물과 상대하게 된 사람은 더불어민주당 비례대표인 김광진 의원이었다. 우리나이 서른여섯의 김광진은 조조를 만난 마초처럼 날카롭게 황교안을 찔렀다.

　　(김) "대테러 관련 범정부 차원의 기구가 지금 무엇이 있는가."

　　(황) "어떤 형태의 기구를 말하는지 모르겠는데, 상시적 기구는 따로 없다."

　　(김) "왜 없나. 국가테러대책회의가 있다. 1982년부터 있었고,
　　11개 부처가 있는 기구다. 이 기구의 법률상 의장이 누구인지 아느냐?"

　　(황) "정확하게 모르겠다. 확인해 보겠다."

　　(김) "의장이 국무총리다!"

　　(황) "아, 총리로 알고 있다."

　　(김) "기구도 모르고, 본인이 의장인 줄도 모르니 국가테러대책회의
　　소집한 적도 한 번도 없으시겠네요?"

　　(황) "제가 온 이후로는 그 회의가 아니고 필요할 때 구체적으로
　　필요한 부분에 관계부처 협의를 하고 필요한 공무원도 모이고 있다."

(김) "그 회의 한 적 없죠? 의장으로 한 적이 없죠?"

(황) "그 기구로 회의를 한 적은 없다."

(김) "총리 되신 지 몇 개월 됐나?"

(황) "8개월 조금 안 됐다."

(김) "법률에 의하면 반기에 1회 정기회의를 하도록 돼 있다. 그런데 하고 있지 않다. 있는 기구도 쓰지 않으면서 테러방지법을 만들어 국가정보원에 도청·감청할 수 있는 권한을 달라, 계좌를 볼 수 있는 권한을 달라고 계속 주장하는 것은 테러방지법 자체의 효용을 다르게 생각하고 있기 때문이다."

(황) "기구의 효용성을 위해서도 법이 필요하다. 회의를 열지 않았다고 해서 관계부처 간 협의를 하지 않은 것은 아니다. 면밀하게 대비하고 보완책을, 법이 만들어져 있지 않은 상황에서 어떻게 할 것인가에 관한 구체적인 이야기를 하고 있다."

(김) "있는 법과 규정부터 잘 지키십시오!"

― 〈이상 2016. 2. 18. 국회방송, 김광진 의원 대정부질문 영상에서 발췌수록〉

김광진의 궁극적인 목표는 이 공방을 통해 '테러방지법'의 무용함을 역설한 뒤, 이 법의 통과를 막아야 하는 것이었다. 그러려면 황교안의 입에서 '무용하다.' 또는 이와 유사한 말이 나온 뒤에야 목표의 절반 정도는 성취했다고 평가 할 수 있겠다. 그런데 황교안은 '그래도 테러방지법은 필요하다.'는 점을 강조함으로써 시종 수세에 몰렸지만, 방어에는 성공하지 않았는가 한다. 만약 정부 여당의 편을 드는 사람이 이 공방을 봤다면 '그건 그거고 이건 이거다.'고 생각할 가능성이 있다고 본다.

이런 아쉬움이 있지만, 김광진은 이 공방을 통해 국무총리를 '자신의 임무를 모르는 무지한 사람'이고, '있는 법도 쓰지 못하는 무능한 사람'이며, '테러방지를 빙자하여 국민의 인권을 침해하려는 무식한 사람'으로 만드는 데는 성공했다. 마초가 조조를 완전히 죽이진 못했지만, 조조한테 '황제를 속이고 천하사람을 희롱하는 놈'이라 일갈하면서 그를 죽음 직전까지 몰아넣은 것과 유사하다고 하겠다. 국무총리의 저런 모습은 정부와 집권 여당을 대변한다는 점에서 국민들은 경각심을 지녀야 한다고 본다.

군계일학, 종횡무진!

김광진이 유명세를 탄 건 보수진영에서 '한국전쟁의 영웅'으로 추앙하는 백선엽 장군을 정면으로 공박하면서부터인 듯하다.

> "이분은 민족문제연구소에서 발간한 '친일인명사전'에 등재된 친일인사이기도 하고, 2009년 대통령 직속 '친일반민족행위 진상규명위원회'가 발표한 명단에 들어가 있는 만주군관학교 출신의 간도특설대 대원입니다.… 이 잘못된 과를 가지고 있는 사람이, 이 민족 반역자가 초기 대한민국 국군의 지도자로 살 수 있다는 사실 자체도 부끄러운 일입니다만, 60년이 지난 지금까지도 그 잘못을 청산하지 못하고, 우리가 그 사람들을 칭송해야 한다는 사실이 참 부끄럽고요."
>
> – 〈김광진, 『7분의 전투』, 2014, 지성기획인쇄, 150∼151쪽〉

이 일이 있은 뒤에 김광진은 보수진영의 엄청난 공격에 시달려야 했다. 그러나 김광진은 그들의 공격에 굴하지 않고 백선엽에 대한 자신의 소신을 지켜냈다. 이래서 보수진영에서는 김광진을 싫어하고, 민주진보진영에서는 김광진을 매우 높이 평가한다. 많은 야권지지자들은 김광진이 비례대표에서 벗어나 지역구 의원이 되어주기를 바란다. 지금까지 살핀 것처럼 정부 여당의 무능함을 질책하고, 민족반역자에게 일갈한 젊은 김광진의 기개를 보면서 그러한 바람을 지니게 되었겠지만, 그보다는 짧은 임기 동안 국회의원으로서 많은 일을 해낸 김광진의 능력을 보았기 때문인 것으로 본다.

저명한 정치 평론가 '아이엠피터'는 이렇게 말했다.

"김광진 의원은 사병들이 사용하는 수통이 무려 30년이나 넘도록 사용하고 있어 각종 질환을 일으킬 수 있다며, 사병들의 수통을 바꾸도록 예산을 배정받을 수 있도록 했습니다.… 2014년 수통을 교체하는 예산이 25억 원이 책정됐으니, 그동안 대한민국 군대는 25억이 없어서 사병들이 각종 질환이 생길 수 있는 수통에 물을 담아 훈련 중에 마시고 살았던 것입니다."

– 〈2014. 2. 24. 고발뉴스〉

고작(?) 25억이 들어가는 일을 아무도 하지 않았다는 사실, 군의 전투력과 직결될 수 있는 병사의 '위생'문제를 30년 동안 해결하지 않았다는 사실에 놀라지 않을 수 없다. 그러나 김광진은 그간 아무도 신경 쓰지 않고, 생색낼 거리가 없다고 볼 수도 있는 일을 해 냈다. 김광진 스스로도 우리 군의 수통을 교체한 일을 가장 자랑스러운 성과라 했다.

"최연소 의원이 연금폐지법을 발의하자 당 안팎에서 '제대로 알지도 못하면서 발의하려 한다.'는 곱지 않은 시선이 있었다.… 동료의원들을 설득하고자 일일이 손으로 편지를 쓰고 협조를 구했는데 드디어 결실을 맺었다."

– 〈2013. 7. 4. 아시아경제〉

김광진은 국회의원에 당선되자마자 '국회의원 연금 폐지' 법안을 대표 발의했다. 이전까지 국회의원은 '하루라도' 재직하면 65세 이후에 월 120만 원의 연금을 받을 수 있었다. 일반인이 저 금액을 받으려면 무려 40년 간, 월 34만

2천 원을 국민연금에 납부해야 한다. 당연히 많은 국민들은 국회의원이 과도한 특혜를 받는다고 생각을 했고, 실제 국민 열 명중 여덟 명이 국회의원의 특권을 줄여야 한다고 응답했으며, 가장 먼저 국회의원 연금을 없애야 한다고 답한 여론조사 결과가 나오기도 했다. – 〈이상. 김광진 의원실의 '카드뉴스' 내용 요약〉

자신이 입는 혜택을 버리는 일은 아무나 할 수 있는 일이 아니다. 이처럼 김광진은 국민을 생각하는 정치인이다.

"19대 국회, 평생 연금부터 포기하겠습니다!"

젊은 의원의 기백이 느껴지는 선언이라 하지 않을 수 없다. 이 외에도 조조의 수많은 일류장수를 물리쳤던 마초처럼 김광진은 많은 활약을 했다. 그 활약은 아래와 같은 결실로 나타났다.

2012년, 민주당은 김광진을 국정감사 최우수의원으로, 이듬해엔 우수의원으로 선정했다. 2013년, 국회사무처는 김광진을 입법 및 정책개발 우수의원으로 선정했다. 김광진은 300명 의원 중 9위라는 높은 평가를 받았다. 같은 해 경실련이 선정한 국정감사 우수의원 34인에 포함됐다. 민주당에서도 국정감사 우수의원으로 선정됐다.

해가 거듭될수록 김광진의 능력은 빛을 발했다. 2014년, 김광진은 300명 중 5위의 평가를 받으며 입법 및 정책개발 우수의원으로 선정됐다. 행정부 출입기자들은 김광진을 '올해의 국감인물 6인'으로 뽑아 주었다. 시사저널에서는 김광진을 우리나라 미래를 이끌어갈 '차세대 리더 100인'에 포함시켰다. 또한 '정치인 최초'로 한국투명성기구로부터 '투명사회상'을 수상하기도 했다. 이만하면 마초의 화려한 무예도 부럽지 않다고 할 만하다.

야권의 버팀목이 되어줄 사람

　　김광진은 국회의원으로 재직하면서 국민에게 '일 잘하는 정치인'으로 인정받은 사람이다. 야당인 더불어민주당 소속이며, 보수와 진보가 첨예하게 대립하는 사안에 대해 분명히 진보의 편에 서는 사람이므로 보수적인 여당지지자로부터 곱지 않은 시선을 받고 있지만, '일 잘하는 정치인'이라는 '사실'을 부정하기는 어려울 것으로 본다. 김광진은 검증되었고, 항상 준비되어 있는 정치인이다.

　　앞서 살펴보았듯 김광진의 수상경력은 참으로 화려하다. 그 중 상대적으로 작아 보이는 수상경력이 눈에 띈다.

　　"2014년 순천대 선정 '자랑스러운 순천대인'"

　　김광진은 2016년 2월 현재, 고향인 전남 순천에서 지역구 출마를 준비 중이다. 비례대표에서 벗어나 지역에 기반을 잡으려 하는 것이다. 그러려면 우선 당내 경선을 통과해서 더불어민주당을 대표하는 후보가 되어야 한다. 이 지면에서 김광진의 당락예측을 하는 건 큰 의미가 없을 줄 안다. 지금껏 그래온 것처럼 온 힘을 다해 최선을 다할 수 있을 뿐이다. 김광진을 지지하는 사람들은 그의 그러한 모습에 감동하며, 변방 출신으로 '오호대장'에 오른 마초의 자태를 꿈꿀 뿐이다.

　　언젠가 김광진은 이런 말을 한 적이 있다.

　　"이번 선거에서 낙선하면 정계에서 은퇴하겠다."

　　참으로 성격이 급한 마초와 닮아 있다. 자신의 '결의'를 다진 것이 아닐까 집작한다. 그렇다 하더라도 '오호대장'의 일원으로 성장해 주기를 바라는 지지자들은 김광진의 이러한 자세를 탐탁하게 여기지는 않을 것으로 집작한다. 마초와 같은 강단과 과감성을 지닌 김광진이지만, 그의 삶을 눈여겨봤다면 마초의 단점을 극복하려고 노력해야 할 것이다.

"거창한 거대담론 보다는 정치가 우리와 함께 한다는 것을 증명하는 소소하지만 즐거운 변화를 증명해 내고 싶었습니다. 수천억짜리 전투기의 문제보다 몇 천 원짜리 콩나물의 품질에 대해서 이야기하고 싶었습니다. 대한민국을 살아가는 보통의 사람들이 살면서 느끼는 '왜 이런 것이 아직도 고쳐지지 않는가!' 하는 그런 고민들을 하나하나 바꿔나가고 싶었습니다."

"아직도 부족함이 많음을 잘 알고 있습니다. 진심을 다해 호소하지만, 그 호소를 듣는 것은 저의 입이 아니라 상대방의 귀라는 것도 이제 조금씩 깨닫고 있습니다." – 〈이상 더불어민주당 김광진 공식 홈페이지〉

지난 4년 간 김광진은 자신이 가진 능력을 국민들한테 보여주었다. 잘했다. 그리고 앞으로도 잘 하리라 믿는다. 400명 '김광진의 천사 후원인'을 비롯하여, 전국의 후원자들, 고향의 지지자들은 김광진의 '강족 병사'가 되어 유비의 진영으로 그와 함께 걸어갈 것이다. 김광진의 정치인생은 이제부터 시작될 것이다. 이제는 옛날과 달리 의술이 발달해서 마초처럼 일찍 병들어 죽지도 않을 것이다.

2016년 2월 22일 투데이신문에 게재한 글임을 밝힙니다.

19 패배를 막을 수 있는 전략가

진성준은 육손이다

육손 – 자존심을 버리고 얻은 승리

육손은 오나라를 대표하는 명참모다. 소설 『삼국지』에서는 이름 없는 서생으로서 큰 전투에 나서 싸움을 승리로 이끄는 역할을 하면서 등장하지만, 그는 젊은 시절부터 크고 작은 싸움을 치르면서 경험을 축적한 이후 오나라의 대장이 되었다. 서생이지만, 장수와 같은 담대함과 결단력도 지니고 있던 사람이다.

더불어민주당 진성준 전 의원 역시 그러하다. 진성준은 오랜 기간 민주당의 당직자 생활을 했고, '전략'을 담당하면서 자신의 영역을 개척한 사람이다. 당직자 비례대표로 국회에 입성하였기 때문에 대중한테는 '이름 없는 서생'이었을지 모르나, 알고 보면 경험 많고 안정감 있는 전략가라고 할 수 있겠다. 20대 총선에서 아쉽게 낙선했으나, 국회 입성을 위해 여러 방면으로 노력 중이다.

219년, 형주를 지키고 있던 관우는 번성을 공격해서 조조의 장수 우금을 사로잡고, 맹장 방덕을 죽인 후에 여세를 몰아 번성을 완전히 함락하려 했다. 형주의 병력을 번성으로 이동시켰는데, 이 때 손권은 관우가 없는 형주를 공격할 계획을 세웠다. 때마침 참모 여몽도 형주를 공격하자고 권유했다. 여몽은 형주를 함락시킬 자신이 있었다. 손권한테 큰소리를 친다.

그러나 관우가 누구인가. 용맹에 지략까지 갖춘 장수가 아니던가. 관우는 형주를 비우고 나가면서 방어태세를 갖춰 놓았다. 이십 리, 삼십 리마다 봉화대를 세워 놓았고, 형주의 병사들은 군기가 엄격해서 언제라도 응전할 태세를 갖추고 있었다. 이 사실을 알게 된 여몽은 속이 타들어 갔다. 여몽은 병이 들었다고 핑계를 대고는 공격 준비를 하지 않았다. 손권은 우선 그 사실을 믿으면서도 한편으론 무척 불쾌했다. 그러던 차에 육손이 손권을 뵈러 입궐했다. 손권이 말했다. 육손이 미소하며 말했다.

"여몽은 꾀병을 부리고 있는 겁니다. 진짜 병에 걸린 게 아닐 겁니다."

육손은 밤낮을 가리지 않고 길을 재촉하여 여몽이 주둔하고 있는 육구에 도착했다. 육손의 예상대로 여몽은 멀쩡했다. 그러나 육손은 시치미를 떼고 웃으며 말했다.

"장군의 병은 형주의 방비가 탄탄하고, 산마다 봉화대가 있는 걸 보고
생긴 거 아닙니까? 봉화를 못 올리게 만들어 형주의 군대를 묶어
두기만 하면 쾌차하실 텐데요?"

"아! 어떻게 그리 제 속을 환히 들여다보십니까. 그 계획을 말씀해 주시오."

"관우는 자신의 능력을 믿고 남을 무시하는 경향이 있습니다.
다만 여몽 장군을 두려워하고 있지요. 장군이 병이 났다는 소문을
퍼뜨리고 육구 지역의 병권을 다른 사람한테 넘긴 다음, 그 사람이
우리 편을 낮추고 관우를 추켜세운다면, 관우는 기고만장해져서
형주군의 대부분을 번성으로 옮길 겁니다.
이 때 형주를 공격하면 됩니다."

317

그 '다른 사람'은 다른 사람이 아닌 육손이었다. 손권은 어리고 경험이 적은 육손을 대장으로 임명하려 하지 않으려 했다. 여몽이 말했다.

"이런 계책이 아니면 노련한 관우를 속이기 어렵습니다."

여몽은 육손의 말대로 소문을 내고 자리에서 물러나 몰래 형주를 공격할 준비를 했다. 육손이 육구의 대장으로 부임했다는 소식을 들은 관우는 코웃음을 쳤다.

"손권의 식견이 이것밖에 안 되는 구나. 이런 어린 아이를 대장으로 삼다니."

예상대로 관우는 방심하기 시작했다. 절반은 성공한 셈이다. 육손은 관우한테 편지를 보냈다.

"장군께서는 적의 동태를 잘 살피시고 법도에 따라 군대를 지휘해 큰 승리를 거두셨습니다. 어찌 그리 위대하십니까.… 저는 장군을 우러러 보고 있으며 가르침을 받기를 바라고 있습니다.… 저는 일개 서생으로 재주가 없고 학문은 얕으며 행동은 굼뜬데, 이런 임무를 맡게 되었습니다. 저는 위엄과 덕을 갖춘 장군과 이웃이 되어 기쁘며, 제 마음을 장군께 다하고 싶습니다.…"

관우는 이 편지를 받아보고 수염을 쓰다듬으며 기고만장했다. 나름대로 경쟁상대라고 여겼던 여몽은 병에 걸렸지, 부임해 온 대장은 약해 빠진 서생인데다가 자신을 존경하고 있다며 머리를 조아린다. 관우는 크게 방심한 나머지 형주의 병력을 번성으로 이동시켰다. 자신의 낮은 이름값을 이용한 육손의 절묘한 작전이 맞아 들어간 것이다. 이후 여몽은 군대를 출동시켜 봉화대를 한 곳한 곳 점령하면서 형주까지 진입해서 손쉽게 형주를 손에 넣었고, 고립된 관우는 손권에게 잡혀 목숨을 잃었다.

오랜 기다림, 단 한 번의 공격

222년, 유비는 관우의 복수를 위해 오나라 지역으로 공격해 들어갔다. 유비는 장강(長江)을 따라 진격하면서 곳곳에 둔영을 세웠고, 지역의 이민족을 재물과 벼슬로 회유하면서 조금씩 오나라를 압박해 왔다. 손권 진영엔 비상이 걸렸다. 누구를 대장으로 삼아 유비에 대항할 것인가. 이 때 참모인 감택이 육손을 추천했다. 여러 참모들은 기다렸다는 듯 동시에 반대하고 나선다.

"육손은 일개 서생에 지나지 않습니다. 유비의 적수가 될 수 없습니다."

"육손은 나이가 어리고 명성도 낮습니다.
장수들이 이 사람의 명을 따르지 않을 겁니다."

"육손은 한 고을의 군수 정도나 하면 될 사람입니다.
큰일을 맡기기에 적합하지 않습니다."

여러 사람의 반대에도 불구하고 손권은 육손을 대도독으로 임명했다. 육손이 손권에게 말했다.

"문무백관이 제가 도독이 되는 것에 불복할 수 있습니다.
주군께서는 이들이 다 모인 자리에서 저에게 칼을 내려 주십시오."

공식적으로 자신의 권위를 인증해 달라는 말이다. 손권은 흔쾌히 육손의 부탁을 들어 주었다. 그러자 이번에는 장수들이 동요하기 시작했다.

"아니 어떻게 칼 한 자루 못 쓰는 서생을 대도독으로 임명할 수가
있단 말인가."

"이런 어린 아이로 대장을 삼아 놨으니 우리나라의 일도 다 끝이로구나."

손권 진영이 이토록 혼란스러운 가운데 유비는 가는 곳마다 승리하며 기세를 올리고 있다. 한편 강한 적과 싸운 경험이 거의 없는 육손은 노련한 유비와 맞붙게 됐다. 그래서일까? 육손은 전장에 도착해서 유비의 군대를 보고도 공격 명령을 내리지 않았다. 장수들의 속이 타들어 갔다. 육손한테 싸우게 해달라고 소리를 지른다. 육손은 꿈쩍도 하지 않았다. 한편, 유비는 상대의 대장이 육손이라는 소식을 듣자, 예전에 관우가 그랬던 것처럼 코웃음을 쳤다.

"나는 오래도록 전쟁터를 누벼왔다.
내가 저 어린 아이를 이기지 못할 것 같은가!"

장강 지역은 습하다. 초반 승세를 타고 진격했지만, 유비군은 이런 기후에 익숙하지 못했다. 서서히 지쳐 가기 시작했다. 유비는 더위에 지친 군사들을 위해 숲 속 그늘에 진을 치게 했다. 아울러 숲의 입구엔 늙고 약한 병사를 포진시키고, 뒤에 정예병을 숨겨 놓고는 육손을 유인하려 했다. 이 모양을 본 손권의 장수들은 육손에게 공격명령을 내려 달라고 부탁했다.

"저건 우리를 유인하기 위한 계책입니다. 여러분은 이런 속임수에
넘어가면 안 됩니다. 절대로 공격하지 마십시오."

"이대로 가면 저들은 완전히 숲 속에 자리를 잡게 됩니다.
그렇게 되면 공격을 하기도 어렵습니다."

"저는 저들이 자리를 잡기를 기다리고 있습니다."

알 듯 모를 듯 한 육손의 말에 장수들은 기가 막혔다. 다들 육손이 겁을 먹고 싸우지 않는다고 생각했다. 그렇게 삼 일이 지나갔다. 육손은 손권한테 편지를 보냈다.

"저는 처음에 유비가 강과 육지로 함께 진격해 들어올까 염려했습니다. 그런데 오늘 보니 저들은 배를 버리고 육지에 진영을 설치해 놓았습니다. 진형을 살펴보니 다른 변화가 없었습니다. 주군께서는 염려하지 마시기 바랍니다."

또 며칠이 지났다. 유비 군의 진영은 강을 따라 칠백 리에 걸쳐 있었고, 모든 영채는 숲 속에 있었다. 육손은 적군의 진영이 완전히 숲 속에 자리 잡기를 기다렸다. 왜? 불을 지르면 되니까 그렇다. 드디어 때가 왔다. 육손은 칼을 빼 들고 장수들에게 외쳤다.

"나는 유비의 군대가 피로하기를 기다려 왔습니다. 자, 이제 싸울 때가 왔습니다. 일어납시다!"

유명한 '이릉전투'는 이렇게 시작됐다. 삽시간에 유비의 진영은 불바다가 됐고, 전군은 몰살당했으며, 유비는 겨우 살아남아 장강 가에 있는 백제성까지 후퇴해서는 그 곳에서 죽었다. 유비는 크게 탄식했다.

"내가 육손한테 꺾이고 욕을 당했으니, 이것도 하늘의 뜻이로구나.

깊은 정치적 식견을 지닌 전략가

　　손권의 오나라 지역에는 이민족인 산월(山越)족의 우환이 있었다. 육손은 손권이 왕이 되기 전, 갓 장군이 되었을 때 스물한 살의 나이로 손권의 부하가 되었다. 육손은 처음 등용이 되어 여러 고을의 내정을 담당하면서, 산월족의 우두머리와 싸워 이기면서 실무경험과 전투경험을 동시에 쌓아나갔다. 육손 이외에도 손권 진영의 이름난 장수 중에는 산월족과 싸우면서 경험을 쌓은 이들이 많다. 그러니까 육손이 거둔 큰 승리의 바탕에는 오랜 동안 쌓인 경험이 있었다는 말이다. 우연히 큰 성공을 거두는 경우는 흔하지 않은 법이며, 안을 들여다보면 그만한 이유가 있다.

　　육손의 이름 앞에는 늘 '서생'이라는 말이 따라 다닌다. 글을 잘 한다는 의미도 있겠지만, 싸움과는 거리가 먼 사람이라는 뜻도 담겨 있다. 문관계통의 일에 능하다는 말인데, 실제로 육손은 정치에 재능이 있는 사람이었다. 손권이 형주를 얻었을 때, 투항한 그 지역의 선비들이 등용되지 못하는 일이 있었다.

　　"도덕과 교화를 일으킬 수 있다면, 멀고 가까운 것은 문제가 되지
　　않습니다. … 이들에게 은혜를 두루 베풀어 스스로 나올 기회를
　　얻도록 해 주어야 합니다. 이렇게 하면 천하 사람들이 우리에게
　　귀순하려고 할 것입니다."

　　육손은 '서생'답게 가혹한 법 집행을 반대했으며, 손권에게 덕을 베푸는 왕이 되어야 한다고 역설했다.

　　"저는 법이 너무 엄하고 상세하기 때문에 법을 어기는 사람이 많다고
　　생각합니다. … 작은 잘못에 대해서는 은혜를 베풀어 용서함으로써
　　아랫사람의 마음을 안정시켜야 합니다. … 엄격한 법과 가혹한 형벌은

대업을 이루는 방법이 아닙니다. 징벌만 있고 용서는 없는 것은
먼 곳 사람을 어루만지는 계획이 아닙니다."

"나라는 백성을 근본으로 삼고, 강성함은 백성의 힘에서 나오며,
재력도 백성한테서 나옵니다. 백성이 풍족한데도 나라는 가난하며,
백성은 가난한데도 나라가 강했던 적은 없었습니다.
… 만일 백성이 이로운 혜택을 받지 못하고 있는데도 힘을 다해
나라에 보답하라고 한다면 안 됩니다. … 주군께서는 은혜를 베풀어
백성을 평안케 하고 구제하십시오.
이처럼 한다면 몇 년 사이에 나라의 재력은 조금씩 넉넉해질 것입니다."

위촉오 세 나라가 전쟁으로 패권을 다투던 엄혹한 시절이었지만, 육손은
민생을 중시했다. 싸울 때 싸우더라도 내정을 충실히 해야 한다고 생각했던 것
이다. 상대를 훤히 꿰뚫어보고 치밀하게 작전을 세워 관우와 유비를 무찌른 일
로 인구에 회자되는 전략가 육손이지만, 사람을 죽이는 전략의 바탕에 사람을
살리는 '민생'이 있었던 것이다. 승상의 자리에까지 올랐지만, 청렴하여 예순
셋의 나이로 세상을 떠났을 때 집에 남은 재산이 없었다고 한다.

진성준 더불어민주당 전 의원
수성(守城)에 장기가 있는 사람

2014년, 박원순은 서울시장 재선을 바라고 있었으며, 선거 분위기는 나쁘지 않았다. 이 분위기는 그대로 선거결과로 이어져 박원순은 56%의 득표율을 기록하면서 43%를 얻는 데 그친 정몽준을 큰 차이로 누르고 당선됐다. 박원순의 당선은 어느 정도 예견된 일이었지만, 우리나라 수도의 수장을 뽑는 선거였으므로 소홀히 임해서는 안 되는 선거였다. 게다가 당시 새정치연합의 선거를 이끈 사람은 김한길과 안철수라는 무능력자들이었다. 이들에겐 도전자의 패기도 없었고, 절박함도 없었다. 세월호 참사와 같이 여당에 불리하게 작용할 것이 분명한 이슈를 부각하는 전술도 쓰지 않았다. 결국 6·4 지방선거에서 새정치연합은 참패는 면했지만, 이겼다고 볼 수도 없는 성적표를 받았다.

상황이 이러했기에 서울은 비교적 안전하게 이길 수 있는 곳이기는 했지만, 반드시 좋은 분위기라고 할 수만은 없었다. 이런 가운데 박원순은 선거캠프의 얼굴이라 할 수 있는 대변인 자리에 무명의 초선비례대표의원인 진성준 의원을 앉히는 모험을 감행했다. 물론 진성준은 이전에 문재인의 대선캠프에서 진선미와 함께 대변인을 지냈던 경력이 있기는 했지만, 이 사실에 주목하는 사람은 많지 않았다. 진성준은 전국적인 지명도를 지니고 있지 않았고, 실전경험이 많지도 않았기 때문이다.

"서울시장 후보 등록을 며칠 앞두고 박원순 시장으로부터 대변인으로 함께 일해보자는 제의를 받았다. 사실 나는 박 시장과 별다른 인연도 없는 사람이다. 기껏해야 당 행사 등에서 수인사 몇 번 나눴을 정도다. 일면식 없는 나를 대변인으로 추천받고 박 시장은 고민했다고 한다." - 〈2014. 5. 29. 아시아경제〉

이런 상황에서 사람을 쉽게 추천하기는 쉽지 않다. 지명도도 낮고, 박원순과 친하지도 않는 사람을 추천한 이유는 어디에 있었을까. 진성준의 걸어온 길을 살피다 보면 그 이유를 짐작해 볼 수 있다. 진성준은 1995년 장영달 전 의원의 권유로 국회의원을 보좌하는 일을 맡으면서 정치권에 발을 들였다. 13년 동안 내무위(1년), 과학통신위(2년), 국방위(6년), 통외위(4년)의 의정활동을 보좌했다. 이후 보좌관 일을 그만두고 2007년 대통합민주신당의 당직자가 되었다. 이 때 처음으로 원내의 운영전략을 기획하는 '원내기획실 부실장' 직책을 맡았다. 아울러 진성준은 유명한 'BBK 사건'을 전담했다. 2010년에는 '중앙당 전략기획국장'이 되었다. 2012년 대선에서는 앞서 밝힌 것처럼 문재인 캠프의 대변인이 되었다. 당시 문재인 캠프의 우상호 공보단장은 진성준의 선임 이유를 이렇게 밝혔다.

"당 전략기획위원장인 진 의원의 경우 전략통이자 전북 출신이라는 점이 고려됐다." - 〈2012. 9. 24. 연합뉴스〉

13년 간 국회의원을 보좌하면서 쌓은 실무경험과 당직자로 있으면서 '전략'을 주된 업무로 삼았던 경력을 인정받은 셈이다. 진성준은 2012년 제19대 총선에서 당직자 비례대표로 18번을 받아 당선되면서 대중에게 선을 보이게 되었지만, 이전까지 쌓아놓은 경력이 만만치 않다는 사실을 알 수 있다. 진성준은 현재 더불어민주당의 '전략기획위원장'을 맡고 있다. 진성준이 가진 강점은 국회의 사정에 밝다는 점과 당 내부의 구조와 체질을 누구보다 잘 알아서 이에 따른 '맞춤 전략'을 낼 능력을 지니고 있다는 점이라 할 수 있겠다. 박원순의 참모들이 진성준을 추천했던 이유가 되기에 충분하다.

육손이 젊은 시절부터 실무경험을 충분히 쌓은 뒤에 실전에서 힘을 발휘한 것처럼 진성준 또한 그러했다. 육손이 관우한테 겸손한 모습을 보였던 것처럼 진성준은 박원순 캠프의 대변인으로 있으면서 상대를 자극하는 언사를 쓰지 않았으며, 대중에게는 다소 답답함을 느끼게 할 만큼 시종일관 방어적인 태도를 유지했다. 이쪽이 이길 확률이 높은 싸움이기도 했고, 어디까지나 '수성(守城)'이 목표였으므로, 일부러 무리해서 덤빌 필요가 없었기 때문이 아니었나한다. 진성준은 그 전략에 맞는 역할을 충실히 수행했고, 박원순이 재선하는 데 적지 않은 기여를 했다. 육손의 형주공략과는 형세가 다른 점이 있으나, 싸움하는 태도와 방식이 이와 유사했다고 본다.

진성준도 어찌 할 수 없는 것

육손은 '이릉전투'에서 유비 군을 패퇴시켰지만, 더 이상 유비의 진영으로 진격하지 않고 철군했다. 더 깊이 들어갔을 경우, 아군의 주력이 없는 틈을 노려 조비의 군대가 공격해 올 가능성이 있기 때문이었다. 실제로 조비는 손권을 공격하려 했지만, 육손이 방비를 하는 바람에 공격하지 못했다. 그렇다고 해서 손권이 조비를 칠 수 있는 힘도 없었다. 그만큼 조비의 위나라는 강했다.

진성준이 속해 있는 '더불어민주당'이 처한 현재의 상황이 이와 비슷하다고 볼 수 있다. 현재 '더불어민주당'의 적은 조비와 같은 새누리당이라기 보다는 유비와 비슷한 안철수와 천정배의 '국민회의' 라고 본다. 이들 세력이 힘을 합해도 새누리당한테 이기기는 어렵다. 이런 가운데 안철수와 '국민회의'는 '더불어민주당'을 공격해서 세력기반을 다지려 노력하고 있다. 이들은 야권의 본거지라고 할 수 있는 호남을 장악하려 하고 있고, '더불어민주당'은 새누리당과 싸우기 전에 우선 이들과의 싸움에서 이겨야 하는 상황이다.

　　어찌 보면 전략기획위원장으로 있는 진성준이 처해 있는 현실은 육손의 그것보다 더 어렵다고 볼 수도 있다. 투명한 공천과정을 통해 새로운 후보를 내세워 호남을 지켜 낸다고 해도 박빙승부가 예상되는 수도권에서는 고전을 면치 못할 것이 자명한 일이기 때문이다. 야권 단일화를 해서 새누리당과 일대 일 구도를 만들어 놓더라도 이긴다는 보장도 없다. (민주당이 아닌 야권의 어떤 당의 후보가 출마해도 마찬가지다.) 설상가상 당 내의 이른바 '비주류' 의원들은 당대표인 문재인의 사퇴를 요구하고 있다. 이들은 문재인으로는 총선에서 이기기 어렵다고 주장한다. 진성준은 이렇게 말한다.

　　"탈당이 구국의 결단이라도 되는 겁니까? 무슨 명분을 앞세우든지 최소한 미안해하고 부끄러워하는 기색이라도 보여야 하는 것 아닙니까? 당에 대한 호남의 민심이 사납기 때문에 탈당한다고 합니다. 호남 출신 국회의원으로서 민심이 멀어진 책임을 왜 당에 떠넘기는 것입니까? 당을 탓하기 전에 먼저 책임지는 게 순서입니다. 문재인으로는 안 되니까 탈당한다고 합니다. 그럼 누구라야 승리할 수 있습니까? 안철수만 있으면 됩니까? 문안박연대를 거부하고 탈당한 것이 승리를 위한 결단입니까? 당대표가 사퇴하지 않으니 탈당하겠다고 합니다. 절이 싫으면 중이 떠나는 법이니 그럴 수도 있겠습니다. 하지만 총선승리와 정권교체를 위해서 탈당한다고는 하지 마십시오. 그냥 절이 싫어서 떠난다고 해야 맞습니다. 야당이 분열하고 승리할 수 있습니까? 당대표가 물러나야 당이 수습된다고 합니다. 지도부가 없는데 어떻게 수습이 됩니까? 지도부 공백은 그 자체가 비상 상황입니다. 문안박연대가 거부당했으니 당대표도 물러나라는 게 과연 총선 승리를 위한 주장입니까?" - 〈2015. 12. 24. 진성준 페이스북〉

　　이처럼 진성준은 진짜 강적인 새누리당에 맞서 보기도 전에 '내부의 적'과 싸워야 하는 처지에 놓여 있다. 이 문제를 놓고 야권 지지자들 사이에 갑론을박이 벌어지고 있지만, 여기에서 시비를 가릴 생각은 없다. 여전히 '더불어민주당'은 제1야당이므로 이들을 버리고 총선을 치를 수 없다는 '현실'이 중요하다고 보며, 그 제1야당의 '전략'을 담당하고 있는 진성준의 생각을 읽어보자는 것이다. 진성준과 같은 초선비례인 김광진은 이렇게 말했다.

"지금은 문 대표를 내리면 당이 산다고 말하는 언론들이지만, 문 대표가 물러나면 또 다른 먹이감을 찾아 우리당을 흔들 것이다. 그렇게 하나씩 하나씩 제거하는 것이다. … 호남 없이 안 되지만, 호남만으로도 안 되는 것처럼, 문재인만으로도 안 되지만, 문재인 없이도 안 된다." – 〈2015. 12. 10. 뷰스앤뉴스〉

진성준의 생각을 제대로 요약했다고 하겠다. 실은 진성준을 포함한 다수의 더불어민주당의원들도 이렇게 생각한다고 볼 수 있다. 이른바 '문안박연대'에 찬성한 의원은 70명에 달했다는 사실이 이를 잘 말해 준다. 자, 이제 우선 상대를 해야 하는 안철수에 대한 진성준의 생각은 어떠할까?

"안철수신당의 지지 기반은 호남무당층과 소극적 친여성향층으로 보인다. 이러한 기반은 야당으로서의 정체성과 일치하지 않는다. 정당의 기반이 불안정하고 취약하다. 따라서 성공하기 어렵다." – 〈2015. 12. 24. 폴리뉴스〉

현재 벼랑 끝에 몰려 있는 상황이라 할 수 있는데도 무척 자신감 있는 태도를 보이고 있다. 육손이 이릉전투를 앞두고 여러 장수들한테 비판을 받았던 것처럼 진성준한테도 꽤 많은 야권 지지자들은 비판 혹은 우려의 목소리를 내고 있다. 진성준은 과연 어떤 전략으로 내외의 적과 상대할 것인가.

"선거적 중요성과 정치적 성격을 감안하면 총선에서 일대일 구도를 만들어야 한다. 야권 통합 실현의 여부가 총선의 승패를 가름하는 분수령이 될 것."

– 〈2015. 12. 31. 세계일보〉

누구나 할 수 있는 말을 하고 있다. 그러나 이 말 이외에 다른 해답을 찾기가 어려운 게 사실이고, 상대에게 아군의 전략을 쉽게 노출 시킬 수도 없기에 최대한 발톱을 숨기고 있는 것이 아닌가 한다. 이럴 때는 좀 답답하더라도 믿고 기다리는 수밖에 없다.

동시에 진성준한테든 '더불어민주당'한테든 기대치를 낮추는 것이 바람직하지 않은가 한다. '열린우리당'이 여당일 때를 제외하면 민주진보세력은 다수당이 되었던 역사가 없고, 게다가 현재 야권은 분열이 되어 있는 상태이므로 총선 전에 이 상황을 수습하는 데에 상당한 힘을 소비한 뒤에 진짜 강적인 새누리당과 싸워야 한다.

따라서 우선 개헌저지선이라 할 수 있는 100석을 '수성'하기만 해도 실패했다고 할 수는 없을 것이다. 육손이 뛰어난 전략을 가지고도 주로 '수성'에 주력했던 것처럼 말이다. 지금 상황이 이렇다. 안철수와 '국민회의'와 연대를 하든 경쟁을 해서 이기든 이들과의 관계를 잘 풀어 나가서 성공을 하는 것이 진성준한테는 '이릉전투'가 될 것으로 본다.

큰 그림을 그리는 전략가

진성준은 현재 '더불어민주당'의 강서(을) 지역구 위원장을 맡고 있다. 현재 새누리당 김성태 의원의 지역구다. 김성태는 지난 총선에서 50%가 넘는 득표율을 기록한 강적이다. 진성준으로선 당 전체의 전략 수립도 중요하지만, 우선 발등의 불부터 꺼야 하는 상황이다. 여기에서 지기라도 한다면 진성준은 돌이키기 어려운 타격을 입을 수도 있다.

그러함에도 진성준은 서두르지 않는다. 차근차근 동지를 규합하면서 한 판 싸움을 준비하고 있다.

" '강서목민관학교'는 정치, 경제, 노동, 문화, 역사 등 사회 전 분야의 저명한 인사의 강의를 듣고 토론하며 민주시민으로서 교양과 지식을 쌓는 시민정치학교입니다. 당원들이 선거 때 동원의 대상으로만 여겨지는 풍토가 안타까웠고, 기회가 주어진다면 당원들이 주체가 되어 주도하는 정치활동의 장을 펼쳐보고 싶었습니다." – ⟨2015. 11. 10. 진성준 페이스북⟩

육손이 '나라의 힘과 재력은 백성한테서 나온다'고 한 것처럼 진성준 역시 '정당의 힘과 재력은 당원한테서 나온다'는 사실을 잘 알고 있다. 진성준이 개설한 '강서목민관학교'는 '힘을 갖춘 당원'을 육성하는데 목표를 두고 있는 것으로 보인다.

현재 '강서목민관학교'는 2기 수료생을 배출했다. 진성준의 말처럼 선거때 동원돼서 홍보 수단으로만 쓰이는 경우가 대부분인 '당원'들의 쓰임새가 더 다양해지는 효과가 있을 것이다. 진성준이 이 지역에서 승리한다면 좀 더 많은 시민들이 '정당정치'에 직접 참여하는 기회를 얻을 것이다.

만약 그렇지 못하다고 할지라도 진성준의 이 시도는 그 자체로 높이 평가받아야 한다. 진성준은 선거에서의 승리를 우선 바라고 있겠지만, '더불어민주당'의 당원으로서 당의 미래를 위해 '당원을 육성'하는 데 주력하고 있기 때문이다. 진성준은 단순히 한 번 싸우고 흩어지는 '민병' 조직이 아닌 훈련이 되어 언제라도 싸움에 나설 수 있는 '정예병'을 육성하고 있는 것이다. 이들은 진성준의 힘이 될 뿐 아니라, 당을 유지하는 데 큰 힘이 될 것으로 짐작한다.

이런 면에서 진성준은 한 판 싸움에 일희일비하지 않고 큰 그림을 그리는 정치인이라 평가할 수 있겠다.

육손은 이름 없는 서생이었다. 그러나 손권에게 발탁되면서 삼국지의 명참모로 이름을 남겼다.

"1981년. 윤동주의 '별 헤는 밤'을 판서하던 김태삼 선생님을 가만히 따라 읽다가 우리말에 반했습니다. 그 날 하교하자 바람처럼 서점으로 달려가 시집 『하늘과 바람과 별과 시』를 찾아 읽었습니다. 그렇게 시인이 되고 싶었습니다. 국문과는 지금도 선망의 대상입니다." 〈진성준의 핫쭌닷컴〉

진성준은 '시인'을 꿈꾸던 사람이었다. 그러나 장영달 의원의 보좌관으로 발탁되면서 정치인의 길에 들어섰고, 2016년 현재 우리나라 제1야당의 전략기획을 담당하고 있다.

"그는 군더더기 없이 깔끔하다. 얽히고설킨 복잡한 사안을 명료하게 정리하고 대안을 만들어 대응한다. 그렇게 정리된 사안은 또렷한 소신이 되어 분명한 주장이 된다. … 20여년의 다양한 국회경험 끝에 그는 국회의원이 되었다.… 그는 진보적이고 진실하며 깨끗한 마음을 지니고 있다. 한마디로 진국이다. 나는 그가 지금까지 살아왔듯이 뜨겁고 치열한 정치를 할 것이라고 확신한다.… 국민들의 사랑과 진 의원의 정치가 만들어 낼 '대한민국의 아름다운 미래'가 벌써 기다려진다." 〈장영달 의원의 평가. 진성준의 핫쭌닷컴〉

약해보였지만 결코 약하지 않았던 육손, 여느 정치인처럼 쇼맨십을 지니진 않았지만 매우 침착한 진성준, 싸움터의 형세가 녹록치 못해 야권의 완전 승리를 이끌기는 어렵겠지만, 진성준한테는 야권 진영을 지킬만한 힘을 지니고 있을 것이라 믿는다.

2016년 1월 6일 투데이신문에 게재한 글임을 밝힙니다.

20 이길 수 있는 사람

안희정은 손권이다

손권 – 울고 계실 때가 아닙니다

孫權

휴먼큐브에서 나온『삼국지인물전』을 쓸 때, 나는 안희정 충남지사를 오나라의 기반을 마련한 손책에 비유했다. 손책은 기반이 다져지지 않았는데 급하게 조조를 치려다가 자객한테 허무하게 당해서 죽었다. 안희정의 결말이 그렇게 될 것으로 예상을 했던 것이 아니라, 안희정의 당시 상황이 그와 유사하니 급하게 전국의 주인이 되려하지 말고, 기반을 다져 주기를 바랐던 것이다.

다행히 당선된 이후 안희정은 손책처럼 서두르지 않았다. 묵묵히 자신의 일을 했고, 그 결과 충남지사 재선에 성공했다. 대선을 1년여 앞둔 현재, 안희정은 문재인이라는 거물에 가려져 있으나 전국의 주인이 될 만한 능력과 기반이 있으므로 문재인과 자웅을 겨루기에 손색이 없는 사람이라 하겠다. 한 치 앞을 모르는 게 사람의 일이 아닌가! 이제 안희정은 손책을 넘어 손권으로 성장했다고 본다.

"강동의 많은 인재들을 데리고 조조와 유비한테 맞서서 싸우는 일은
네가 나보다 못할 것이다. 그러나 현명한 사람을 부려서 이 땅을
보전하는 일은 내가 너만 못하다. 너는 늘 아버지와 나의 어려웠던 일을
생각하면서 대업을 도모해라."

강동의 젊은 영웅 손책은 자객에게 당해 온 몸에 상처를 입었고, 얼굴에 독화살을 맞았다. 손책은 이 상처를 이기지 못하고 세상을 떠났다. 200년, 손책의 동생 손권은 형의 유언을 받들고 강동 지역을 물려받았다. 그러나 이 때 손권의 나이 겨우 열아홉이었다. 손권은 상복을 입고 형의 영전에 쓰러져 구슬피 운다. 손권이 울음을 그치지 않자, 문관인 장소가 손권을 타이른다.

"장군께서 울기만 하고 계실 때가 아닙니다. 지금 사악한 자들이
서로 각축을 벌이고 이리와 늑대 같은 자들이 길에 가득 차 있는데,
장군께서는 형님의 죽음을 슬퍼하며 상례만 치르고 있습니다.
이것은 문을 열어 놓고 강도를 불러들이는 것과 같을 뿐, 현명하다
할 수 없습니다. 형님의 장례를 다스리면서, 한편으로 나라의 큰일을
장악하셔야 합니다!"

장소의 말을 들은 손권은 눈물을 거두고 일어나 앉았다. 손권은 형의 초상 일을 숙부한테 맡기고, 자신은 상복을 벗고 자리에 나가 문무백관의 인사를 받으며, 이제 강동의 주인은 자신임을 알렸다. 아울러 말을 타고 군대를 순시하면서 진영을 정비하기 시작했다. 이 때 손책의 부음을 듣고, 그의 친구이자 참모인 주유가 손권을 찾아왔다. 둘은 울면서 맞절을 한다. 손권이 눈물을 훔치며 말했다.

"어리석은 제가 아버지와 형님께서 남긴 사업을 잇게 되었습니다.
어떻게 해야 잘 해 낼 수 있겠습니까?"

주유가 대답한다.

"예로부터 사람을 얻으면 사업이 번창하고, 사람을 잃으면 망하는

335

법입니다. 지금 계획하실 일은 높고 맑게 그리고 멀리 보는 사람을 구하여 임무를 맡기는 것입니다. 이렇게 하시면 강동을 안정시킬 수 있을 것입니다."

손권은 주유의 말을 따랐다. 형이 남겨준 인재들을 포함, 노숙, 제갈근, 장굉, 고옹 등 쟁쟁한 참모와 문관을 채용하여 각자 적성에 맞는 임무를 주었다. 어린 나이에 한 지역의 맹주가 되었지만, 손권의 명성은 높아졌고, 백성은 손권을 칭송했다. 손권은 자신의 장수를 보내 산월족을 진압하거나 회유했으며, 명령에 따르지 않는 자들을 토벌하면서 '삼국' 중의 하나가 될 오나라의 기반을 다졌다.

손권은 그 자신이 아버지 손견과 손책에 비견할만한 무예를 지니진 못했으나, 참모의 말을 경청하고, 적재적소에 사람을 쓸 줄 알았다. 손견은 유표의 부하인 황조를 공격하다가 죽었는데, 손권은 급하게 아버지의 원수를 갚으려 하지 않았다. 차근차근 전쟁 준비를 하여 208년에 마침내 황조를 공격하여 죽이고, 수만 명을 포로로 잡는 전과를 올렸다. 같은 해, 막강한 조조의 군대를 '적벽'에서 무찔렀다.

조조와 조비를 섬기며 때를 기다리다

소설 『삼국지』에서 손권은 황제가 되었음에도 불구하고, 유비나 조조에 비해 주목받지 못하는 인물이라 할 수 있다. 주로 방어전을 했고, 강동 지역을 벗어나지 못했기 때문일 것으로 짐작한다. 이래서 손권을 진취적이지 못하고 큰 뜻이 없는 사람으로 평가하기도 한다.

손권은 노숙을 처음 만났을 때 이렇게 말했다.

"춘추시대의 제나라 환공(桓公)이나 진나라 문공(文公)처럼 패권을 차지하고 싶은데, 당신은 나를 어떤 방향으로 인도하겠소?"

노숙이 대답했다.

"저의 생각에는 한나라 황실은 부흥시킬 수 없고, 조조를 쉽게 제거하기도 어렵습니다. 그러므로 장군께서는 제환공, 진문공과 같이 되기는 어렵습니다. 대신 장군께선 먼저 황조를 죽이고, 유표를 공격하여 장강(長江)을 경계로 삼은 다음, 칭제건호(황제를 칭하고 자립하여 제후가 되다)를 하여 천하를 도모하셔야 하겠습니다."

제환공과 진문공은 주(周)나라 천자의 권위를 인정했던 사람들이다. 노숙은 그 주나라에 해당하는 현재의 한나라는 망해 버릴 것이므로 손권이 그들처럼 될 수 없다고 말한 것이다. 노숙은 손권에게 황제가 되어 독립하라고 권유한 것이다. 이 때 한나라는 아직 망하지 않고 있었으므로 실제로 해 버리면 '반란'이 되는 큰일이다. 그러나 손권은 노숙의 말을 듣고 자리에서 벌떡 일어나 사례했다. 손권은 천하의 주인이 되려는 뜻을 품고 있었다.

그러나 현실은 그리 만만치 않았다. 혼자 힘으로는 막강한 조조의 세력을 당해내기 어려웠다. 게다가 '적벽대전'에서 조조한테 이겼다고는 하나, 형주 지역을 유비한테 뺏겨 버려서 이곳을 점령하는데 많은 세월을 보냈다. 손권은 219년에 관우를 죽이고 형주를 점령했다. 마흔 살이 되어서야 장강이남 지역을 평정했던 것이다.

관우를 죽인 손권은 유비의 보복이 두려웠다. 게다가 혹시라도 유비와 자신이 싸우는 사이 조조가 공격해 오기라도 하는 날이면 속절없이 무너질 판

337

이었다. 손권은 관우의 수급을 조조한테 보내면서 상소를 썼다.

> "신(臣) 손권은 천명(天命)이 주상(主上, 조조를 가리킴)께
> 돌아간 것을 이미 잘 알고 있습니다. 엎드려 바라옵건대 어서
> 황제 자리에 오르시고, 속히 장수를 보내셔서 유비를 소탕하시옵소서.
> 신은 곧 아래 것들을 거느리고 땅을 바쳐 항복하겠습니다."

손권은 이렇게 해서 유비의 원망을 조조한테로 돌리면서 동시에 조조의 공격을 막으려 했다. 조조가 누군가. 이런 수에 넘어갈 리가 없다. 그러나 한편으로 손권이 자신을 '신하'라고 하는데 받아들이지 않을 이유도 없었다. 조조는 손권을 표기장군으로 삼고, 형주목을 겸하도록 했으며, 남창후(南昌侯)로 봉해 주었다. 한나라 황제의 권위를 빌렸지만, 자신이 손권한테 벼슬을 내려준 것이다. 손권은 사신을 보내 한나라 황실에 공물을 바쳤고, 포로로 잡았던 조조의 부하를 돌려보냈다. 이렇게 손권은 강적 조조한테 굽히고, 유비하고는 대등한 관계를 유지하는 자세를 취했다.

220년, 조조가 죽고 그의 아들 조비가 한나라 황제를 폐위시키고 자신이 황제자리에 올랐다. 이렇게 되자 이듬해엔 유비도 촉한(蜀漢)을 세우고 황제가 되었다. 그러고는 곧바로 관우의 복수를 위해 손권을 치기로 마음먹었다. 이번에도 손권은 조조한테 그랬던 것처럼 조비한테 머리를 숙여서 위기에서 벗어나고자 했다. 손권은 사신을 보내 조비한테 항복하겠다는 뜻을 밝혔다.

조비의 참모 유엽은 손권이 거짓으로 항복을 하는 줄 알고 있었다. 유엽은 조비더러 손권을 치라고 했으나 조비는 일언지하에 거절했다.

"나는 오나라도 돕지 않을 것이고, 촉나라도 돕지 않을 것이다.

때를 기다릴 뿐이다. 나라 하나가 망한다면 남은 나라는 하나가
될 뿐이다. 그 때가서 남은 한 나라를 치는 게 무엇이 어렵겠는가.
내 뜻은 정해졌으니 두말 하지 말라."

조비 역시 녹록치 않은 인물임을 알 수 있다. 그러나 어찌되었건 손권은
조비한테 공격당할 염려는 없어진 셈이다. 조비는 형정이라는 사람을 보내 손
권을 오나라의 왕으로 책봉하는 조서를 전달하게 했다. 형정이 오나라에 도착
하자 손권은 예법에 따라 성 밖에 나가서 이 사람을 맞이했다. 이 모양을 본 손
권의 문관 고옹이 얼굴을 붉히며 한마디 한다.

"그까짓 거 조비가 주는 벼슬을 받아서 어디에 쓰겠습니까!
아니꼽습니다. 받지 마십시오!"

그러자 손권이 껄껄 웃는다.

"옛날에 한나라 고조 유방은 항우가 주는 벼슬도 받았소.
다 임기응변으로 때를 봐서 하는 일이니 물리칠 거 없소."

손권은 조비가 주는 왕의 작위를 받고 아름다운 옥돌과 구슬을 조비한테
보냈으며, 일전에 관우가 사로잡아 놓았던 위나라 장수 우금을 돌려보냈다. 그
러고는 이듬해 222년, 유비가 대군을 거느리고 침입해 오자 손권은 육손을 기
용하여 유비의 군대를 궤멸시켰다. 곧바로 황제 자리에 오를 법한데 손권은 그
렇게 하지 않았다. 부하들도 손권에게 속히 황제가 되라고 했다. 손권은 번번
이 거절하다가 7년 뒤인 229년, 마침내 황제 자리에 올랐다.

실력을 알고, 때를 알고, 기다릴 줄 알았던 사람

꽤 많은 사람들은 손권을 손견과 손책이 남긴 유산을 물려받아 잘 지켜낸 사람으로 알고 있다. 이 역시 소설『삼국지』에서 손권의 비중이 유비나 조조에 비해 낮기 때문일 것인데, 내용을 살펴보면 그렇지 않다. 정사『삼국지』의 내용을 참고해 보자.

"이 때(손책이 죽었을 때) 손권은 회계 · 오군 · 단양 · 예장 · 여릉을 차지하고 있었고, 그 중 몇 고을은 거리가 멀고 길이 험해서 복속되지 않은 상황이었다. (중략) 선비들도 자신의 안위 여부에 따라 머물 곳을 결정했으므로 군주와 신하의 두터운 관계는 없었다.
장소와 주유 등은 손권을 자신들과 함께 대업을 이룰만하다고 여겼기 때문에 마음을 맡기고 손권에게 복종했으며, 그를 섬겼다."

손권은 분명 부형의 명성을 등에 업고 있었지만, 그 자신이 큰 그릇을 지니고 있었기 때문에 여러 사람들이 복종했음을 알 수 있게 해주는 대목이라 하겠다. 손권은 어린 나이에 한 지역의 맹주가 된 이후, 능력 있는 장수와 문관에게 몸을 낮추었고, 인재를 적재적소에 배치하면서 오나라의 기반을 다진 사람이었다. 심지어 자신의 아버지를 패배의 수령으로 몰아넣은 감녕이 귀순해 오자, 예전의 일은 잊고 곧바로 받아들여 중용하기도 했다.

아울러 손권은 크고 작은 일이 있을 때, 반드시 장수와 참모의 의견을 충분히 들은 다음 숙고 끝에 결정했다. 이러했기 때문에 손권은 평생 큰 실수를 하지 않았고, 신하들은 기탄없이 자신의 의견을 개진할 수 있었다. 이와 관련한 일화가 있다.

225년, 위나라의 황제가 된 조비가 대군을 거느리고 침입해 오자, 오나라에선 서성을 대장으로 삼아 방어에 나섰다. 이 때 손권의 조카인 손소가 서성의 명을 어기고 함부로 공격을 감행하려 하자, 서성은 명령에 불복하는 손소를 처형하려 했다. 이 소식을 들은 손권은 서성의 진영으로 달려와서 '군법 시행을 하지 말라.'는 '명령'을 하지 않았다. 서성에게 조카의 목숨을 살려 달라고 '부탁'을 했다. 서성은 이렇게 말했다.

"법은 제가 만든 것이 아니고, 대왕께서 만드신 것도 아닙니다.
나라 사람이라면 모두 지켜야 하는 것입니다. 왕의 조카라고 해서
면해 준다면 앞으로 어떻게 군대를 지휘할 수 있겠습니까?"

곡절 끝에 서성은 손소를 살려줬지만, 이처럼 신하인 서성은 주군한테 직언을 했고, 손권은 신하를 강압적으로 대하지 않고 말을 다 들어주었다.

그렇다면 손권은 마냥 신하의 의견에 따르기만 했던 군주인가? 그렇지 않았다. 손권은 판단이 서면 많은 사람들이 반대를 해도 뚝심 있게 자신의 생각을 밀어붙이기도 했다. 222년에 촉한의 황제 유비가 관우의 원수를 갚기 위해 대군을 일으켜 침입해 왔을 때, 장수와 참모들 대부분 육손의 기용을 반대했다. 그러나 손권은 사람들의 말을 듣지 않고 육손을 대도독으로 삼아 전군을 통솔하게 했고, 결국 크게 이겼다.

그러나 세상에 완벽한 사람은 없는 법이다. 손권은 만년에 후계자 문제를 제대로 처리하지 못했다. 229년 자신이 황제가 되었을 때, 황태자는 손등이었다. 241년 손등이 죽자, 손화를 황태자로 삼았다. 여기까지는 큰 문제가 없었다. 손권은 250년, 손화를 폐위시키고 손량을 황태자로 삼았다. 이 과정에서 노나라 왕으로 있던 아들 손패한테는 자살하라고 명령하기도 했다. 결국 이 손량이 손권의 대를 이어 황위에 오르게 된다.

그럼에도 불구하고 손권은 지도자로서 장점이 더 많다고 본다. 손권은 자신을 낮추는 겸손함, 신하의 의견을 경청하는 자세를 지니고 있었으며, 자신의 소신을 밀어붙이는 추진력도 지닌 사람이었다. 아울러 앞서 살펴보았듯이 아군의 처지와 적군의 형세를 잘 살피면서 때를 기다릴 줄도 아는 사람이었다. 자신의 실력을 잘 알기에 조조와 조비한테 몸을 낮추고 그들이 주는 벼슬을 받았으며, 그러는 사이 실력을 배양하여 끝내 위나라에 맞섰다. 손권은 비록 천하를 통일하지는 못했지만, 이 사람이 오나라의 황제가 된 것은 부형이 남겨준 유산을 잘 지켰기 때문만은 아니었다고 본다. 손권은 자신의 실력을 알고, 때를 알고, 기다릴 줄 아는 사람이었다고 하겠다.

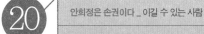

안희정 충남 도지사
충청의 새로운 대표선수가 되다

"너무 많은 사람들에게 신세를 졌다. 나로 말미암아 여러 사람이 받은 고통이 너무 크다. 앞으로 받을 고통도 헤아릴 수가 없다. 여생도 남에게 짐이 될 일밖에 없다. 건강이 좋지 않아서 아무 것도 할 수가 없다. 책을 읽을 수도 글을 쓸 수도 없다. 너무 슬퍼하지 마라. 삶과 죽음이 모두 자연의 한 조각 아니겠는가? 미안해하지 마라. 누구도 원망하지 마라. 운명이다. 화장해라. 그리고 집 가까운 곳에 아주 작은 비석 하나만 남겨라. 오래된 생각이다."

〈2009. 5. 23. 한겨레, '노무현 대통령 유서 전문'〉

2009년 5월 23일, 노무현 대통령께서 서거하셨다. 이 사건은 우리나라 사회 전체에 큰 충격을 줬다. 노무현 대통령은 살아생전 전국민의 지지를 얻지 못했다. 심지어 같은 진영 내부에서도 노무현 대통령은 공격당했고, 탄핵까지 당했으며, 이 일로 말미암아 민주당이 분열되기도 했다. 그러나 막상 퇴임 후 노무현 대통령께서 자살로 생을 마감하자 그간 등을 돌렸던 사람들마저 분노하며 애통해 마지않았다.

노무현 대통령과 고락을 함께했던 사람들의 심정이 어떠했을지 짐작하기 어렵지 않다. 이들은 노무현 대통령의 사저가 있는 경남 김해의 봉하마을로 달려와 울부짖었다. 이들은 노무현 대통령을 쉽게 떠나보내지 못했다.

　　"에이구, 제 어미가 죽었어도 그리 슬플까. 물 한 모금 안 넘기고 자지도 먹지도 않고… 기진해 있어서 내가 뭐 약 좀 가져갔더니 어머니나 드시라고 거들떠도 안 봐.… 그려 알어, 온 나라 사람이 다 슬퍼하니께. 아녀, 좋아서 신나는 인간도 있을껴. 내가 왜 이런다냐.… 당최 나잇값도 못 하고 악담이나 하다니." – 〈2010. 5. 26. 딴지일보〉

　　손권이 형 손책의 죽음을 애통해 했던 것처럼 안희정은 돌아가신 노무현 대통령을 생각하며 몇 날 며칠을 흘려보냈다. 안희정은 스물일곱 살 되던 1994년에 지방자치실무연구소 사무국장이 되면서 공식적으로 노무현과 손을 잡게 되었다. 이후 2001년, 노무현 대통령후보 경선캠프 사무국장을 지냈고, 2002년, 노무현 대통령 당선자 비서실 정무팀장을 맡으면서 노무현 대통령 당선과 참여정부 출범에 기여했다. 이렇게 보면 안희정에게 노무현은 형 정도가 아니라 아버지와 같은 존재였다고 해도 과언이 아닐 것이다. 식음을 전폐하고 애통해 하는 게 어찌 보면 당연하다고 할 수 있겠다.

　　손책은 죽기 전 손권한테 '현명한 사람을 부려서 이 땅을 보전하는 일은 내가 너만 못하다'고 했다. 나름대로의 장점이 있다는 말이다. 그렇다면 안희정의 장점엔 뭐가 있을까? 안희정한테는 '신의'가 있다. 예나 지금이나 벼슬아치의 벼슬이 떨어지면 그의 집 앞엔 사람의 발길이 끊어지게 마련인데, 안희정은 실패를 거듭하는 노무현과 함께 했다. 안희정한테는 '안목'이 있다. 노무현 대통령은 살아생전 이런 말을 한 적이 있다.

　　"내가 대통령이 된 후에도 여러 번 곤경에 빠졌는데, 안희정 씨가 나 대신 많은 희생을 감수하고 이루 말할 수 없는 고생을 다 했다. … 이 친구(안 최고위원)가 자신의 고생과 희생에 대해 한번도 부담을 주거나 생색을 낸 적이 없다. … 말할 수 없는 빚을 지고 있는데 제가 별로 도움이 안 되는 것이 정말 안타깝다." – 〈2009. 7. 5. 노컷뉴스〉

　　2010년, 안희정은 제36대 충청남도 도지사가 되었다. 이전까지 안희정은 대중에게 명성이 높은 정치인이 아니었고, 경력도 일천했다. 따라서 지역에 자신을 뒷받침 해줄 지지 세력도 없었다고 할 수 있다. 이런 상황인데 안희정은 하루아침에 한 지역의 수장이 되었다. 표면적으로는 이명박의 세종시 수정안에 대한 충남도민의 반발을 득표로 연결한 안희정의 전략이 빛을 발했기 때문이겠지만, 한편으로 당시 전국적으로 퍼져 있던 노무현 대통령의 추모열기가 없었다면 안희정이 이기기는 어려웠을 것으로 짐작한다. 실제 2010년 지방선거의 키워드 중 하나는 '친노의 부활'이었다. 노무현 대통령은 돌아가시고 나서 그 빚을 갚았다고 할 수 있겠다. 이렇게 안희정은 '충청의 새로운 대표 선수'가 되었다.

"당장 성과를 내고자 서두르지 않겠다"

　　손권이 그러했던 것처럼 안희정 역시 차근차근 자신의 일을 해 나가기 시작했다. 섣불리 전국적인 이슈에 반응하지 않고 충남 지역이 발전하는 데만 힘을 기울였다. 안희정은 도지사가 되고 나서 '행정도시 원안 추진', '충남교육 발전협의회 운영', '항만물류 전담부서 설치' 등 자신이 공약으로 내세웠던 사항을 임기 중에 완료하거나 추진했고, 도청이전 사업을 마무리하였으며, 내포신도시를 건설했다. 지역의 반응 역시 좋은 편이었다. 결국 충청남도는 2010년부터 2014년까지 4년 연속으로 '한국메니페스토실천본부'의 공약이행 평가에서 최우수 등급을 받기에 이르렀다. 명실공이 전국 1위를 차지한 것이다. 2014년, 안희정은 충남지사 재선에 성공했다.

　　공약이행 평가와 선거결과가 말해주듯 안희정은 분명 눈에 보이는 성과

를 냈다. 어찌되었건 정치인은 성과가 있어야 인정받는 사람이기 때문이다. 그
런데 정작 안희정은 이렇게 말한다.

　"제 임기 중에 구체적인 성과를 내고자 쫓기듯이 조급하게 하지 않으려
합니다. 선출직 단체장이 임기 내에 성과를 내려 욕심 부리면 토목공사에 손대
게 돼 있습니다. 그러나 우리 사회가 발전하는 것은 토목공사가 아니라고 생각
합니다. 제가 주장하는 3농 혁신은 대한민국이 현재 꼭 풀어야 할 숙제입니다.
농어업과 농어촌, 농어민이 선진국 되지 않고 대한민국이 선진국이라고 얘기할
수 없습니다."
　　– 〈충청남도, 『행복으로 가는 기분 좋은 변화』 2012, 240쪽〉

　당장의 성과를 쫓기 보다는 멀리 보고 차근차근 걸어가겠다는 것이다.
이런 태도를 지녔기 때문에 충남도민들이 안희정을 계속해서 지지해 주고 있지
않은가 한다. 성과는 늦게 나타날지 몰라도 '일을 하는' 모습은 볼 수 있기 때문
이다. 안희정의 이런 태도는 우리나라 정치에 대한 자신의 소신에도 스며들어
있다.

　"(박정희 전대통령에 대해) 강력한 리더십도, 그의 죽음도 국민의 용인
하에 이뤄진 것. … 진보진영은 박 대통령이 1963년, 1967년 대선에서 선출
됐다는 사실을 역사로 인정해야 한다. … (다만) 박 전 대통령의 공적을 아무리
찬양해도 공칠과삼(功七過三)을 넘지 않는 합리성을 가져야 한다. … 전두환 정
권은 태어나지 말았어야 했지만 외환 자유화, 물가 안정 등을 통해 역사적 전환
을 이뤘다. … 노태우 정권은 북방외교를 적절하게 추진했다."
　　– 〈2013. 11. 13. 동아일보〉

　여전히 박정희, 전두환, 노태우를 '역사의 죄인'으로 보는 사람이 많으므

로, 안희정의 이 말은 논란의 여지가 있다고 하겠다. 어쨌든 안희정은 민주진보진영의 인사로서 저들을 성토하였지만 눈에 보이는 성과를 얻기 보다는, 당장 자신이 비판을 받는 한이 있더라도 멀리 보고 양 진영의 통섭을 위해 노력하겠다는 의지를 피력한 것으로 짐작한다. 나는 분명히 안희정의 말에 동의하지 않지만, '정치인' 안희정으로서는 충분히 할 수 있는 말이고, 어떤 면에서는 해야 할 말이라고 본다. 정치인은 사회 속에 있는 다양한 갈등을 '해결'하는 사람이 아닌가.

그렇다면 안희정은 '이도 저도 아닌' 사람인가? '오로지 상대진영의 표를 얻기 위해 노력하는' 사람일 뿐인가?

"정신적으로 김대중, 노무현 전 대통령의 뒤를 잇는 장자라는 자부심이 있다. … 집안을 이어나가는 맏이가 되겠다는 포부가 있다. … 한국의 낡은 정치와 민주당의 어려움을 극복하고 싶다. … 아직은 힘이 부족하지만 많이 단련하고 정책 비전을 내놓아 도민들로부터 여야를 가리지 않고 훌륭한 정치인으로 꼽힐 수 있도록 노력할 것이다."
– 〈김재욱, 『삼국지인물전』 2014, 191쪽. '2013년 12월 17일, 송년기자회견'〉

누가 인정하건 말건 안희정은 '민주진영의 맏아들'로 자처하는 사람이다. 이렇게 보았을 때 안희정은 충남에서 정치를 하고 있지만, 이 사람의 생각은 이미 충남을 넘어서 있지 않은가 한다.

이길 수 있는 사람

"나에게도 분노가 있다. … '미안해하지 마라. 누구도 원망하지 마라.'라는 노무현 대통령의 마지막 메시지도 결국 '분노를 넘어서 달라.'라는 의미로 이해하고 있다. 분노와 미움이 더 이상 우리 안에 자리를 잡지 못하게 하는 것,

그것이 바로 더 좋은 민주주의다. "

　　　　－ 〈안희정, 『산다는 것은 끊임없는 시작입니다』, 2013, 위즈덤하우스〉

　　안희정은 충남지사직을 수행하면서 실제로 이런 모습을 보여주었다고 하
겠다. 손권처럼 성급하게 서두르지 않고, 자신의 기반을 다지며 전국의 주인이
되기 위해 차근차근 준비를 해 왔다. 대선을 1년 앞둔 현재, 야권의 강력한 대
권 후보인 문재인에 가려져 있고, 문재인이 보수 진영의 타깃이 되어 있지만,
만약 안희정이 현재 문재인의 자리를 대신하고 있다면 문재인처럼 공격받지는
않을 것으로 짐작한다. 그간 자신을 낮추면서 할 일만 해왔고, 보수 진영에 끊
임없이 우호적인 태도를 견지해 왔기 때문이라고 하겠다. 현재 강력한 야권 후
보로 떠오르지는 않고 있지만, 대선국면으로 접어들면 최소한 돌풍을 일으킬만
한 후보로 성장해 있지 않을까 조심스레 예측해 본다. 분위기에 따라서는 야권
의 대권 주자가 될 가능성도 있지 않을까 한다.

　　손권이 그러했듯, 아니 사람이면 누구나 그러하듯 안희정 역시 완벽한
사람은 아니다. 민주진보 진영에서 보면 한미 FTA와 제주 해군기지 문제에 대
해선 보수 진영과 유사한 시각을 보인다는 점은 약점이라 할 수 있겠다. 아울러
2002년 대선 불법자금을 받은 혐의로 구속 기소되어 1년을 선고받고 징역살이
를 했던 점 역시 흠결이라 할 수 있겠다.

　　"나는 뛰어넘을 것입니다. 동교동도 친노도 뛰어넘을 것입니다. 친문도
비문도 뛰어넘을 것입니다. 고향도 지역도 뛰어넘을 것입니다. 더 나아가 대
한민국 근현대사 100여년의 시간도 뛰어넘어 극복할 것입니다. 그 시간의 모
든 미움과 원한을 뛰어넘을 것입니다. 사랑은 사랑이어야 합니다. 김대중과 노
무현은 국민 통합을 이야기했습니다. 그 분들을 사랑하는 일이 타인을 미워하
는 일이 된다면 그것은 그 분들을 사랑하고 존경하는 자세도 아니며 스승을 뛰

어넘어야 하는 후예의 자세도 아닐 것입니다. 나는 김대중 노무현의 못 다 이룬 역사를 완성하고자 노력할 것입니다. 나아가 나는 근현대사 백여 년의 그 치욕과 눈물의 역사를 뛰어넘을 것입니다." - 〈2016. 8. 31. 안희정 페이스북〉

이제 주사위는 던져졌다. 안희정은 몇 가지 흠결에 불구하고, 지도자로서 필요한 자질을 충분히 갖추고 있다고 본다. 안희정의 성품에는 신의가 있고, 나보다 남을 먼저 생각하는 희생정신이 있다. 성과에 얽매이지 않고 차분하게 일을 진행하면서도 성과를 내는 사람이다. 무엇보다 안희정은 첨예하게 대립하고 있는 진보와 보수의 이념의 간극을 좁히려고 노력하는 사람이다. 양 진영 모두에게 사랑받을 가능성이 높다고 하겠다.

안희정은 이길 수 있는 사람임에 틀림없다고 본다. 다만 문제 삼고 싶은 것은, 대선을 앞두고 앞서 살펴본 것처럼 이 사람이 거대담론을 즐겨 이야기한다는 점이다. 좋은 말도 두 번 하면 듣기 싫은 법이다. 대중은 안희정의 언행에 일관성이 있고, 이 사람이 좌우를 아우르려는 뜻을 품고 있다는 사실을 이미 알고 있다. 아울러 그의 말 속에 힘이 있는 것은 바람직하나, 여전히 '지사(志士)의 경직성'을 지니고 있는 것으로 본다. 그러므로 이제부터는 이러한 경직성을 버리고 추상적인 거대담론을 생산하기 보다는 우리나라를 위해 '구체적으로 하려는 일'을 조금씩 밝혀 나가는 것이 좋지 않을까 한다. 동시에 자신의 기반인 충남의 일을 살피면서 꾸준히 높은 지지율을 유지해야 하겠다. 그러다보면 자연스레 대중이 안희정을 원하는 날이 올 것으로 믿는다.

은감불원(殷鑑不遠)이라고 했다. '은나라가 거울로 삼아야 할 일은 멀리 있지 않다.'는 말이다. 실패한 사례는 늘 가까운 곳에 있다는 뜻이다. 나는 안희정이 이 말을 들어 주었으면 한다. 앞으로 민주당 대선 경선을 치르게 될 것인데, 도지사직을 내 던지고 모든 것을 잃은 김두관의 전철을 밟지 않았으면 한다. 안희정은 누가 뭐래도 현재와 미래의 민주진보진영을 대표하는 사람이기 때문이다.

군웅할거 대한민국 삼국지

초판 1쇄 발행 2016년 10월 9일

지은이 ㅣ 김재욱
발행인 ㅣ 박애경
펴낸곳 ㅣ 투데이펍 (www.ntoday.co.kr)
　　　　서울시 영등포구 63로 32, 1024호
　　　　(여의도동 콤비빌딩)
　　　　Tel. 02-739-2711(대표)
　　　　Fax. 02-739-2702

출판등록 ㅣ 2016년 7월 5일
(등록번호 제 2016-000097호)
ISBN 979-11-95900-00-8

편집주간 ㅣ 강지혜
교정 · 교열 ㅣ 박영우, 남정호
디자인 ㅣ 유니크앤

ⓒ 박애경, 2016, Printed in Seoul, Korea

책의 가격은 표지에 있습니다.

인쇄 · 제본에 문제가 있거나 파손된 책은
구입한 곳에서 교환할 수 있습니다.

이 책의 내용은 저작권법에 의해 보호를
받습니다. 무단 전재 및 복제를 금합니다.

이 책의 내용은 발행사의 편집방향과
다를 수 있습니다.